JN451918

Creative Urban Cultural Management & Place Making

# 창조적 도시문화경영과 장소 만들기

10가지 창조적 시선과
창조문화도시 광주 만들기

Creative Urban Cultural Management & Place Making

# 창조적 도시문화경영과 장소 만들기

**10가지 창조적 시선과 창조문화도시 광주 만들기**

초판1쇄발행 2022년 2월 22일
2쇄발행 2022년 8월 25일

지은이 이무용
발행인 정성택
발행처 전남대학교출판문화원

등 록 1981. 5. 21. 제53호
주 소 61186 광주광역시 북구 용봉로 77
전 화 (062) 530-0571~2 마케팅 530-0573
팩 스 (062) 530-0579
홈페이지 http://www.cnup.co.kr
이메일 cnup0571@hanmail.net

값 19,000원

ISBN 978-89-6849-862-6 (93300)

* 잘못된 책은 바꿔드립니다.
* 이 책의 전부 또는 일부 내용을 재사용하려면 사전에 반드시
저작권자와 전남대학교출판문화원의 동의를 받아야 합니다.

문화로 도시를 경영하라

Creative Urban Cultural Management & Place Making

# 창조적 도시문화경영과 장소 만들기

10가지 창조적 시선과
창조문화도시 광주 만들기

이무용 지음

전남대학교출판문화원

# 지역에서 문화의 정수를 찾다

"이제 자네가 문화를 제대로 할 수 있겠네."

교수가 되어 서울에서 광주로 삶터를 옮길 때 대학 은사께서 하신 말이다.

이 말은 내게 세 가지 의미로 다가왔다. 다양한 지역의 환경과 목소리를 경험하라. 열악하고 그늘진 곳에 필요한 문화를 고민하라. 문화도시 실험의 현장에서 지역균형발전을 도모하라. 문화다양성, 문화복지, 문화균형발전을 제대로 연구해보라는 격려와 채찍으로 들렸다.

30년간 서울에 살면서 대학에서는 실천적 문화이론을, 연구소에서는 서울문화정책을 연구하였다. 교수가 되기 전 출간했던 두 권의 저서 《공간의 문화정치학》과 《지역발전의 새로운 패러다임 장소마케팅 전략》은 대도시 서울에서 현대 도시문화를 경험하면서 고민하고 성찰한 결과물이다.

2006년 낯선 도시에 시민으로 정착하면서 이방인의 삶은 시작되었다. 광주의 도시이미지와 정체성, 문화환경의 현실, 문화도시의 가능성과 잠재력을 꼼꼼히 들여다보았다. 이방인의 시선으로. 장소상상가의 안목으로.

이방인의 삶과 시선은 호기심과 비교, 고유의 해석으로 가득하다. 이방인으로 살아가는 시간이 고립감과 공허함으로 가끔 힘들긴 했지만, 그래서 좀 더 창의적, 객관적, 주체적으로 사고하고 발견하는 힘이 생긴 것 같다.

## 광주에서 문화의 속살과 결을 체험하다

지난 15년간 연구자, 교육자, 전문가로서 광주의 삶은 다양한 체험의 기회였다.

가장 길고 깊게 고민하고 경험한 사업은 한국 최초의 국책 문화도시 프로젝트인 아시아문화중심도시 조성 사업이다. 도시기본구상 용역에서부터 아시아문화전당 공간 TF, 연차별 실시계획 수립과 심의, 종합계획 수정 용역, 대통령 소속 아시아문화중심도시 조성위원회 등에 참여하면서 문화도시의 현주소와 과제를 통찰할 수 있었다.

이 분야 국내 최초 최대 조직이었던 광주광역시 도시마케팅본부와의 인연도 소중한 경험이었다. 박사학위의 주제였던 장소마케팅 이론과 서울마케팅 정책 수립의 경험을 살려 광주의 중장기 도시마케팅 마스터플랜을 작성하였다. 장소마케팅의 필요성과 관점, 추진 전략을 현실에 맞게 재정립하는 기회였다.

광주에서 유치한 세계적인 메가이벤트인 광엑스포, 유니버시아드, 여수세계박람회, 세계수영선수권대회, 월드뮤직 페스티벌 등에서는 도시 브랜딩과 마케팅의 계기로서 메가이벤트의 중요성을 시민들과 공감할 수 있었다. 2002년 월드컵 지원 연구와 축제기획의 연구원 시절 경험을 살려 자문 컨설팅, 조직위 전략기획단 연구, 토론회 발표 등을 통해 방향과 전략을 제시할 수 있었다.

무엇보다 광주정체성의 핵심 키워드 중 하나인 광주 오월 정신을 문화적으로 승화하여 도시발전의 동력으로 삼는 방안을 오랜 기간 지속적으로 고민하였다. 인권문화 창조도시 개념을 제안하고 직접 창조관광 프로젝트인 오월길을 기획하여 도시를 디자인한 경험은 소중한 성과였다. 도시의 상처를 치유하는 문화전략 연구에 관심을 가지는 계기도 되었다.

광주에서의 활동 경험과 역량을 기반으로 혹은 지역을 대표하는 문화전문가로서 중앙정부의 정책 수립에 참여할 수 있었던 것도 매우 의미 있는 기회였다. 한국문화예술위원회에서 나주 혁신도시 이전을 준비했던 경험, 대통령 직속 지역발전위원회에서 지역문화융성 정책을 수립했던 경험, 아시아문화중심도시 조성위원회와 문화체육관광부 문화도시 심의위원회에서 문화도시 모델을 실험했던 경험이 정책 연구에 도움을 주었다.

특히 국내 최초 유일의 문화전문대학원 교수로 부임하면서 지역에서 전문가로 활동하거나 지역문화 전문가를 꿈꾸는 학생들과 함께 고민하고 토론했던 주제들은 다양한 활동의 디딤돌이 되었다. 공간의 문화정치학, 공간문화디자인, 창조적 도시발전론, 도시브랜드경영론, 축제학, 장소마케팅, 도시문화경영 등의 교육 커리큘럼을 개발하는데 학생들이 큰 도움을 주었다.

지금까지 간단히 언급했던 광주생활의 연구, 교육, 전문가 활동 경험이 세 번째 단독 저서인 이 책, 《창조적 도시문화경영과 장소 만들기》에 오롯이 녹아있다.

## 도시의 문화를 창조하고 경영하다

이 책은 문화로 도시를 경영하는 다양한 창조적 전략과 방안들을 정리한 '융합 학술서', '연구 역사서', '이론·사례 종합서'다.

우선, 저자의 전문 분야이자 개척 분야인 장소마케팅과 도시브랜딩, 도시문화정책, 창조문화도시 디자인, 오월 정신의 문화브랜드화 등 도시문화경영 분야의 연구 흐름과 주요 이슈, 정책 동향과 과제 등을 총체적으로 고찰한 '융합 학술도서hybrid scholarly book'다.

융합적일 수밖에 없는 이유는 책의 키워드인 도시문화경영과 장소 만들기의 개념적 특성에 기인한다. 도시문화경영은 한 단어씩 묶으면 '도시 + 문화 + 경영', 두 단어씩 묶으면 '도시문화 + 문화경영 + 도시경영'의 융합 개념이다.

여기서 '도시'는 문명의 삶터, '문화'는 삶의 질과 결, '경영'은 기획, 운영과 평가를 각각 의미한다.

'도시문화'는 도시를 문화적으로 바라보는 분야다. 도시예술과 미학,

도시생활양식과 문화주체, 도시이미지와 정체성, 도시문화가치와 문화지도, 도시문화 트렌드와 미래 등을 주제로 다룬다.

'문화경영'은 문화를 경영하거나 문화적 방법으로 경영하는 분야다. 도시문화기획과 스토리텔링, 도시문화콘텐츠, 도시문화마케팅과 브랜딩, 도시문화재생과 디자인, 도시문화단체와 문화공간, 도시문화 이벤트와 축제 등을 주제로 다룬다.

'도시경영'은 도시를 경영하는 분야다. 도시문화정책과 행정, 도시문화정치와 계획, 도시문화 네트워크와 거버넌스, 문화도시와 창조도시 경영 등을 주제로 다룬다.

장소 만들기 또한 융합적 개념이다. '장소'는 도시문화경영의 대상이자 결과물로서 총체적 삶터를 의미하고, '만들기'는 장소를 만들어가는 일련의 과정(물리적 환경 조성, 프로그램과 콘텐츠 개발, 인력과 커뮤니티 만들기)을 다루기 때문이다.

두 번째로 이 책은 저자가 최근 15년간(2006~2021년) 교수로 재직하면서 연구, 교육, 프로젝트 수행, 정책 자문과 컨설팅, 저술, 언론 기고, 사회단체 활동, 학술대회(콘퍼런스, 학회, 포럼, 워크숍, 세미나, 토론회)를 통해 발표하거나 구상했던 글들을 모은 '연구 역사서research history book'다. 책의 주제에 적합한 총 34편의 글을 모아 현 시점에서 새롭게 수정 보완하였다. 글머리 마다 원 글의 출처를 주석으로 달았으니 참고 바란다.

교수가 되면서 10년 단위로 하나의 연구 화두를 잡고 한 편의 저서를 만들어보자고 다짐했었으나 어느 덧 5년이 훌쩍 더 흘러버렸다. 낮선 도시를 몸속에 담아내느라 그만큼 더 시간이 걸린 것 같다. 자문과 프로젝트 등 사회활동에 많은 시간을 뺏긴 것도 한 몫 했다. 늦었지만 교수로서 연구 2기의 역사(1기는 대학원과 연구원 시절)를 담는 마음으로 책의 내용을 구성했다. 이제 또 다른 10년의 연구 화두(문화 치유와 보행 도시)를 잡으면서 연구 3기의 역사를 시작하고 싶다.

세 번째로 이 책은 이론과 실천(실무)의 차원에서 정리한 '이론·사례 종합서comprehensive book'다. Ⅰ부에서는 모든 도시에 적용할 수 있는 일반적인 이론과 실무 정책 주제를 다루었다. Ⅱ부에서는 앞의 이론과 실무 내용을 광주광역시 지역에 적용하여 대상과 사례 중심으로 정리하였다. 책의 세부 구성과 내용은 다음과 같다.

## 도시문화경영의 창조적 시선과 창조문화도시 광주 만들기

Ⅰ부 '도시문화를 경영하는 10가지 창조적 시선'에는 도시문화경영의 창조적 이론과 실천적 방법론에 해당하는 총 10개의 글을 담았다.

'시선'이라고 제목을 붙인 이유는 이 단어가 지닌 '관점, 관심, 관찰, 전망, 실천' 등 '보다'와 관련한 다층적인 의미 때문이다.

우선 시선은 도시문화경영을 바라보는 관점, 시각, 혹은 철학을 의미한다. 또한 시선은 도시문화경영의 관심 주제와 화두, 영역을 의미한다. 시선은 도시문화경영의 현실을 관찰하고 성찰하는 행위를 말하기도 한다. 아울러 도시문화경영의 미래를 내다보는 전망의 뜻을 담고 있다. 도시문화경영의 과제를 시도해본다는 실천의 의미 또한 담고 있다.

이러한 여러 가지 시선의 의미를 함축하면서 10개의 시선, 즉 장소, 디자인, 지역문화, 마케팅, 브랜딩, 스토리, 리더십, 인력, 관광, 걷기를 도출하였다. 각각 장소 만들기, 창조문화도시, 지역문화 육성, 장소마케팅, 도시브랜딩, 지역스토리텔링, 문화리더십, 문화전문인력, 창조관광, 걷고 싶은 도시를 핵심 키워드로 하고 있다.

Ⅱ부 '창조문화도시 광주, 어떻게 만들 것인가'에는 광주를 창조문화도시로 만드는 방법과 관련하여 총 4개의 장 24개의 글을 담았다.

1장 '오월 정신과 창조적 인권문화 중심 도시'에서는 예술 철학, 예술 치유, 오월길, 오월 테마파크 도시, 5·18 공간문화, 광천시민아파트 재생 등 6개 주제를 통해 광주의 정신이 도시문화로 승화하는 방안을 모색한다.

2장 '문화가치를 실현하는 도시브랜딩과 장소마케팅'에서는 아시아문화전당, 행복 창조도시, 유니버시아드, 월드뮤직 페스티벌, 대인예술시장, 광엑스포, 광주전남 지역 믹스 등 7개 사례를 통해 장소마케팅과 도시브랜딩의 문화경영 전략을 탐색한다.

3장 '창조 공간문화와 창조관광'에서는 문화 브리지, 창조공간, 도시재생, 전통시장의 공간문화, 문화수도의 창조관광, 슬로 투어리즘 등 6개 주제를 통해 광주의 공간문화 조성 방향과 관광전략을 제시한다.

4장 '문화전문인력과 네트워커 양성'에서는 미래의 핵심 인재, 소통의 주체, 네트워커의 유형, 문화네트워커와 광주문화재단, 빛가람 혁신

도시 네트워킹 등 5개 주제를 통해 지역문화 전문인력과 네트워커 양성 전략을 제안한다.

각각의 글들은 독립적인 주제를 다루지만 관점과 내용, 방법론이 서로 연결되고 넘나든다. 가급적 중복을 피하려고 다듬었지만 반복적으로 언급되는 내용이 일부 있다. 서로 다른 시점과 상황에서 한 편 한 편 완결적으로 쓴 것이고, 평소 중요하다고 생각하는 부분을 강조하다 보니 생긴 현상이다. 순서에 상관없이 관심 주제를 선택해서 읽으면 이해하는데 더 효과적일 것 같다.

이 책이 창조문화도시 관련 학문 분야의 이론 정립과 프로젝트 수행의 안내서로 활용되면 좋겠다. 문화학, 도시 및 지역학, 도시문화지리학, 문화기획과 예술경영, 관광학, 문화행정과 정책학, 도시경영과 지역개발학, 공간디자인, 도시인문학, 문화사회학 등 다양한 분야에 적용할 수 있을 것이다.

대학 교육과 정책 실무 수행의 교재로도 쓰이길 바란다. 건강한 토론과 아이디어 표출의 기회를 줄 수 있을 것이다. 문화와 여행, 도시탐방과 현장답사, 예술과 디자인, 지역문화 학습과 문화비즈니스, 문화정책과 행정 등에 관심 있는 일반인들에게도 학술교양서로 쓰임새가 있으면 더할 나위 없겠다.

아무쪼록 졸저인 이 책이 문화, 도시, 창조, 장소, 경영 등에 관심 있는 분들과 광주를 사랑하는 분들이 저자와 글로 소통할 수 있는 장이 되길 희망해본다. 단 한편의 글이라도 서서히 스며드는 달빛처럼 독자들에게 의미와 재미를 주고 삶을 밝혀주는 계기가 된다면 더 기쁠 것 같다.

항상 곁에서 꿈을 주고 힘이 되고 벗이 되어준 반쪽이 Wilbur에게 사랑과 존경의 마음으로 이 책을 바친다.

2022년 2월

용지관 연구실에서

이무용 씀

## 차례

## Ⅱ부. 창조문화도시 광주, 어떻게 만들 것인가

I부

# 도시문화를 경영하는 10가지 창조적 시선

*Open Your Eyes*

# 시선 1

# [장소]

장소는 문화적 실체고 문화는 장소적 실체다.
이제 소통의 화두는 장소성의 기획,
즉 장소 만들기다.

시선 1. 장소

# 장소 만들기를 위한 다섯 가지 차원

### 1) 화두: 왜 장소인가? 장소 만들기를 통한 문화의 소통

한국 사회에서 문화 담론이 본격적으로 등장한지 30년이 되어간다.[1] 그 사이에 문화 논의의 핵심 영역은 '예술 → 산업 → 일상 → 장소'로 점차 확산되고 있다.

초기에는 각 분야별로 문화란 무엇인가 라는 문화적 의제 설정에 골몰하였다. 고급문화론 혹은 예술론에 갇혀 있는 사람들의 인식과 관심, 실천의 폭을 넓히는 것이 주목적이었기 때문이다. 지금도 크게 벗어나진 않았지만 초기에는 문화의 예술성이 강조되었다. 여기에서는 미학, 심미성, 수월성, 해득력literacy과 같은 단어들이 중요시된다.

다음에는 문화의 부가가치성이 중시되었다. 여기에서는 문화콘텐츠, 문화기술, 문화산업이 강조된다. 그 다음 단계에서는 문화의 일상성이 강조되었다. 그래서 사람들의 문화적 삶과 도시문화 환경, 생활문화 공간과 시설 등에 초점을 둔 문화도시 담론들이 부각되었다.

최근 들어서 급부상하고 있는 문화의 키워드는 창조성creativity과 장소성place identity이다. 그동안 분리되어 논의되었던 여러 영역들, 예를 들어, 예술, 산업, 복지, 여가, 관광, 공간디자인, 건축, 교통, 교육, 행정 등을 통융합하여 창조적인 영토를 만들어내는 것이 중시되고 있는 것이다.

이러한 창조적 작업은 시간, 공간, 인간의 삼간三間[2]이 교차하는 특정한 문화지리적 맥락 속에서 이루어진다. 그 과정에서 끊임없이 새로운 장소감sense of place과 장소성이 생성된다. 이렇게 창조성과 장소성이 변증법적으로 관계 맺는 과정에서 절실하게 요청되는 키워드가 바로 혼종hybrid이고, 혼종을 가능케 하는 것이 소통이다.

소통에 대해서는 그동안 주로 인간과 인간의 관계, 즉 사회적 관계를 얘기해왔다. 이제는 인간과 자연의 소통, 자연과 자연의 소통, 영역과 영역의 소통, 인간과 자연과 기술과 영역의 소통을 모두 아우르는 통섭 언어가 되고 있다. 그래서 소통은 점점 장소적 언어로 변모하고 있다.

장소는 물리적 공간 환경과 그 속에서 살아가는 사람들의 활동, 사람과 환경 간의 오랜 상호작용의 결과물인 문화가 결합하여 형성된 총체적 삶터다.[3] 그래서 장소는 다층적이고 저마다 고유한 역사와 정체성을 갖게 된다. 장소는 서로 다른 것들의 관계 속에서 중층적으로 형성되고, 인간 실존의 토대가 되는 체험과 밀접한 관계를 지닌다. 역사적으로 구성된 사회문화적 가치도 내재하고 있다.

한마디로 장소는 문화적 실체고 문화는 장소적 실체다. 장소는 문화적 과정 속에서 형성되고, 문화는 장소적 과정 속에서 만들어진다. 장소와 문화는 서로 소통하는 것이다.

장소는 인간성과 정체성, 실천의 화두를 포괄하며 가로지른다. 그래서 문화지리학자 에드워드 렐프Edward Relph는 인간답게 사는 것은 의미 있는 장소로 가득한 세상에 사는 것이고, 자신이 관심을 쏟아 잘 아는 장소를 가지는 것이라고 말한다.[4] 즐기기보다는 참아야 하고 무시해야 하는 환경에서 사는 것은 인간의 자격을 상실하는 것이라는 싱클레어 골디Sinclair Gauldie의 주장도 이와 맞닿아 있다.[5] 이들 모두 인간다움을 장소에서 찾고 있는 것이다.

그런 의미에서 장소의 상실(placelessness, 無장소성 혹은 非장소성)은 곧 인간의 상실이자 문화의 상실이며 소통의 상실이다. 그래서 통융합, 통섭, 혼종의 세상이 될수록 장소는 중요해진다. 포스트모던 시대, 글로벌 시대에 공간은 소멸할지 모르지만 장소는 더욱 중요하게 부각된다는 주장이 나오는 것도 그 때문이다.

이제 소통의 화두는 장소성의 기획, 즉 장소 만들기다. 이러한 맥락에서 장소 만들기를 위한 다섯 가지 차원을 '성찰 → 관점 → 독해 → 생성 → 전환'의 측면에서 고찰해보도록 하겠다.

### 2) 장소 만들기① 성찰: 공간문화지도 그리기

장소 만들기는 문화적 관점에서 공간을 기획하는 성찰적 관점과 방법론 개발을 중시하는 개념이다.

장소 만들기는 문화적 관점에서 일상생활 공간을, 공간적 관점에서 삶과 문화를 들여다보고 사유하며, 때론 즐기고 때론 부딪히며 장소를 만들어가는 것이다. 즉 일상생활과 관련을 맺는 다양한 공간에 대한 문화적 성찰을 통해, 삶의 숨결과 욕망, 혼이 담긴 풍요롭고 의미 있는 장소(삶터, 일터, 놀이터, 쉼터)를 창출하는 것이다.

이러한 화두를 실현하기 위해서는 공간문화에 대한 인식지도, 즉 공간문화지도spatial culture map 그리기가 필요하다.

공간문화지도는 공간에서 살아가고 있는 주체와 그 주체들의 일상, 그 일상 속에 스며있는 문화, 그 문화가 펼쳐지는 공간이 상호 연결된 매트릭스matrix로 구성된다. 그 공간에는 어떤 주체들(세대, 계층, 젠더, 종

공간문화지도(Spatial Culture Map) 매트릭스

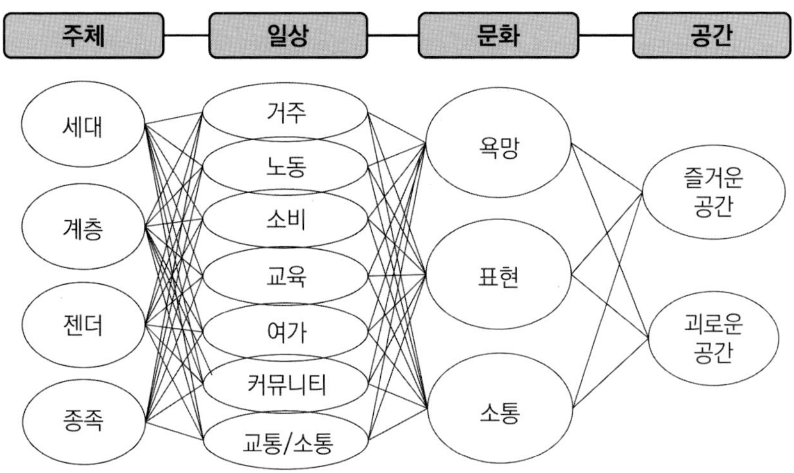

족 등)이 활동하고 있고, 그들의 일상(거주, 노동, 소비, 교육, 여가, 커뮤니티, 교통 통신에 이르는 인간의 존재기본 기능)은 어떠하며, 그 일상의 각 영역 속에서 어떠한 문화적 욕망이 표현, 소통되고 있는지, 그러한 삶을 즐겁고 풍요롭게 혹은 힘들고 초라하게 만드는 공간적 요소는 무엇인지를 성찰할 필요가 있다.

이러한 공간문화지도를 바탕으로 예술, 교육, 산업, 관광, 공간, 복지, 행정 등 도시문화를 구성하는 다양한 영역의 문화전략, 문화기획, 문화정책을 도출하고, 각 영역들이 서로 접속, 횡단하는 네트워킹과 하이브리드hybrid의 문화정치를 실현해야 한다.

### 3) 장소 만들기② 관점: 공간의 문화정치학

공간의 문화정치학cultural politics of space은 공간의 생성, 변천, 소멸의 프로세스를 규명한다. 즉 공간을 둘러싼 물리적, 상징적, 문화적 권력관계와 갈등(경합)의 과정을 주목한다. 이는 곧 공간의 의미체계signifying system에 대한 분석, 즉 공간을 통한 의미의 생성, 경합, 변천, 소멸 과정에 대한 포괄적, 맥락적, 상황적 연구라 할 수 있다.[6]

공간의 문화정치학을 위한 분석틀로서 '공간-주체-권력'의 삼원 모형을 제시해 볼 수 있다. 물리적 공간과 그 공간을 이용하는 주체, 그 둘의 관계를 매개하는 다양한 권력(힘)의 문제가 결합된 문화 영역이 공간의 문화정치학의 연구 및 실천 영역이라 할 수 있다.

공간과 권력의 영역은 공간을 생산하고 지배 통제하는 사회 권력이

#### 공간의 문화정치학 분석틀

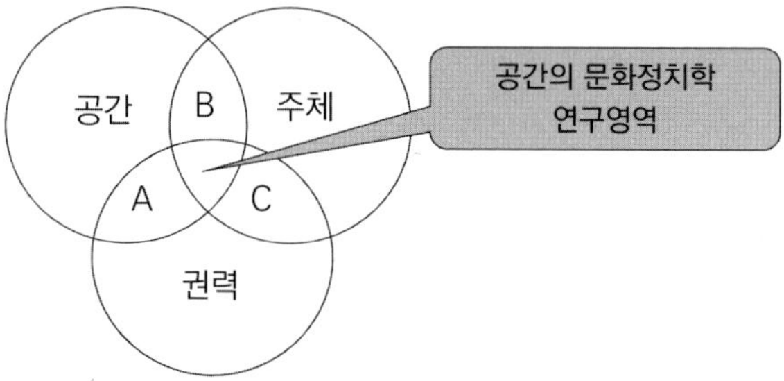


▶ **공간과 권력(A): 공간의 지배-통제**
- 공간을 생산하고 지배, 통제하는 사회적 권력의 작용

▶ **공간과 주체(B): 공간의 전유-활용**
- 주체들의 공간에 대한 해석과 의미부여, 공간의 재현 과정

▶ **주체와 권력(C): 공간의 재생산-생성**
- 주체들(성, 인종, 세대, 계층)간의 권력관계와 정체성의 정치

작용하는 영역(즉 공간의 지배 통제 지형)이다. 공간과 주체의 영역은 주체들의 공간에 대한 해석과 이용, 의미부여, 재현의 영역(즉 공간의 전유 활용 지형)이다. 주체와 권력의 영역은 주체들(세대, 계층, 인종, 종족, 젠더) 간의 권력 관계와 정체성의 정치가 이루어지는 공간의 재생산 및 생성의 지형이다.[7] 각각의 지형에 따라 공간 생산론, 공간 소비론, 공간 생성론의 다양한 공간문화 관련 주제들을 논의하고 기획할 수 있다.

### 공간의 문화정치학 논의 주제

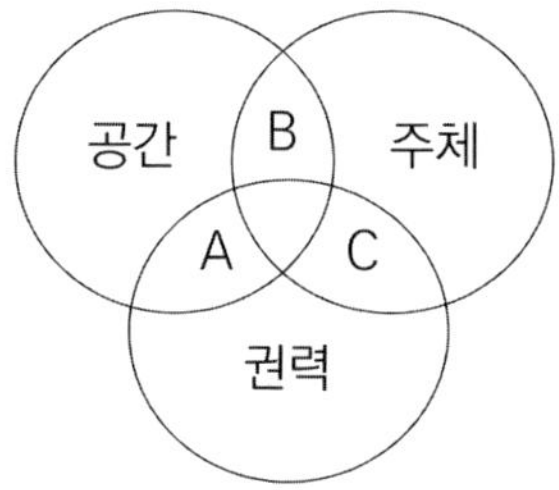


| 구분 | A | B | C |
|---|---|---|---|
| 정치지형 | 공간의 정치 | 장소의 정치 | 차이의 정치 |
| 공간실천 | 공간의 지배/통제 | 공간의 전유/활용 | 공간의 재생산/생성 |
| 주요논의 | [ 공간 생산론 ]<br>공간정치경제학<br>공간의 상품화<br>도시스펙터클<br>공적/사적 공간<br>도시개발정책 | [ 공간 소비론 ]<br>사회공간/장소론<br>도시경관/도시기호학<br>미디어지리<br>(회화,문학,영화,음악,사진,<br>저널,사이버공간 등) | [ 공간 생성론 ]<br>장소정체성론<br>장소마케팅<br>젠더/인종/민족지리<br>하위(소수)문화공간론 |

### 4) 장소 만들기 ③ 독해: 도시경관, 공간문화, 장소정체성 읽기

① 도시경관 독해

도시경관은 물리적인 도시공간과 그 속에 살아가는 생활주체들 간의 상호 작용을 통해 사회 역사적 과정 속에서 생성, 변천, 소멸되어 간다. 도시경관은 '공간-주체-사회'의 상호작용 속에서 6개의 경관 요소(가시성, 의미성, 사회성, 역사성, 정체성, 권력성)를 형성한다.

가시성은 시각적 요소로 이루어진 외적 형태와 시각적인 전유 방식을 말하고, 의미성은 경관 이면의 보이지 않는 의미와 상징을 일컫는다.

사회성은 사회관계와 사회 변동의 공간적 반영물로서 경관을 의미하며, 역사성은 전통과 현대가 누적되고 모자이크화된 양피지 경관 같은 속성을 일컫는다.

정체성은 자아정체성과 장소정체성의 형성 및 반영물로서 경관을 말하며, 권력성은 계급, 세대, 젠더, 인종 등 사회 주체들 간 권력 관계의 표출의 장으로서 경관을 일컫는다.[8]

그동안 한국의 도시경관은 가시성과 의미성의 차원에서는 경관 상품화(시선을 끄는 경관)와 사적private 경관 논리의 지배, 이미지와 스펙터클의 가치 지향의 성격을 띠어 왔다.

사회성과 역사성의 차원에서는 전통적 사회관계의 지배와 합리적 이성의 결여, 도시 정신의 부재, 단절과 부조화의 경관을 양산해 왔다.

권력성과 정체성의 차원에서는 자본과 상품 논리의 지배 경관, 세대 간 공간 분화와 신세대 경관의 확대, 남성 중심의 젠더 경관, 경제 지상주의 담론과 콘크리트 경관의 지배, 정체성의 상실과 위기에 따른 정체성의 정치를 보여 왔다.

도시경관의 장소성 회복을 위해서는 경관 정체성 회복(우리의 얼굴 찾기, 도시정체성 찾기, 역사경관과 대안경관 만들기), 일상성의 창출(일상생활의 다양한 경관 요소 주목하기, 예를 들어 주거, 상업, 거리, 음식, 음악, 영상, 광고, 언어, 젠더, 육체, 축제, 교통, 지하 경관 등), 경관 연구 주제의 다양화(미디어 경관, 청관, 후관, 미관, 촉관), 성찰성의 강화(경관을 통한 삶의 질 추

구)를 주요 과제로 삼아야 할 것이다.[9]

② 공간문화 독해

특정 공간이 지닌 문화 분석, 즉 공간문화 읽기는 공간의 역사, 형태, 기능, 정서, 재현, 주체, 갈등 등 7가지 주제에 대한 통합적 분석을 통해 이루어진다.

공간문화 분석의 대상으로는 주거 공간문화(아파트에서 홈리스까지), 거리 문화(골목에서 문화의 거리까지), 세대 공간문화(청소년 공간에서 노년 공간까지), 소비 공간문화(구멍가게에서 백화점까지), 여가 공간문화(공원에

공간문화-도시경관 두텁게 읽기

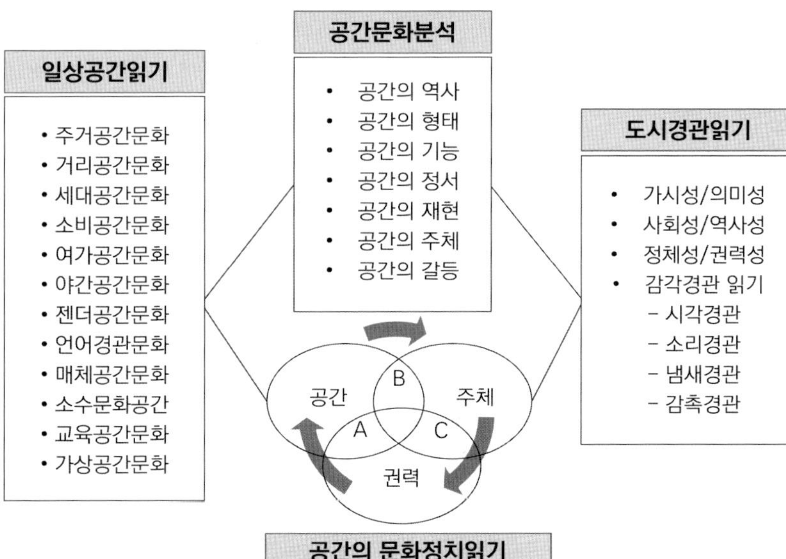

서 테마파크까지), 야간 문화공간(노래방에서 나이트클럽까지), 젠더 공간문화(미용실에서 트랜스젠더 클럽까지), 언어 경관문화(간판에서 낙서까지), 미디어 공간문화(문학 공간에서 영화 공간까지), 소수 문화공간(동호회 공간에서 이주민 문화공간까지), 교육 공간문화(유치원에서 대학 캠퍼스까지), 사이버 공간문화(PC방에서 메타버스 공간까지) 등 일상생활을 구성하는 다양한 공간을 포함한다.

공간문화 분석의 주제와 대상을 앞에서 살펴 본 도시경관 읽기와 더불어 공간의 문화정치학 삼원모형(공간-주체-권력)과 결합하면 다층적인 공간문화 읽기가 가능해진다.

③ 장소정체성 독해

장소정체성은 장소와 장소 경험의 주체인 사람 간의 상호 작용을 통해 만들어지는 장소의 고유한 특성을 일컫는다. 정체성은 다른 것과 구분되는 것(**의 정체성/identity of**)과 어떤 것과의 관계를 통해 형성되는 것(**에 대한 정체성/identity with**)의 두 측면을 포함한다. 장소정체성은 물리적 환경(물리적 요소), 인간 활동(행태적 요소), 장소감, 장소 애착, 장소 정신 등의 장소 의미(심리적 혹은 의미적 요소), 장소이미지(상징적 요소) 등으로 구성된다.

장소정체성은 장소이미지의 수직적, 수평적, 사회적 구조화에 따라 그 정도(혹은 강도)에 있어서 다양한 유형을 지닌다.[10]

우선 장소정체성은 그 강도에 따라 내부성과 외부성으로 나눌 수 있다. 장소와의 관계가 우리 몸의 내부에 들어와 있는지 아니면 외부에

장소정체성(Place Identity) 독해 4요소

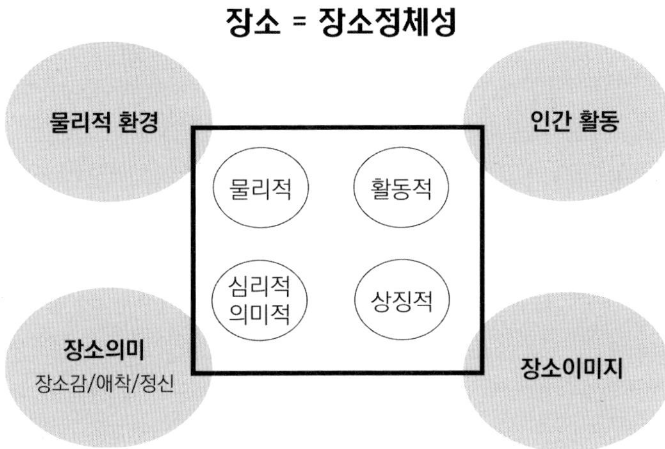


머물러 있는지를 구분하는 개념이다.

내부성은 강도의 크기 순서에 따라, 실존적 내부성, 감정이입적 내부성, 행동적 내부성, 대리적 내부성으로 구분된다.

실존적 내부성은 장소에 완전히 무의식적으로 빠져드는 것으로, 특정 장소에 깊고 완전한 소속감과 동일시를 보인다. 감정이입적 내부성은 장소에 감성적으로 참여하고 개입하는 수준을 일컬으며, 행동적 내부성은 육체적으로 장소에 개입하고 신중하게 주목하는 정도를 말한다. 대리적 내부성은 직접적인 장소 체험이 아닌 미디어를 통해 장소를 경험하는 수준을 일컫는다.

외부성의 경우는 그 강도에 따라 부수적 외부성, 객관적 외부성, 실존적 외부성으로 나뉜다.

**장소정체성의 유형과 강도**

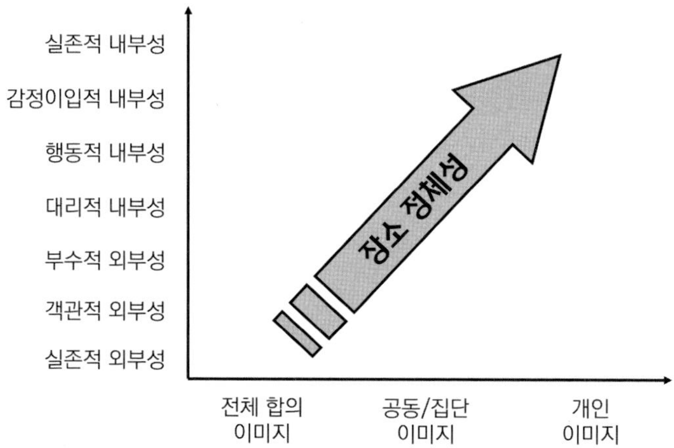


부수적 외부성은 다른 활동을 위한 배경이나 무대로 장소를 활용하고 장소에 대해 무의식적 태도를 보이는 정도를 말한다. 객관적 외부성은 개념이나 입지, 객관적인 장소, 논리와 이성, 효율성 원리에 의거해 장소를 바라보는 수준을 말한다. 실존적 외부성은 모든 장소로부터 심각하게 소외를 겪고, 공허하고 의미 없는 똑같은 것으로 장소를 인식하는 수준을 일컫는다.

장소정체성의 강도는 장소에 대한 이미지 형성 과정에 영향을 받기도 하는데, 개인 이미지, 공동 집단 이미지, 전체 합의 이미지로 구분해 볼 수 있다.

개인 이미지는 개인의 의도, 개성, 상황에 따라 서로 다르게 경험하는 장소성을 말한다. 공동 집단 이미지는 나와 타자, 우리라는 집단의 상호작용 속에서 집단의 이해관계와 지식에 따라 다르게 체험하는 장소성을 말한다. 전체 합의 이미지는 합의된 공공성과 조작된 대중성을 통해 장소이미지를 형성하는 것을 일컫는다. 장소정체성의 강도는 전체 합의 이미지에서 개인 이미지로 갈수록 훨씬 커진다.

장소정체성 독해는 특정한 장소에서 살아가는 사람들이 어떻게 장소를 체험하고, 어느 정도(강도)의 장소정체성을 지니고 있는지 읽어내는 것이다. 이를 통해 삶의 생생함을 깨닫는 지리적 능력의 향상, 오감과 욕망과 감수성으로 체험하는 장소감, 몸과 마음을 열고 장소를 성찰하는 진정성을 강화하는 것이다. 그럴 때 외부성에서 내부성으로, 전체 합의 이미지에서 개인 이미지로 장소정체성을 전환할 수 있을 것이다.

### 5) 장소 만들기④ 생성: 장소마케팅 전략을 통한 장소 만들기

장소마케팅 전략은 지역문화의 총체적 발전을 추구하는 철학과 마인드가 담긴 미래지향적이고 대안적인 지역발전 전략이다.

물리적 공간을 문화적 장소로 전환하고, 지역의 장소성과 커뮤니티를 강화하는 장소정체성 기획의 전략이 바로 장소마케팅이다. 즉 지역의 물리적 공간을 사람 냄새가 나는 정서적 장소로 변화시켜, 사람들의 혼과 정신이 담긴 곳으로 만듦으로써, 생생하게 살아있는 장소, 그래서 살고 싶고 찾고 싶은 장소로 만들어가는 문화전략이라고 할 수 있다.

장소마케팅 전략은 장소성 만들기, 문화콘텐츠 만들기, 마케팅 프로그램을 통한 브랜드 만들기의 과정을 통해 매력적인 지역의 이미지와 정체성을 확립하는 전략이다. 이를 통해 창조적 지역문화 산업과 문화경제를 활성화하고 지역 커뮤니티와 삶의 질을 향상하는 공간문화와 장소 만들기 전략이다.

그래서 장소마케팅 전략은 기존의 지역개발 전략과 달리 주민통합의 커뮤니티 전략, 주민참여형 내발적 지역발전 전략, 커뮤니티 비즈니스 모델의 창조경제 전략, 지역 균형발전의 도시 상생 전략, 21세기 지역발전의 소프트웨어 중심 전략을 추구하는 지역발전의 새로운 패러다임이라 할 수 있다.

장소마케팅 전략의 장소 만들기는 장소 전략과 마케팅 전략, 평가 모니터링 전략의 결합으로 이루어진다.

장소 전략은 장소의 사명 설정, 장소 현황 평가, 장소의 장기 비전 및 정체성 설정, 장소마케팅의 목표와 유형 규정의 절차를 밟는다. 마케팅 전략은 시장 분석 및 목표시장 선정, 장소마케팅 믹스 전략 수립의 과정으로 이루어진다.

평가 모니터링 전략은 마케팅 실행 및 평가와 피드백의 프로세스를 밟는다. 여기에서는 장소마케팅 전략의 문화정치적 요소(지속성, 진정성, 통합성, 연계성, 경제성)를 충족시킬 수 있도록 모니터링하고 평가하여 보완함으로써, 장소마케팅 전략이 진정한 지역발전과 장소 만들기의 새로운 패러다임이 될 수 있도록 한다.

### 6) 장소 만들기⑤ 전환: 네트워커 찾기, 되기, 만들기

장소 만들기는 물리적 공간과 자연환경 만들기, 콘텐츠와 프로그램 만들기, 주체와 커뮤니티 만들기를 포괄한다. 따라서 장소 만들기는 주체와 영역들의 네트워킹과 파트너십이 필수 조건이 된다.

이를 위해서는 다양한 주체와 공간, 콘텐츠, 프로그램들을 기획하고, 엮어주고, 만나게 하고, 소통하게 하고, 조정하는 주체가 필요하다. 즉 도시 및 지역문화를 구성하는 다양한 프로그램과 주체, 공간을 연결하는 네트워크 프로듀서, 네트워크 코디네이터, 네트워크 디자이너, 장소 상상가place imagineer, 총칭해서 네트워커networker의 존재가 필요하다.[11]

네트워커를 21세기 장소 만들기의 전문가로 인식하고, 각 도시와 지역의 일상공간에서 네트워커 역할을 하는 주체들을 발굴해야 한다. 또한 장소 만들기에 관여하는 주체들 스스로 네트워커가 되고 네트워커 후속 세대를 양성하는 교육 모델과 시스템을 개발하는 것이 필요하다.

예를 들어, 열린 마인드mind와 몰입할 수 있는 열정mania, 공정한 자기 관리management, 다재다능한 융복합 실천multiplayer을 중심으로 네트워커 핵심 자질을 함양하는 4M 교육시스템을 들 수 있다. 개별 네트워커의 육성뿐만 아니라, 연구력과 기획력, 조직력, 경영 능력을 골고루 갖춘 전문마케팅 네트워커 조직을 결성하는 것도 중요하다.

# 시선 2 [디자인]

디자이너는 질문하는 사람이다.
문제 해결을 위해서 해야 할 일을 고민하고, 성찰하는 것이
창조문화도시 디자인의 출발점이자 방식이다.

| 시선 2. 디자인 |

# 문화적 상상력으로 디자인하는 창조문화도시

## 1) 도시 창조의 문화적 상상력을 위하여

창조적 문화도시 즉 창조문화도시를 만들기 위해서는 그 도시에 사는 사람들의 삶이 창조적이어야 한다.[12] 그렇다면 우리는 얼마나 창조적인 삶을 살고 있을까.

크리스 브라운Chris Brown은 8가지 질문(아래 표의 창조성 측정 지표) 중에 한 항목이라도 해당되면 창조성이 필요한 사람이라고 말한다.[13] 즉 한 개도 해당되지 않아야 창조적인 삶을 살고 있는 것이다.

필자가 여러 강의에서 우리나라의 20대에서부터 50대까지 다양한 연령층을 대상으로 조사해본 결과 모든 연령층이 공히 평균 3-4개 항목에 해당하는 것으로 나타났다. 우리나라 사람들이 창조성에 관심을 많이 가지곤 있지만 실상 삶 자체는 거의 창조적이지 못하다는 것을 말해준다.

### 창조성 측정 지표와 창조문화도시의 조건

| 창조성 측정 지표 | 핵심 키워드 | 창조문화도시 조건 |
|---|---|---|
| 1. 짜증나고 지루하십니까? | 재미 | 즐거운 도시 |
| 2. '더 잘살 수 있었는데'라고 생각하십니까? | 긍정 | 후회 없는 도시 |
| 3. 나날이 다람쥐 쳇바퀴 도는 생활이십니까? | 유목 | 다채로운 도시 |
| 4. 매일 똑같은 사람과 똑같은 대화를 나누며 지냅니까? | 소통 | 열린 도시 |
| 5. 이성이나 배우자와의 관계에 흥미를 잃었습니까? | 사랑 | 열정의 도시 |
| 6. 자신이 원하던 삶을 사는 게 아닙니까? | 욕망 | 꿈꾸는 도시 |
| 7. 월요일 출근 생각에 일요일 저녁부터 우울해집니까? | 몰입 | 수평적 도시 |
| 8. 도전으로부터 도망치고 싶습니까? | 도전 | 실험적 도시 |

이러한 창조성 측정 지표를 바탕으로 창조문화도시의 핵심 키워드와 조건을 추출해 보면, 재미있고 즐거운 도시, 후회하지 않는 긍정적 도시, 틀에 박힘 없이 유목 횡단하는 다채로운 도시, 다양한 사람과 소통하는 열린 도시, 사랑과 열정의 도시, 꿈꾸고 욕망을 실현하는 도시, 시간에 얽매이지 않고 현재에 몰입하는 수평적 도시, 도전과 실험의 도시를 들 수 있다. 창조문화도시를 만들기 위해 이제부터 각자 창조적 삶을 디자인해보자.

그렇다면 창조적 삶과 창조문화도시를 어떻게 디자인할 것인가.

디자인 분야의 세계 석학인 찰리 캐넌Charlie Cannon 교수는 디자이너는 질문하는 사람이라고 정의한다. 고객들에게 무슨 문제가 있고 그 문제의 이유가 무엇이며 해결을 위해 가장 먼저 무엇을 할지, 매일 매일

질문해야 한다는 것이다. 디자이너에게 질문은 곧 일의 심장과도 같다고 그는 말한다.[14]

질문하는 삶을 살면 서로 다른 영역이라고 생각했던 것이 하나로 연결되어 있다는 것을 발견하게 된다. 정치, 사회, 문화, 환경 등 모든 것을 함께 생각하고 이해함으로써 분야를 초월한 통합적 사고를 하게 되는 것이다. 결국 서로 다른 분야 간의 소통이 중요해지고 소통에 능한 사람이 좋은 디자이너가 된다.

창조적 삶과 창조문화도시를 만들기 위해서는 항상 질문하는 자세가 필요하다. 왜, 누구를 위하여 창조적인 삶과 도시를 만드는 것인가. 내가 활동하고 있는 도시의 고객들은 삶에 어떤 문제를 가지고 있나. 그 문제는 어디에서 오는 것이며, 그 문제를 해결하기 위해서 내가 해야 할 일, 도시가 해야 할 일은 무엇인지 고민하고 성찰하는 것이 창조문화도시 디자인의 출발점이자 방식이다.

이러한 관점에서 창조문화도시 디자인의 기본 개념을 도출해보자. 도시문화 디자인의 세 가지 핵심요소는 정체성 디자인, 장소 디자인, 사람 디자인이라 할 수 있다.

우선, 도시의 정체성, 즉 도시다움을 어떻게 해석하고 만들어갈 것인가를 결정해야 한다. 다음으로 그 정체성을 도시공간에 어떻게 담아내어 혼이 깃든 장소로 전환할 것인가를 고민해야 한다. 마지막으로 누가 그러한 도시의 정체성과 장소를 만들어가고, 그를 위해 어떠한 인력이 필요하며, 그러한 과정을 통해 어떠한 시민들을 만들어낼 것인지를 디자인해야 한다.

이러한 도시문화 디자인을 통해 매력적인 도시이미지와 정체성을 창출하고, 그러한 이미지와 정체성을 활용한 창조경제 모델을 개발하며, 시민들의 라이프 스타일과 삶의 결을 살려 도시 커뮤니티를 형성하는 것이 창조문화도시 만들기의 목표이자 기본 개념이다.

이러한 기본 개념을 바탕으로 이 글에서는 문화적 관점에서 도시를 디자인하는 창조적 관점과 방법론을 크게 화두, 비전, 전략, 생성의 네 가지 차원에서 논의해보고자 한다.

먼저, 새로운 도시문화 브랜드 만들기를 위한 화두를 던지고, 다음으로 창조문화도시의 비전과 전략을 제시할 것이다. 마지막으로 창조문화도시의 실천적 생성을 위한 장소가치 실현 전략, 이른바 플레이스 브래케팅Place Braketing 전략을 논의하면서 글을 맺고자 한다.

### 2) 화두: 새로운 도시문화 브랜드 만들기

창조문화도시를 만드는 일은 다름 아닌 새로운 도시문화 브랜드 만들기, 즉 도시문화의 가치를 창출하는 것이다. 이를 위해서 문화의 가치와 문화의 메가트렌드mega trend를 고찰해볼 필요가 있다.

우선, 왜 문화인가. 문화가 도시의 삶에서 어떠한 사회적 가치를 지니고 있는가. 어떠한 가치를 지닌 문화를 창조해야 하는가. 이러한 질문에 답하기 위한 것이 문화 창조 가치 사슬이다.

문화의 가치는 크게 8가지의 역할로 얘기할 수 있다. 긍정, 배려, 경청, 소통, 재미, 웃음, 공감, 치유가 그것이다. 이러한 가치를 창출하는 데 큰 역할을 하는 것이 문화다.

### 문화창조의 가치사슬과 메가트렌드

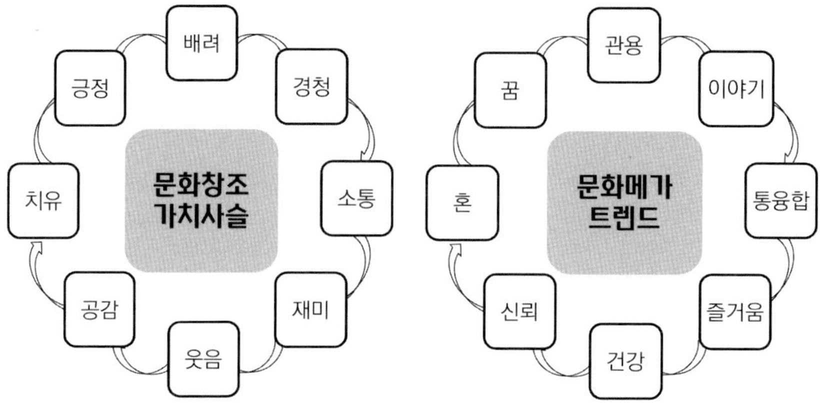


문화는 사람들에게 자신의 삶과 자신이 살고 있는 도시의 삶을 긍정하고, 자신과 다른 삶을 사는 사람들의 존재를 긍정하는데 역할을 한다. 또한 문화는 타인을 배려하고 경청함으로써 사람의 마음을 움직이고 마음을 얻는데 역할을 한다. 문화는 또한 사람들을 소통하게 하고 삶에 재미를 주며 웃음과 공감을 이끌어내는데 큰 기여를 한다. 결국 문화는 궁극적으로 삶의 아픔과 상처를 치유하고, 도시의 고통과 어려움을 치유토록 해줌으로써 있는 그대로의 자신과 도시를 긍정토록 하는 역할을 한다.

8가지의 문화가치는 서로 연결되어 가치사슬을 형성한다. 즉 문화는 삶과 도시의 존재를 긍정하여 배려와 경청을 통해 소통을 가능케 하고, 소통을 통한 재미와 웃음, 공감과 치유를 이끌어내는 가치를 지니고 있는 것이다. 따라서 창조문화도시의 브랜드를 만드는 일은 이러한 문화의 가치를 도시의 삶 속에 구현해내는 것이어야 한다.

문화창조의 가치사슬은 문화의 메가트렌드와 맞닿아 있다. 30년 이상 지속되는 경향을 메가트렌드라고 한다. 21세기에 들어와 미래학자를 포함한 각 분야 전문가들이 공통으로 지적하고 있는 메가트렌드를 요약해보면, 꿈, 관용, 이야기, 통융합, 즐거움, 건강, 신뢰, 혼 등 8가지로 압축해볼 수 있다.

롤프 옌센Rolf Jensen의 저서 《드림 소사이어티》로 촉발된 꿈의 사회 논의는 지식정보 사회를 뒤이어 꿈과 감성, 상상력을 파는 사회가 도래하고 있음을 보여준다. 사람들에게 꿈을 심어주고 꿈을 파는 사람들이 세상을 지배한다는 논리다. 그런 의미에서 도시문화 브랜드는 사람들에게 꿈을 심어주는 브랜드여야 한다.

관용은 리처드 플로리다Richard Florida가 저서 《창조적 변화를 주도하는 사람들》에서 말한 창조도시를 이끌어가는 3개의 힘, 이른바 3T, 즉 기술technology, 재능talent, 관용tolerance 중 하나다. 한마디로 열린 마인드와 열린 사회를 의미한다. 창조도시가 되려면 누구나 수용할 있는 열린 도시여야 하고 그게 가능한 곳에 창조적인 사람과 산업이 몰려든다는 논리다. 그런 의미에서 도시문화 브랜드는 어떠한 삶의 양식을 지닌 사람이라도 편하게 살아갈 수 있는 환경을 조성하는 브랜드여야 한다.

해리 포터 시리즈로 세계적인 명성을 얻은 조엔 롤링Joan K. Rowling을 통해 각광을 받기 시작한 스토리의 힘은 이야기 하나로 다양한 문화콘텐츠를 만들어 낼 수 있는 가능성을 보여준다. 물리적 자원이 부족하더라도 스토리텔링을 통해 얼마든지 새로운 문화자원을 개발할 수 있다는 논리다. 그런 의미에서 도시문화 브랜드는 도시의 이야기를 핵심자원으로 인식하고 스토리텔링 전략을 적극 적용하는 브랜드여야 한다.

에드워드 윌슨Edward Wilson의 저서 《통섭》으로 널리 회자되기 시작한 통융합은 이질적인 영역들이 만날 때 새로운 것이 창조된다는 논리다. 특히 주변부와 경계, 비주류의 서로 다른 영역이 만날 때 통융합의 창조 에너지가 빛을 발한다. 그런 점에서 도시문화 브랜드는 서로 다른 영역들, 특히 주변부 영역의 사람과 자원이 통융합을 이루어내는 브랜드여야 한다.

즐거움과 건강은 현대인들의 행복을 측정하는 핵심지표로 거론될 정도로 매우 중요한 브랜드 요소라 할 수 있다. 따라서 도시문화 브랜드는 재미와 오락, 유희와 엔터테인먼트적 삶, 여유롭고 건강한 삶을 살 수 있는 도시환경을 조성하는 브랜드여야 한다.

마이클 샌델Michael Sandel의 《정의란 무엇인가》라는 책으로 사람들의 관심을 끌고 있는 정의와 공정, 신뢰의 문제는 더불어 사는 사회의 핵심가치로 대두되고 있다. 그런 의미에서 도시문화 브랜드는 정의를 구현하여 신뢰 관계를 회복하는데 기여하는 브랜드여야 한다.

마지막으로 경영학의 아버지인 필립 코틀러Philip Kotler가 저서 《마켓 3.0》에서 제시한 것처럼 이성과 감성에 이어 영성spirit이 중요해지고 있다. 혼이 깃든 삶과 도시를 만드는 것이 매우 중요한 과제로 떠오르고 있는 것이다. 그런 의미에서 도시문화 브랜드는 사람들의 영혼에 울림을 주는 브랜드여야 한다.

이처럼 새로운 도시문화 브랜드는 문화의 가치와 미래 트렌드를 실현하는 사회적 책임을 지닌 사회공헌 브랜드가 되어야 한다.

예술을 키우고, 복지를 향상하고, 지구환경을 살리고, 소외지역을 보듬어주고, 소외계층을 교육하여 꿈을 심어 주는 좋은 브랜드, 공정 브랜드가 되어야 한다. 이렇게 될 때 도시문화 브랜드는 주민의 다양한 꿈을 포용하여 행복한 이야기로 창조해내는 도시, 즐거움과 건강함으로 정의와 정신이 살아나는 도시를 만들 수 있을 것이다. 최근 문화도시와 창조도시에 이어, 공유도시share city 개념이 강조되고 있는 이유도 이러한 도시문화 브랜드의 사회공헌도를 중시하기 때문이다.

### 3) 비전: 창조문화도시 비전 그리기

① 주민행복 비전 3대 키워드

창조문화도시가 지향해야 할 첫 번째 비전은 주민들이 행복하고 즐겁고 가치 있는 삶을 살도록 하는 것이다. 이를 위해서는 그러한 삶을 사는데 장애가 되는 요인들을 제거하고 긍정적인 요인들을 강화해주는 것이 필요하다. 그렇다면 어떠한 삶이 행복하고 즐겁고 가치 있는 삶일까. 그러한 삶의 핵심 요소로서 욕망, 표현, 소통을 주민행복 3대 비전 키워드로 제시하고자 한다.

첫 번째 키워드 욕망은 꿈과 희망을 의미한다.

삶이 힘들더라도 가슴 뛰는 꿈과 욕망이 있는 사람은 그만큼 행복할 것이다. 그런 의미에서 창조문화도시는 시민들이 꿈을 가질 수 있도록 도와주는 희망도시의 비전을 정책과 브랜드에 담아야 한다.

두 번째 키워드 표현은 꿈과 욕망의 실현을 위한 실천을 의미한다. 꿈이 있더라도 그것을 표현하고 신명나게 펼칠 기회가 없다면 행복하지 않을 것이다. 그런 의미에서 창조문화도시는 꿈을 실천할 수 있도록 도와주는 신명도시의 비전을 정책과 브랜드에 담아야 한다.

예를 들어, 시민들이 꿈이 있더라도 그것을 실행하지 못하는 장애요소들, 이른바 표현장애 요소(혹은 문화장애 요소)들을 제거하는 정책들이 필요하다. 이러한 장애요소는 5가지, 즉 경제 장애, 시간 장애, 신체 장애, 정보 장애, 사람 장애로 나누어 볼 수 있다.

경제 장애는 경제적 어려움 때문에 꿈을 못 펼치는 경우를 말한다. 문화이용권과 같은 화폐쿠폰이나 문화일자리 창조사업, 문화기금 조성사업 등이 필요한 이유다.

시간 장애는 경제적 어려움이 없더라도 꿈을 실행할 시간이 부족한 경우를 말한다. 일 때문에 시간을 내기 어려운 많은 직장인들이 이러한 장애를 호소하고 있다. 원하는 시간에 휴가나 여가생활을 누릴 수 있는 문화여가 제도의 개편, 직장이나 지역을 찾아가거나 순회하는 문화 프로그램, 아침, 점심, 저녁, 혹은 주중, 주말, 사계절, 연중 프로그램 등 다양한 시간대별 문화 프로그램이 그래서 필요하다.

신체 장애는 장애인, 어린이, 노인, 여성, 다문화 가족 등 신체적 어려움이나 특성으로 인해 꿈을 펼치기 어려운 경우를 말한다. 신체 특성이나 생활양식에 따른 맞춤형 문화예술 지원 사업과 무장애 문화시설 조성이 필요한 이유다.

정보 장애는 꿈을 펼칠 수 있는 제도와 프로그램이 있음에도 불구하고 정보와 지식의 부족으로 그것을 잘 몰라 활용하지 못하는 경우를 말한다. 주로 젊은 층이나 현장 예술가들에게서 많이 나타난다. 문화정보 전달 체계와 지역문화 포털 시스템의 구축, 지역문화 인적자원 센터의 조성이 그래서 필요하다.

사람 장애는 주변에 도움을 주는 사람이 없는 경우를 말한다. 때로는 가까이 있는 가족이나 친구들조차 자신의 꿈을 펼치는데 장애가 되는 경우도 있다. 지역문화 멘토링이나 컨설팅 사업, 문화매개자나 네트워커 같은 지역문화 전문인력의 양성, 지역문화 협력관 운영이 필요한 이유다.

3대 비전의 마지막 키워드인 소통은 뿌듯한 나눔을 의미한다. 욕망과 표현 능력을 가지고 있더라도 그것을 다른 사람들과 함께 나누지 못하거나 이기적 행동으로 인해 타인들에게 해를 끼치는 경우는 행복하지 않다는 것이다. 그런 의미에서 창조문화도시는 시민들이 함께 나누고 소통하며 공감할 수 있도록 도와주는 공감도시의 비전을 정책과 브랜드에 담아야 한다.

### ② 통융합과 횡단의 도시문화경영

창조문화도시가 지향해야 할 두 번째 비전은 통융합과 횡단의 도시문화경영 체계를 만드는 것이다. 문화 영역의 흐름과 문화정책 혹은 전략의 흐름이 점점 예술, 산업, 생활, 도시로 확대되고 있는 추세다.

초기에 문화정책은 주로 예술창작 진흥과 문화향수 진흥에 초점을 두었다. 여기에서 중요시되는 키워드는 예술성으로, 심미성, 미학, 수월성, 해득력이 중요한 정책의 가치였다.

이후 문화정책은 문화콘텐츠와 문화산업, 문화브랜드 등 예술을 활용한 산업화에 초점을 두는 방향으로 확대되었다. 여기에서 중요시되는 키워드는 경제성으로, 문화산업, 문화기술, 문화관광 등이 중요한 정책 영역이다.

이와 더불어 문화정책은 주거, 복지, 교육, 여가, 교통, 생태, 공원녹지 등 생활문화 전반으로 확대되었다. 여기에서 중요시되는 키워드는 일상성으로, 문화향유, 문화활동, 문화복지, 여가문화 등이 중요한 정책 영역이다.

최근에는 문화도시와 도시문화, 도시재생, 도시마케팅과 장소브랜딩 등 도시 전반으로 문화정책의 영역이 확대되고 있다. 여기에서 중요시되는 키워드는 장소성으로, 공간문화, 문화환경, 문화경관, 문화행정 등이 중요한 정책 영역이다.

따라서 창조문화도시의 정책은 문화계획의 관점에서 통융합적 도시문화경영 시스템을 갖추어야 한다. 그를 통해 문화정책의 의제를 문화예술 환경에서 생활환경 전반으로, 부문 전략에서 총체적 전략으로, 물리적 공간에서 감성적 장소로, 현상과 형태 중심에서 과정과 거버넌스 중심으로 변화시킬 필요가 있다.

③ 지역문화융성을 위한 행복 창조 문화도시

창조문화도시가 지향해야 할 세 번째 비전은 지역문화융성을 위한 행복 창조 문화도시를 만드는 것이다. 지역문화융성은 지역문화 자체의 융성과 문화를 통한 지역의 융성 두 축으로 이루어질 수 있다.

지역문화 자체의 융성은 지역문화의 정체성을 중심으로 하는 관점이다. 지역이 지닌 기존 문화 역량을 강화하고 지역 예술가들의 창작 활동을 증진하며 주민의 문화 향유권을 제고하는 것이다. 지역이 지닌 문화의 고유성과 정체성, 다양성을 보존하고 강화하는 정책이라 할 수 있다.

문화를 통한 지역의 융성은 지역문화를 활용한 창조경제 창출을 중심으로 하는 관점이다. 문화를 통해 지역경제 역량을 강화하고 지역문화자원이 지닌 다양한 잠재력과 가치를 발견하여 창조적 경제 모델을 만드는 것이다. 창조지역으로서 성장 동력과 지속가능성을 도모하는 정책이라 할 수 있다.

창조문화도시를 만들기 위해서는 이러한 지역문화융성을 목표로 궁극적으로 시민의 행복을 창조하는 다양한 정책을 수립할 필요가 있다.

예를 들어 지역문화융성 정책의 5대 비전으로 문화로 옷 입히기, 문화로 꽃 피우기, 문화로 밥 져먹기, 문화로 기 세우기, 문화로 입 맞추기를 제시해 볼 수 있다.

첫째, 문화로 옷 입히기는 주민행복을 북돋는 문화도시를 만드는 정책이다.

문화가 주민들의 삶과 동떨어진 것이 아니라 매일 입는 옷처럼 일상 영역 곳곳에서 느끼고 체험하는 문화가 되도록 하는 것이다. 어느 지역에 살든지 행복감을 느낄 수 있도록 지역 간 행복 격차를 해소하는 정책, 모든 지역에서 문화 혜택을 누릴 수 있는 지역문화 복지 정책이 여기에 해당된다.

둘째, 문화로 꽃 피우기는 지역예술을 키우는 문화도시를 만드는 정책이다.

지역에서 싹트고 성장해온 예술을 존중하고, 예술 창작 활동이 활발하게 이루어져 세계적인 문화가 꽃피울 수 있도록 지원하는 것이다. 지역에서 활동하는 예술가들의 창작 역량을 강화하고 지역예술인들의 복지를 실현하는 정책이 여기에 해당된다.

셋째, 문화로 밥 져먹기는 지역경제를 이끄는 문화도시를 만드는 정책이다.

문화로 밥 먹고 살 수 있는 지역을 만들자는 것이다. 지역의 정체성과 고유성에 맞는 창조경제 모델을 만들고, 지역문화 콘텐츠와 브랜드를 만드는 정책이 여기에 해당된다.

넷째, 문화로 기 세우기는 지역품격을 높이는 문화도시를 만드는 정책이다.

어떤 지역에 살더라도 기죽지 않고 당당하고 자랑스럽게 살 수 있도록 하자는 것이다. 한국을 대표하는 지역의 고유한 문화자원과 전통문화 발굴, 이를 통한 지역문화 한류 브랜드 만들기 정책을 예로 들 수 있다.

마지막으로 문화로 입 맞추기는 지역통합을 이루는 문화도시를 만드는 정책이다.

지역들이 서로 소모적인 경쟁을 하지 않고 각자 가지고 있는 역량을 교류하여 통합적으로 활용함으로써 상생 발전을 이루자는 것이다. 지역문화 교류협력과 지역문화 네트워크 구축, 지역 상생 브랜드 만들기 정책이 여기에 해당된다.

지역문화융성과 관련된 내용은 다음 장(시선 3)에서 좀 더 자세히 다룰 것이다.

④ 문화창조 나무 씨앗 뿌리기와 가꾸기

창조문화도시가 지향해야 할 네 번째 비전은 문화창조 나무의 씨앗을 뿌리고 가꾸는 것이다. 문화나무의 씨앗을 뿌리고 그것이 꽃을 피우고 열매를 맺을 수 있도록 창조나무로 가꾸는 것이다.

문화나무 씨앗은 문화culture의 영어 단어를 거꾸로 쓴 에루루erutluc의 각 첫 글자로 시작하는 문화 씨앗들로 제시해볼 수 있다.

친환경 사회eco society를 만드는 문화 씨앗, 지역발전regional development을 이끄는 문화 씨앗, 도시를 창조적으로urban creative 만드는 문화 씨앗, 서로 융합하고 횡단하는trans and hybrid 문화 씨앗, 어렵고 힘든 지역에 희망을 주는lighting community 문화 씨앗, 언제 어디서나universal and ubiquitous 즐길 수 있는 문화 씨앗, 창조적 소통 방식creative communication을 제공하는 문화 씨앗이 그것이다.

창조나무 가꾸기는 창조적creative의 영어 단어를 거꾸로 쓴 에비타에르크evitaerc의 각 첫 글자로 시작하는 창조나무들로 제시해볼 수 있다.

일회성이 아닌 지속적으로 만들어가는 창조문화evolution creative culture,

새로운 가치를 창출하는 창조문화value creative culture, 재미와 즐거움을 주는 창조문화interesting creative culture, 일상의 영역들을 엮어가는 창조문화trans creative culture, 도전하고 실천하는 창조문화action creative culture, 감동과 공감을 주는 창조문화effect creative culture, 공감과 신뢰의 관계를 맺어주는 창조문화relation creative culture, 소통하는 창조문화communication creative culture가 그것이다.

### 4) 전략: 창조문화도시 전략 만들기

#### ① 도시문화지도 그리기

창조문화도시의 비전 달성을 위해 첫 번째로 수립해야 하는 전략은 도시문화지도urban culture map를 만드는 것이다.

도시문화지도는 도시문화의 현주소, 즉 그 도시에 살고 있는 사람들의 문화를 파악하고 진단하는 일종의 도시문화 지형도, 도시문화 생태도라 할 수 있다. 도시문화지도를 파악하는 방법은 여러 가지가 있을 수 있다. 여기에서는 앞에서 살펴보았던 공간문화지도 개념을 적용해 '주체-일상-문화-공간' 매트릭스를 통한 도시문화지도 작성법을 제시하고자 한다.

우선 도시주체 지형도를 그리는 것이다. 그 도시에 어떤 사람들이 살아가고 있는지에 대한 인구 특성을 파악하는 것이다.

두 번째는 도시일상 지형도를 그리는 것이다. 각 주체별로 일상생활이 어떻게 전개되고 있는지를 파악하는 것이다. 인간의 7대 존재기본기능인 거주, 노동, 소비, 교육, 여가, 커뮤니티, 교통 및 소통을 중심으로 생활 방식을 파악해볼 수 있다.

세 번째는 도시문화 지형도를 그리는 것이다. 여기서 문화는 협의의 문화적 삶을 일컫는 것으로 일상생활의 각 영역 속에서 가지고 있는 삶의 욕망과 그 욕망의 표현, 실행, 소통 방식을 따져보는 것이다. 거주생활을 예로 든다면, 어떠한 주거 욕망을 가지고 있고, 그것의 실현을 위해 어떠한 실천을 하고 있으며, 그 욕망의 실현을 위해 어떠한 소통을 하고 있는지를 파악하는 것이다.

마지막으로 도시공간 지형도를 그리는 것이다. 이것은 도시주체들의 일상 문화와 깊은 관련을 맺고 있는 공간을 파악하는 것이다. 여기에는 삶에 긍정적인 영향을 주는 공간이 있고 부정적인 영향을 주는 공간이 있을 수 있다. 그 공간의 유형들도 주거 공간에서 거리, 세대, 소비, 여가, 야간, 젠더, 언어, 매체, 소수, 교육, 가상공간에 이르기까지 다양하다.

이렇게 주체, 일상, 문화, 공간의 지형도들을 서로 연결하여 분석하면 그 도시의 문화를 파악해 볼 수 있고, 어떤 주체들이 일상생활의 어떠한 부분에서 문화적 어려움을 겪고 있고, 그것이 어떤 공간과 관련을 맺고 있는지 알아낼 수 있다. 이를 통해 그 도시가 해결해야 할 문제와 문화적 의제들을 도출해낼 수 있다. 도시문화지도를 제대로 만들기 위해서는 각 분야 도시문화 관련 전문가들의 장기간 협업과 역할 분담이 필수적으로 요청된다.

② 공간문화와 도시경관 두텁게 읽기

도시문화지도 그리기에 이어서 세워야 할 두 번째 창조문화도시 전략은 공간문화와 도시경관 두텁게 읽기다. 이는 앞 장(시선 1)에서 언급했던 것처럼, 일상공간 읽기, 공간문화 분석, 감각경관 읽기, 공간의 문화정치 읽기 순으로 이루어진다.

먼저 도시문화지도를 통해 문화적 의제로 채택된 사안들 중에서 관련성이 높은 공간을 선정하는 일상공간 읽기를 선행해야 한다.

다음으로 선정된 일상공간에 대한 공간문화 분석을 시도한다. 공간문화 분석은 크게 공간의 역사, 형태, 기능, 정서, 재현, 주체, 갈등 등 공간문화 7요소를 각각 분석하는 것이다.

이어서 그러한 공간문화 요소들이 도시경관을 통해 어떻게 나타나고 있는지를 분석한다. 도시경관은 주로 감각경관들로서, 시각경관landscape, 소리경관soundscape, 냄새경관smellscape, 감촉경관tastescape 등으로 다양하게 설명할 수 있다.

마지막으로 공간문화와 도시경관들이 어떠한 힘을 통해 형성, 변천, 소멸해 가는지를 공간의 문화정치 읽기를 통해 파악한다.

③ 창조문화도시 6대 핵심 프로젝트

도시문화지도와 공간문화, 도시경관과 공간의 문화정치 등에 대한 분석을 바탕으로 창조문화도시 프로젝트들을 다양하게 도출할 수 있다. 여기에서는 창조공간, 창조관광, 창조산업, 창조인력, 창조경영, 창조지수 등 6대 핵심 프로젝트를 제시하고자 한다.

첫 번째, 창조공간 프로젝트는 역사와 기억의 공간을 창조적으로 재생하는 프로젝트다.

도시의 역사와 그 곳에서 살아온 사람들의 추억과 기억, 이야기들이 담겨있는 공간들을 현대적으로 되살려 지속가능한 장소들로 만들어가는 것이다. 폐쇄된 철도 부지의 공간을 문화공간으로 되살린 파리 예술의 다리, 무기 공장을 예술 특구로 만든 북경의 다산쯔 특구, 해안의 창고를 현대적 쇼핑몰로 전환한 요코하마의 빨간 창고, 발전소를 미술관으로 바꾼 런던의 테이트 모던 미술관, 폐쇄된 채석장을 공연장으로 변모시킨 스웨덴의 달할라 야외 공연장 등이 그런 사례들이다.

창조공간 프로젝트들을 근간으로 하는 다양한 테마의 창조도시들도 활발히 조성되고 있다. 한국의 경우도 유네스코 창의도시 네트워크에 가입한 서울의 디자인 창조도시와 이천의 전통공예 창조도시, 전주의 음식 창조도시를 비롯하여, 영월의 박물관 창조도시, 성남의 문화예술 창조도시, 인천의 근대문화 창조도시, 대전의 과학예술 창조도시, 광주의 시민행복 창조도시 등에서 지역 특성에 맞는 다양한 창조공간들이 만들어지고 있다.

실험과 도전 정신으로 새로운 장소성을 만들어내고 있는 창조공간 프로젝트들도 존재한다. 예를 들어 젊은 층을 타깃으로 환경 창조공간을 조성한 네덜란드 로테르담의 지속가능 댄스클럽sustainable dance club을 들 수 있다. 일명 SDC로 불리는 이 클럽은 춤도 추고 지구환경도 지키는 에코 클러빙eco clubbing을 지향하는 지속가능 친환경 댄스클럽이다.

춤추는 사람들이 인간 발전기 역할을 하는 그린 댄스 프로젝트로서, 지붕에서 모은 빗물을 태양열로 가열해 온수로 사용하고, LED 전구를 내부 조명으로 사용한다. 또한 고대 로마극장식 음향 설계로 작은 소리도 크게 증폭시키고, 땀 등 내부 습기까지도 자연 냉각을 거쳐 변기용 물로 재활용한다. 환경단체의 발의로 건축 설계 회사와 클럽, 대학, 도시개발 위원회가 함께 하는 80여명의 민관 파트너십을 통해 창조된 공간이다.

두 번째, 창조관광 프로젝트는 새로운 문화를 창조하는 관광 프로젝트다.

관광의 패러다임이 과거 대량관광에서 지역문화와 주민의 삶을 중시하고 관광객과 주민이 상생 공존하는 대안관광alternative tourism 혹은 신관광new tourism으로 전환하는 과정에서 다양한 창조관광creative tourism 모델들이 등장하고 있다.

대표적으로 문화예술과 관광을 접목한 예술관광, 역사전통과 관광을 접목한 유산관광, 도시의 장소성을 특화시켜 관광자원화하는 도시관광, 자연환경과 관광을 접목한 생태관광, 일상생활을 관광자원화 하는 생활관광, 사회복지와 관광을 결합한 복지관광, 교육과 관광을 결합한 교육관광, 사이버기술과 관광을 결합한 온라인 관광e-tourism 등을 들 수 있다.

일례로, 네덜란드 로테르담에서 개발한 시티 사파리city safari 프로그램은 생활관광의 대표적인 사례다. 관광객들이 웹사이트를 통해 방문하고자 하는 도시에서 만나고 싶은 주민을 선택하고, 그 주민을 만나 함께 지내면서 생활양식을 체험하는 관광모델이다. 또 다른 사례로, 민주·인권·평화의 도시 광주의 오월길(5·18 road) 조성 프로젝트를 들 수 있다. 오월 정신 관련 사적지와 지역의 문화 공간들을 연결하여 민주화 운동의 역사를 인권 창조관광의 도시문화 브랜드로 변모하는 프로젝트다. 도시관광, 유산관광, 교육관광이 결합된 일종의 역사교훈 관광dark tourism 모델이라 할 수 있다.

세 번째, 창조산업 프로젝트는 지역이 지닌 내재적 가치를 핵심으로 새로운 산업모델을 창조하는 프로젝트다.

새로운 산업은 경험과 학습, 공감과 신뢰를 기반으로 예술과 문화가치를 경제적 부가가치로 전환하는 속성을 지니고 있다. 창조산업은 창조공간을 매개로 한 문화예술 산업, 정보서비스 산업, 관광 산업이 주종을 이루고 있다.

창조산업의 모델로서 일상문화 창조산업 프로젝트를 들 수 있다. 예술과 일상을 결합한 문화 융합 일자리 창출 프로젝트로서, 예술과 주거, 노동, 소비, 여가, 교통, 교육이 만나는 다양한 문화일자리 프로그램들이 시도되고 있다. 빈집 예술 사업(예술 + 주거), 문화 산단 사업(예술 + 노동), 문화를 통한 전통시장 활성화 사업(예술 + 소비), 문화배달제 사업(예술 + 여가), 대중교통 시설 문화공간화 사업(예술 + 교통), 공간문화예술 특성화 교육(예술 + 교육) 등을 들 수 있다.

네 번째, 창조인력 프로젝트는 창조계층들을 육성하고 지역으로 유치하는 프로젝트다.

창조인력은 의미 있는 새로운 산업 양식을 창조하는 일에 종사하는 사람들로서 창조적인 삶으로 사회의 다양한 영역에서 변화를 선도하는 사람들이다. 이들은 개성과 자기표현, 실력과 업적주의, 다양성과 개방성, 느슨한 유대를 중요한 가치로 추구한다.

창조인력이 살고 싶어 하는 혹은 일하고 싶어 하는 도시는 장소의 질, 두터운 노동시장, 다양한 라이프 스타일, 지역의 개성, 다양성과 진정성, 제3의 장소 등을 풍부하게 갖춘 도시다. 창조도시들은 창조인력이 추구하는 가치와 원하는 삶을 살 수 있도록 도시환경을 조성하는 일에 주력하고 있다.

창조인력은 꿈의 사회를 만드는 핵심 인재들이다. 문화전문인력은 대표적인 창조인력에 해당된다. 미래학자이자 비즈니스 사상가인 다니엘 핑크Daniel Pink가 미래 인재의 핵심 능력으로 제시한 가치창조 능력high concept과 공감유도 능력high touch을 지닌 이들이 바로 문화전문인력이다.[15]

창조문화 인력은 다양한 유형이 존재한다. 문화인력 교육 프로그램을 개발하는 문화 인간형 교육가educator, 창조적 리더를 양성하는 창조리더십 컨설턴트, 지역문화에 맞는 축제를 개발하는 축제경영 기획가, 파트너십과 네트워킹을 이끌어내는 만남경영 기획가, 걷기와 자전거 등 친환경 이동문화를 창조하는 와이킹wiking = walking + biking 경영 기획가 등을 예로 들 수 있다.

이러한 창조문화 인력을 도시와 지역에 유치하는 다양한 창조인력 프로젝트들이 필요하다. 예술가와 문화매개 인력 등 문화전문인력들을 고향이나 지역에 정착시키는 문화인력 지역 정착 프로젝트(이른바 문화

귀촌 사업), 문화 인적자원 센터 운영 등 지역 맞춤형 문화전문인력 양성 사업 등이 그 예다.

다섯 번째, 창조경영 프로젝트는 창조적인 도시경영과 문화거버넌스 체계를 만드는 다양한 프로젝트를 말한다.

도시의 창조경영 비전을 수립하고 공간창조 전략 그룹을 구성하는 일, 지역의 문화권역들을 연결하여 창조지역 벨트를 형성하고 지역경영 아카데미를 운영하는 일들이 모두 여기에 해당된다.

특히 도시의 다양한 그룹들이 협력 체계를 구성하여 도시 문제를 창의적으로 해결하는 창조문화거버넌스 시스템을 갖추는 것이 중요하다. 일례로, 지자체와 대학, 연구소, 시민사회, 기업이 함께 참여하는 창조전략 그룹 운영을 들 수 있다. 문화행정, 문화연구, 문화포럼, 문화산업 각각의 영역에서 협력 프로그램을 개발하여 정책, 연구, 실행, 소통을 연결하는 선순환 체계를 만드는 것이 필요하다. 창조적인 인력과 문화콘텐츠, 생활공간을 연결하는 다양한 지역문화 재생 플랫폼 구축 사업도 병행해야 한다.

마지막으로, 창조지수 프로젝트는 창조도시 사업들의 수준과 효과를 측정하고 정책 수립 및 조정의 환류 체계를 만들기 위한 평가지표 및 지수 개발 사업을 일컫는다.

지역의 창조성을 측정하는 창조지수들은 하이테크 지수, 혁신 지수, 게이 지수, 창조계급 지수, 보헤미안 지수, 멜팅 팟melting pot 지수, 복합성 지수, 다양성 지수 등 다양한 이름으로 불린다. 창조지수의 개발은 도시의 특성과 비전, 전략과 과제에 따라 목적에 맞게 지역문화 거버넌스로 추진할 필요가 있다. 일례로 서울시의 경우 역사성, 다양성, 공동체성, 편의성, 친환경성, 혁신성 등 6개의 지표를 활용한 지역 창조성 지수를 개발하였다.

### 5) 생성: 플레이스 브래케팅을 통한 장소 만들기

플레이스 브래케팅place braketing = branding + marketing은 가치와 의미 있는 장소를 만들기 위해 장소브랜딩과 장소마케팅을 접목한 신조어다. 브랜딩이 가치 창출에 초점을 두고 있다면 마케팅은 시장 수요에 초점을 둔다. 그런 의미에서 두 개념을 결합한 플레이스 브래케팅은 고객이 신뢰할 수 있는 차별화된 장소가치 실현 전략이라고 정의할 수 있다.

이 전략을 창조문화도시의 생성에 적용해보면 다른 도시와 차별화된 도시가치를 창출하여 실현하는 전략이 된다. 플레이스 브래케팅 전략의 3대 핵심 요소는 장소성 만들기, 문화콘텐츠 만들기, 마케팅과 브랜딩이다. 장소성을 창출하여 그에 맞는 문화콘텐츠를 개발하고 이를 효과적으로 마케팅하고 브랜딩 하는 것이다.

장소는 물리적 공간 환경과 그 속에서 살아가는 주체들, 그들이 만들어내는 문화가 결합되어 형성된 총체적 삶터다. 사람들이 장소성을 형성하고 체험하는 방식과 강도를 읽어내고, 의미 있는 삶을 살 수 있도록 장소성을 전환해가는 일련의 과정이 장소가치 실현 전략이다.

장소가치 실현가인 플레이스 브래케터place braketer는 차별화된 장소가치를 만들기 위해서 다양한 리서치 작업을 수행한다. 일례로 영어 스펠

링의 앞 글자를 딴 포부FOBU 가치 분석을 들 수 있다. 포부 가치는 4가지 가치 요소, 즉 그 도시에서 최초로 시작한 것first value, 그 도시에만 있는 유일한 것only value, 그 도시가 가장 잘하는 것best value, 다른 지역에도 있지만 그 도시가 고유한 방식으로 하고 있는 것unique value을 일컫는다. 이러한 가치 요소 분석을 바탕으로 장소가치를 창출하는 것이다.

또 다른 장소가치 실현의 핵심 요소 사례로서 《장소의 재탄생》이라는 책에서 제시된 장소가치 창출 10계명을 들 수 있다.[16] 강력한 상징적 정체성을 만들어라. 바로 떠오르는 연상 이미지를 이용하라. 이야기로 상상력을 자극하라. 랜드마크를 만들어라. 창조성에 주목하라. 실질적 가치를 창조하는 곳으로 만들어라. 비전을 가지고 미래를 창조하라. 끊임없이 성장하고 진화하라. 치열한 글로벌 경쟁에 적극 대처하라. 전체를 보는 시각holistic approach으로 접근하라 등이 그것이다.

플레이스 브래케팅 전략, 즉 장소가치 실현 전략은 장소브랜딩을 통한 장소가치 창출 전략과 장소마케팅을 통한 장소가치 실현 전략으로 나누어 볼 수 있다.

장소브랜딩 전략은 3대 전략 즉, 브랜드 정체성 전략과 브랜드 마케팅 전략, 브랜드 피드백 전략으로 이루어진다.

브랜드 정체성 전략은 장소 미션 설정, 브랜드 현황 평가, 브랜드 핵심 아이디어 도출, 브랜드 비전 설정, 브랜드 모델 정립 등의 절차로 이루어진다. 브랜드 마케팅 전략은 브랜드 목표 설정과 브랜드 믹스 전략으로 이루어진다. 브랜드 피드백 전략은 브랜드 모니터링, 평가, 환류 등으로 이루어진다.

장소마케팅 전략 역시 3대 전략, 즉 장소 전략, 마케팅 전략, 피드백 전략으로 이루어진다. 장소마케팅 전략에 대해서는 뒤에서(시선 4) 더 자세히 살펴볼 것이다.

## 시선 3

# [지역문화]

새로운 문화창출을 위해서는
창조성과 장소성, 인간성이 결합된
품격있고 혼이 깃든 지역문화를 만들어야 한다.

# 지역문화융성을 위한 정책 키워드와 프로젝트

## 1) 지역문화융성의 큰 그림을 그리자

정부의 문화정책에서 지역문화에 대한 관심이 점점 고조되고 있다.[17] 국정기조 중 하나로 문화융성이 채택되기도 하였고, 문화기본법이 제정되고 문화예산이 증액되면서 문화정책이 전면에 대두되기도 하였다. 이와 더불어 지역문화진흥법 제정과 대통령 직속 지역발전위원회(국가균형발전위원회)의 위상 강화 등으로 지역문화의 부흥에 대한 기대도 높아지고 있다.

그러나 여전히 지역의 문화현실은 열악하고 과제들도 산적하다. 문화와 지역의 현안들은 정부의 특정 부처 차원에서 해결할 수 없는 복합적이고 중층적인 문제들로 얽혀 있다. 따라서 지역문화 정책은 보다 큰 틀에서 종합적이고 융합적인 관점을 가지고 접근해야 한다.

정부의 지역문화 정책은 제도적 토대 마련, 지역문화 자치 역량 강화, 지역문화 격차 해소와 지역문화 복지 구현 등 삼대 축(제도, 분권, 복지)을 중심으로 추진되고 있다. 그러나 지역문화 정책은 주민의 행복과 창조적 지역경제 구현의 관점에서 지역문화융성을 이끌어내는 총체적인 접근이 필요하다. 그렇게 함으로써 문화를 통한 지역발전과 지역발전을 통한 문화융성을 동시에 추구해야 한다.

문화융성이 문화의 융성(대상으로서 문화)과 문화를 통한 융성(수단으로서 문화)의 결합이라면, 지역문화융성은 지역문화의 융성과 문화를 통한 지역융성의 결합으로 이루어질 수 있다.

**총체적 지역문화융성 정책**

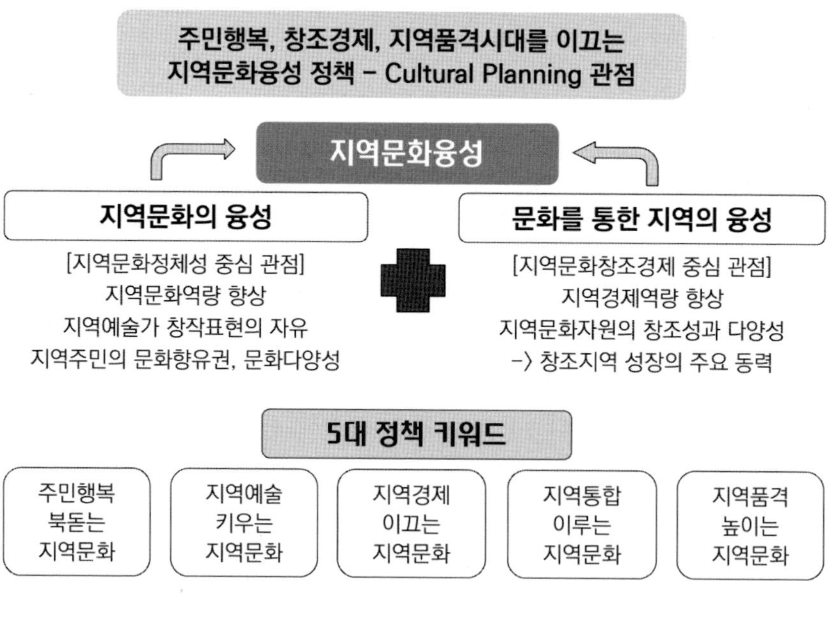

지역문화의 융성은 지역문화 정체성을 정책의 중심에 놓는 관점이다. 여기에서는 지역문화의 역량을 향상하고, 지역 예술가들의 창작과 표현의 자유를 보장하며, 지역주민의 문화향유권과 문화다양성을 확대하는 정책이 중요하다.

문화를 통한 지역융성은 지역문화 창조경제를 정책의 중심에 놓는 관점이다. 여기에서는 지역경제의 역량을 강화하고 지역문화자원의 창조성과 다양성을 통해 지역의 신 성장 동력을 확보하는 정책이 중요하다.

이러한 지역문화융성의 관점에서 지역문화 정책의 키워드와 주요 영역을 주민행복, 지역예술, 지역경제, 지역통합, 지역품격 등 크게 5가지로 제안하고자 한다. 이 부분은 앞의 글(시선 2)에서 언급한 지역문화융성 정책의 5대 비전과 맥락을 같이 한다.

첫 번째는 주민행복을 북돋는 지역문화다.

지역주민들이 느끼는 행복감의 격차, 즉 지역행복 격차를 해소하고 지역의 문화복지를 달성하는 정책이 여기에 해당된다. 이러한 정책을 수립하기 위해서는 지역주민이 생각하는 행복이 어떤 것인지를 파악하는 지역행복 지도와 지역행복 지수 사업을 필수적으로 선행해야 한다.

두 번째는 지역예술을 키우는 지역문화다.

지역에서 활동하는 예술가들의 창작 역량을 제고하고 지역예술인들의 복지를 실현하는 정책이 여기에 해당된다. 이러한 정책을 수립하기 위해서는 지역예술인들이 타 지역으로 떠나가지 않고, 지역을 떠난 예술인들이 다시 고향으로 돌아와 활동할 수 있도록 하는 예술가 고향, 지역 정착 사업이 필수적으로 요구된다.

세 번째는 지역경제를 이끄는 지역문화다.

지역 특성을 활용한 지역 창조경제 모델을 도출하고 지역문화자원을 콘텐츠, 브랜드화 하는 정책이 여기에 해당된다. 이러한 정책을 수립하기 위해서는 지역의 문화적 특성과 정체성 및 지역문화자원을 연구하고 지역의 핵심가치를 창출하는 지역문화 브랜딩과 마케팅, 지역학 연구 사업이 필수적이다.

네 번째는 지역통합을 이루는 지역문화다.

지역 갈등을 없애고 지역 상생을 위한 문화교류와 문화 네트워크를 구축하는 정책이 여기에 해당된다. 이러한 정책을 수립하기 위해서는 행정적 지역 경계를 넘어서는 생활권 차원에서 지역주민의 삶의 질을 향상시키는 지역행복 생활권 관점을 확립해야 한다.

마지막으로 지역품격을 높이는 지역문화다.

한류 3.0k-culture 시대를 이끌어가는 지역문화 한류k-r culture를 개발하고 지역의 역사와 전통 문화를 창조적으로 재생하는 정책이 여기에 해당된다. 이러한 정책을 수립하기 위해서는 세계, 한국, 지역을 융합 횡단하는 가치를 발굴하는 글로컬glocal, global + local 문화가치와 내로컬nalocal, national + local 문화가치 사업을 추진해야 한다.

### 2) 지역문화를 바라보는 관점을 바꾸자

위에서 제시한 지역문화융성 정책을 수립하기 위해서는 지역문화를 바라보는 관점의 세 가지 전환이 필요하다. 문화의 가치, 흐름, 창출의 차원에서 주민행복을 달성하는 행복지역, 창조경제를 실현하는 융합지역, 문화융성을 일궈내는 창조지역이 그것이다.

첫 번째 관점은 주민의 삶을 즐겁고 가치 있게 하는 행복지역을 만드는 것이다.

문화를 통해 지역주민들에게 희망을 주고 신명나게 하고 함께 나누도록 하는, 이른바 욕망, 표현, 소통의 행복지역 문화정책을 수립해야 한다.

욕망의 지역문화 정책은 가슴 뛰는 꿈과 희망, 비전을 주민들에게 심어주어 혼이 깃든 희망의 지역을 만드는 정책이다. 주민들에게 희망을 주는 지역문화 비전 정책, 주민의 삶과 삶터가 지닌 상처와 고통을 치유하고 꿈과 희망을 주는 문화예술 치유 정책을 예로 들 수 있다.

행복지역을 위한 문화가치 3요소

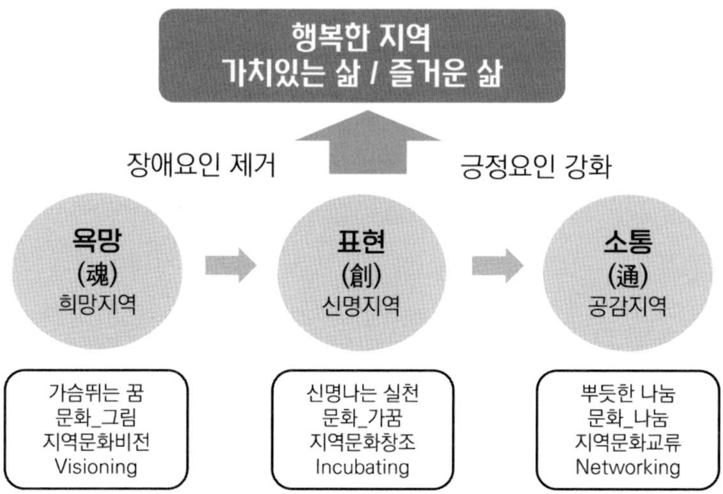

표현의 지역문화 정책은 꿈과 욕망의 신명나는 실천과 계발을 도와주어 창조적인 신명의 지역을 만드는 정책이다. 주민들이 꿈을 실행할 수 있는 지역문화 창조 정책, 욕망의 표현을 가로막는 5대 장애 요소(경제 장애, 시간 장애, 신체 장애, 정보 장애, 사람 장애)를 해소해 주는 표현장애 문화격차 해소 정책을 예로 들 수 있다.

소통의 지역문화 정책은 뿌듯한 나눔과 상생, 교류를 도와주어 공감의 지역을 만드는 정책이다. 주민들이 더불어 살아갈 수 있는 지역문화 교류 정책, 사회공헌의 5대 영역인 복지, 환경, 교육, 지역, 예술 분야에서 지역들이 연계 협력하는 지역문화 네트워크 정책을 예로 들 수 있다.

이러한 욕망, 표현, 소통의 행복지역 문화정책을 수립하기 위해서는 기본적으로 지역주민의 행복 체감도를 측정하는 지역 행복지수 개발과 지역 일상생활의 영역별 행복문화를 조사하여 문화정책 의제를 도출하는 지역행복 문화지도 작성 사업을 토대 프로젝트로서 선행해야 한다.

두 번째 관점은 예술, 산업, 일상, 장소로 점점 확대되는 문화의 흐름을 반영하여 통융합의 지역을 만드는 것이다.

여기에는 지역의 예술창작을 진흥하고 지역 문화예술의 향유를 확대하는 문화예술 지역 만들기 정책과 지역문화 콘텐츠 및 지역문화 브랜드를 창출하는 문화산업 지역 만들기 정책, 문화적인 생활환경(주거, 복지, 교육, 여가, 생태, 교통, 커뮤니티 등)을 조성하는 일상문화 지역 만들기 정책, 도시, 지역, 공간, 장소 정책의 문화적 전환을 통해 지역의 가치와 정체성을 발현함으로써 지역 대표 브랜드를 개발하는 장소브랜딩 지역 만들기 정책이 포함된다.

문화의 4대 흐름과 융합지역 정책

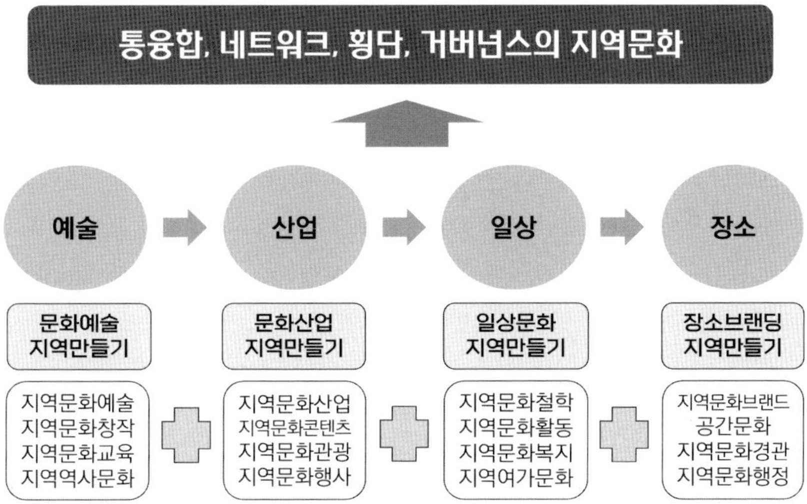


이와 더불어 통융합과 네트워크, 거버넌스, 클러스터링을 실현하는 지역문화 정책이 필요하다. 예술, 역사, 공간, 산업, 일상, 디자인, 기술, 미디어, 콘텐츠 등 지역정책 전반을 가로지르는 총체적 지역문화 계획 시스템 구축, 네트워크와 파트너십, 거버넌스와 과정의 설계, 공간, 인력, 콘텐츠 클러스터링을 지원하는 지역문화 창조 플랫폼 구축 정책이 필요하다.

세 번째 관점은 문화의 메가트렌드와 문화 창조의 가치 사슬을 반영하여 창조적인 지역을 만드는 것이다.

꿈의 사회, 소프트 파워(감성, 즐거움, 재미, 이야기, 여성성)와 공감 능력high touch으로 혼이 깃든 고품격 지역을 만드는 지역 컬처노믹스regional culturenomics 정책, 지역문화에 대한 공감과 배려와 신뢰를 실현하는 지역문화 치유 정책, 다문화(관용, 다양성, 개방성)와 글로컬(지역문화의 세계화) 문화를 만드는 지역 하이브리드 정책, 정체성과 가치지향적 삶의 질을 추구하는 시대에 맞는 지역문화 정체성 정립 정책을 예로 들 수 있다.

새로운 문화 창출을 위해서는 창조성과 장소성, 인간성이 결합된 품격 있고 혼이 깃든 지역문화를 만드는 것이 중요하다. 그런 의미에서 지역품격을 높이는 지역문화 한류 정책도 적극 검토해볼 필요가 있다.

### 3) 지역문화융성을 위한 핵심 프로젝트를 만들자

지역문화융성의 큰 그림 그리기와 지역문화를 바라보는 관점 전환을 위해 앞에서 제시했던 논의들을 종합해 보면 크게 7가지의 핵심 프로젝트를 만들어 볼 수 있다.

지역에 희망을 주는 프로젝트로서 지역행복 지수, 행복 문화지도 프로젝트와 문화예술 치유 프로젝트, 지역에 신명을 불어넣는 프로젝트로서 문화융합 일자리 창조 프로젝트와 지역 맞춤형 문화전문인력 양성 프로젝트, 지역의 공감을 불러일으키는 프로젝트로서 생활 맞춤형 문화향유 프로젝트, 지역을 품격 있게 만드는 프로젝트로서 국토 브랜드(지역문화 브랜드) 프로젝트와 지역문화 한류 프로젝트가 그것이다.

#### ① 지역행복 지수와 행복 문화지도 프로젝트

그동안 지역문화 정책은 지역의 문화적 삶의 현실에 대한 정확한 기초 조사가 결여된 채 수립되어 왔다. 지역의 삶의 질과 문화 창조 역량을 제고하기 위해서는 지역문화의 현황 및 실태에 대한 정확한 조사를 통해 주민이 행복한 지역문화 정책 수립의 토대를 마련해야 한다.

이를 위해서는 지역주민의 행복과 삶의 질을 측정하는 새로운 문화 지표 시스템이 필요하다. 문화향수 실태조사, 문화예술인 실태조사 등이 실시되어 왔지만 일반적이고 기초적인 양적 조사 수준에 그치고 있어 지역문화 실정을 심층적으로 파악하기엔 한계가 있다. 이미 한국형 행복지수 개발이 논의되면서 통계청에서 한국인의 삶의 질을 포괄적으로 측정하는 10개 분야를 선정, 80여개 객관 지표와 25개 주관 지표를 개발한 바 있다. 그러나 다수가 공감하는 지표 가중치 합의를 도출하지 못해 중단된 상태다.

따라서 지역문화 현실과 지역문화 생태계를 진단할 수 있는 다원적인 문화 매트릭스 조사 시스템을 개발해야 한다. 이를 위해서 가칭 지역행복 지수RHI, regional happiness index 평가지표 및 조사 시스템 개발이 필요하다. 그 방법으로는 한국문화관광연구원에서 개발한 지역문화 지표 사업과 연계 혹은 보완하여 지역행복 지표와 지역행복 지수를 개발하는 방법이 있다.

다른 한편으로 앞에서 제시한 행복지역 만들기 3요소(욕망, 표현, 소통)와 표현 장애 5대 요소를 바탕으로 지역문화 정책, 지역문화 인력, 지역문화 활동, 지역문화 인프라, 지역문화 자원, 지역문화 향유, 지역문화 복지 등 지역문화 지표의 세부 항목에 행복 지표를 추가하는 방안도 검토해 볼 필요가 있다. 아울러 지역 규모 및 유형에 따른 행복지표의 차

등화를 검토하고, 전국 단위로 조직화된 지역 전문 기관을 중심으로 조사 체계를 구축하는 방안이 마련되어야 한다.

행복지역을 위한 구체적인 문화정책을 도출하기 위해서는 지역행복 문화지도RHCM, regional happiness culture map를 작성해야 한다. 지역별(지자체별)로 다양한 문화지도들이 만들어지곤 있으나 단순한 문화자원 분포도의 성격을 벗어나지 못하고 있다. 지역별로 주민들의 문화적 삶의 질과 행복도를 파악할 수 있는 지역행복 문화지도를 전국적으로 작성함으로써 행복지역을 위한 지역별 문화정책 의제를 도출할 필요가 있다.

지역행복 문화지도 작성 매트릭스

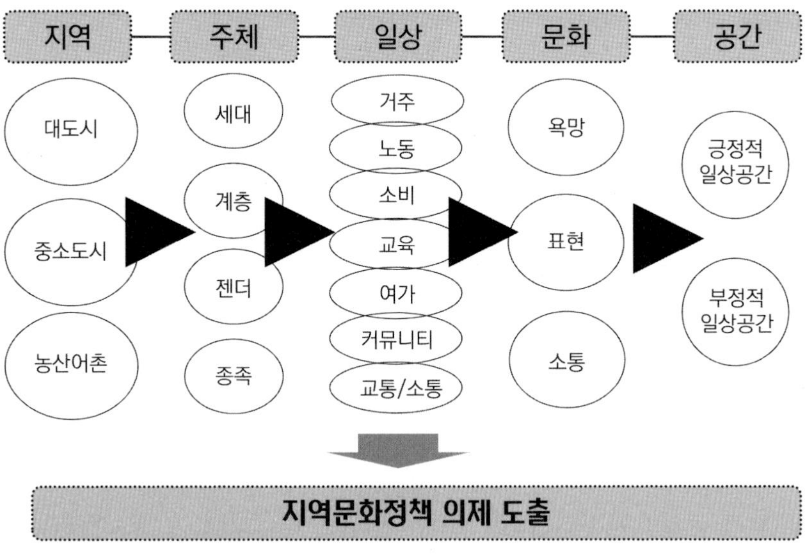

예를 들어 지역행복 문화지도의 작성 체계는 '지역-주체-일상-문화-공간'의 상호연결 매트릭스 맵으로 구성해볼 수 있다. 이러한 방법을 활용하면 지역별, 계층별, 일상 영역별 행복 문화지도도 작성 가능하다. 또한 지역별 행복 문화지도를 종합하면 전국적인 국토행복 문화지도를 작성할 수 있다. 지역행복 문화지도를 작성하는 과정은 지역문화 현실에 대한 기초 조사이자 지역정체성을 발견하는 지역문화 아카이브 구축 과정의 일환이다. 사업 추진 체계는 지역문화재단, 지방문화원, 지역문화진흥원, 지역대학과 지자체 연구소 등 전국 단위로 조직화된 지역 전문 기관을 중심으로 조사 체계를 구축할 수 있다.

② 문화예술 치유 프로젝트

문화예술의 사회적 가치와 사회공헌의 역할에 대한 관심이 점점 높아지고 있다. 그 중에서 특히 최근 주목을 받고 있는 분야가 문화예술 치유다. 문화 트렌드 중 하나로 문화예술 치유(공감의 문화예술, 아픈 사회를 치유하다)가 손꼽힐 정도다.[18] 그러나 그동안 이와 관련된 정책은 매우 부족했다.

문화예술을 통한 사회공헌과 복지 실현 차원에서 예술치유 영역이 중요해지고 있지만 현재는 주로 의학적 측면에서 치료적 접근이 지배적인 상황이다. 따라서 문화예술을 통한 국민의 정신 건강 증진 및 삶의 질 향상을 포괄적, 체계적으로 도모하는 차원에서 문화예술 치유 정책을 수립할 필요가 있다.

이를 위해서 첫 번째로, 문화예술 치유 선도 프로젝트를 추진해 볼 수 있다. 미술, 음악, 연극, 원예, 이야기 등 5대 영역을 중심으로 각각 미술 치유 선도 프로젝트(예를 들어, 미술 치유 비엔날레 개최), 음악 치유 선도 프로젝트(예를 들어, 청소년 대상 한류 음악 치유 프로젝트), 연극 치유 선도 프로젝트(예를 들어, 가족과 다문화 예술 소통 사업), 원예 치유 선도 프로젝트(예를 들어, 도시 치유 문화 텃밭 사업), 이야기 치유 선도 프로젝트(예를 들어, 스토리텔링 클럽 조직)를 추진하는 것이다. 각 영역별로 시범 지역을 선정하여 지역 특성에 맞는 맞춤형 문화예술 치유 사업을 발굴, 육성하도록 지원할 필요가 있다.

두 번째로, 문화예술 치유 지원 센터를 설립해야 한다. 국가 차원의 문화예술 치유 지원 센터와 권역별로 특성화된 지역 문화예술 치유 지원 센터를 설립하는 것이 바람직하다. 우선은 시범적으로 선도 프로젝트를 추진하고(예를 들어, 광주광역시의 정신건강 트라우마 치유 센터와 연계한 광주 문화예술 치유 센터 설립), 점차 지역별 특성을 감안해 지역 맞춤형 모델을 개발하는 쪽으로 확대하면 좋을 것 같다.

세 번째로, 문화예술 치유 스쿨을 설립해야 한다. 전국에 권역별로 학계, 교육계와 문화예술계의 파트너십을 통한 문화예술 치유 학교를 설립하여, 지속가능한 인력양성과 문화예술 교육 모델로 자리잡게 해야 한다.

이상의 사업들이 성공적으로 추진되기 위해서는 문화부, 교육부, 복지부 등 정부 부처의 정책 연계가 필수적이다. 따라서 각 부처의 역할 모델을 개발하고 전국과 지역 단위의 사업 체계와 네트워크 체계를 개발할 필요가 있다.

③ '예술 + 일상' 문화 융합 일자리 창조 프로젝트

문화로 신명난 삶을 살기 위해서는 문화로 밥 먹고 사는 문화일자리를 많이 창출해야 한다. 이를 위해서는 기존의 문화 분야 일자리 틀에서 벗어나 창조경제 만들기의 관점에서 새로운 문화일자리를 모색해야 한다.

그런 의미에서 문화예술과 일상생활의 주요 영역을 융합하여 새로운 일자리를 창출하는 문화융합 일자리 창조 프로젝트가 절실히 필요하다. 일상생활의 영역을 크게 주거, 노동, 소비, 여가, 교통, 교육으로 나누어 '예술 + 일상' 문화융합 6대 일자리 창조 프로젝트를 추진할 필요가 있다.

첫 번째는 '예술 + 주거' 일자리 창조 프로젝트다.

문화예술인들이 주거 환경 조성에 참여하는 프로젝트다. 예를 들어 빈집을 문화로 재생하는 빈집 예술 프로젝트, 지역정체성에 맞는 주택 모델을 개발하는 지역 특성화 예술 주택(아트하우징) 인증 사업 등을 들 수 있다.

두 번째는 '예술 + 노동' 일자리 창조 프로젝트다.

문화예술인들이 산업 공간 조성에 참여하는 프로젝트다. 국가 산단의 문화적 환경을 조성하는 국가 문화산업 단지 조성, 지역 기업의 문화 메세나 활동을 촉진하는 지역문화 기업 메세나 사업, 기업 내 창조적 문화환경 조성 사업, 기업의 창조경영과 문화예술 교육의 접목 등을 예로 들 수 있다.

세 번째는 '예술 + 소비' 일자리 창조 프로젝트다.

문화예술인들이 소비공간 조성에 참여하는 프로젝트다. 문화로 전통시장을 살리는 문전성시 사업, 문화를 통한 전통시장 브랜딩 사업, 아트 프리마켓, 산길 물길 문화 장터 사업 등을 예로 들 수 있다.

네 번째는 '예술 + 여가' 일자리 창조 프로젝트다.

문화예술인들이 국민여가 촉진에 참여하는 프로젝트다. 찾아가는 문화예술 프로젝트, 문화배달제, 지역문화 기반 시설 융합 활용 사업 등을 예로 들 수 있다.

다섯 번째는 '예술 + 교통' 일자리 창조 프로젝트다.

문화예술인들이 교통환경 조성에 참여하는 프로젝트다. 대중교통 시설(정류장 등)의 문화공간화 프로젝트, 기차역 문화디자인 프로젝트, 도보와 자전거길 문화브랜드 개발 등을 예로 들 수 있다.

여섯 번째는 '예술 + 교육' 일자리 창조 프로젝트다.

문화예술인들이 교육활동에 참여하는 프로젝트다. 지역 문화예술 특성화 교육 사업, 토요 문화 창조학교, 1인 1예능 예술 꽃 씨앗 학교, 기업 문화예술 교육 사회공헌 지원, 문화로 행복한 학교 만들기 등을 예로 들 수 있다.

④ 예술가 지역 정착 일자리 창조 프로젝트

문화융합 6대 일자리 프로젝트와 더불어 문화예술 일자리 창출에서 중요한 것 중 하나는 문화예술인들이 자신의 고향이나 자기가 좋아하는 지역에서 안정적으로 문화 창작 활동과 문화적인 커뮤니티 조성 활동에 참여토록 지원하는 것이다.

우리나라 예술가의 85%가 서울 및 수도권에 거주하고 있고 그 중 문화예술 활동으로 먹고 사는 예술가가 20%도 안 된다는 통계가 있었다. 예술가의 65%가 서울에 일자리도 없는데 고향을 떠나 모여 있다는 얘기다. 많은 예술가들이 자신이 애착을 지닌 고향이나 지역에 정착해서 창작 활동과 지역발전을 위한 사회공헌 활동을 병행하고자 하는 욕망이 있다. 그러나 지원 사업이 대부분 대도시를 중심으로 이루어지고 있어 현실적으로 안정적, 지속적인 지역 예술 활동이 어려운 상황이다. 이러한 지역적 문화 불균형 현실을 극복하기 위해서는 지역의 커뮤니티 비즈니스 영역에 문화예술을 결합하는 다양한 모델을 개발해야 한다.

이를 위해서는 우선 예술가 고향·지역 중장기 정착 프로젝트를 도입할 필요가 있다.

예를 들어, 한국문화예술위원회와 지역문화재단이 연계한 공모 사업을 통해 중장기(3년 이상) 기간 동안 고향이나 관심 지역에 정착해 지역문화 창조 활동을 할 수 있도록 고향 정착 아티스트 레지던스 사업 등 지원 프로그램을 마련해야 한다. 또한 지역의 빈집을 활용한 창작 공간 사업 및 마을 만들기 연계 사업이 필요하다.

두 번째는 지역예술가 '창작 + 향유' 세트set 활동 지원 시스템을 개발해야 한다.

지역에서 꿈과 열정을 가지고 활동하고 있는 예술가들을 발굴하여, 안정적으로 창작과 시민 문화 향유를 연계할 수 있도록 지원 프로그램과 시스템을 마련해야 한다.

세 번째는 예술로 지역을 살리는 커뮤니티 아트 비즈니스를 육성해야 한다.

문화예술 특화 커뮤니티 비즈니스, 예를 들어 문화예술 사회적 기업, 협동조합, 1인 문화창조 기업 등을 집중 육성해야 한다. 이를 위해서는 지역 아트 비즈니스 지원 센터 조성 및 커뮤니티 아트 마스터community art master 양성을 병행해야 한다. 이와 더불어 주민 주도 마을 만들기형, 행정 주도 공공예술형, 예술인 주도 예술마을형 등 다양한 유형의 예술을 통한 지역 만들기 사업을 활성화할 필요가 있다.

⑤ 지역 맞춤형 문화전문인력 양성 프로젝트

지역 문화예술 인력의 성장 관리와 이를 위한 정책 지원 시스템 구축을 통해 문화예술 인력 안전망 구축과 문화복지 향상이 어느 때 보다 필요한 시점이다. 아울러 그에 맞는 지역 맞춤형 문화전문인력의 양성도 매우 중요하다.

이를 위해서는 우선 생애, 경력 맞춤형 문화 인적자원 종합 지원 시스템을 구축해야 한다.

문화예술인들을 유아 유년기, 청소년기, 청장년기, 노년기 별로 나누어 생애 주기에 따라 차별화된 인력양성 지원 정책을 수립해야 한다. 아울러 재능 경로 제도talent pathway scheme 운영을 통한 문화일자리 창출이 필요하다. 지역문화 인력의 능력과 커리어에 따른 차별화된 지원 시스템을 개발함으로써 지역문화 인력들의 재능을 일자리로 전환할 수 있어야 한다.

두 번째로, 지역 문화예술 인력을 분야별, 생애 단계별, 경력별로 체계적으로 관리하는 지역문화 인적자원 센터RCHRC: regional cultural human resource center를 설립해야 한다.

중앙 문화기구(한국문화예술위원회, 지역문화진흥원) 산하에 국가 문화 인적자원 센터를 설치하고, 전국 거점 지역별로 지역문화 인적자원 센터를 설립할 필요가 있다. 이를 위해서 우선 국가 문화 인적자원 센터와 연계하여 광역 도시(광역문화재단 혹은 지역문화 전문기관 등)에서 시범 사업을 추진하고 평가를 통해 단계적으로 확대할 필요가 있다. 아울러 문화 인적자원 센터에서는 지역 문화인력 등록제, 지역문화 아카데미 세트 프로그램, 문화 애널리스트analyst 육성 사업을 추진해야 한다.

세 번째로, 지역 맞춤형 문화전문인력 양성 시스템을 개발해야 한다.

지역 특성과 지역 수요, 지역 생애주기place life cycle에 따른 맞춤형 지역문화 전문인력 및 지역 특성화 문화 학교를 지정 운영할 필요가 있다. 이를 위해서는 권역별, 거점별 문화전문인력 양성 기관(예를 들어 문화 사관학교, 문화전문 대학원 등)을 육성하고, 지역문화 매개자, 지역문화 네트워커 등 지역문화 전문인력 인증제를 추진해야 한다.

아울러 지역문화 협력관 제도를 확대 운영할 필요가 있다. 한국문화예술위원회에서 운영하고 있는 지역 협력관 사업을 확대하여 지역 브랜딩 협력관과 지역 네트워킹 협력관으로 역할을 세분화하고 전국 권역별로 인원을 확대 배치해야 한다. 아울러 각 협력관의 임무와 역할을 구체적으로 설정하여 매뉴얼을 만들 필요가 있다.

⑥ 생활 맞춤형 문화 향유 프로젝트

지역주민의 라이프 스타일에 맞는 생활 맞춤형 지역문화 정책이 필요하다. 현재 문화복지 사업이 다양하게 진행되고 있으나 주민의 생활 양식을 고려한 종합적, 체계적인 고객 중심형 사업이 부족하다.

우선 해야 할 일은 지역문화 복지정책 융합 시스템을 개발하는 것이다.

접근성 확대와 창조적 경험, 문화 공동체 형성의 차원에서 지역문화 복지 정책의 방향 및 정책 융합 체계를 개발해야 한다.

두 번째로, 지역 맞춤형, 협력형 문화서비스 사업 강화 및 모델 개발이 필요하다.

이를 위해서는 지역문화 기반 시설을 확충하고 이용률을 확대해야 한다. 또한 문화, 교육, 복지 융합 시스템을 구축하고 지역문화 배달제를 추진해야 한다. 예를 들어 지역 아동, 청소년 정책 중심의 사회적 돌봄 구조(지역아동센터, 청소년 방과 후 아카데미, 드림 스타트)와 교육 시스템(방과 후 학교, 교육 복지 사업), 문화 체험(문화예술 교육 사업)을 융합하는 정책을 개발해야 한다.

세 번째로, 소외계층과 지역의 문화복지 사업을 다각화해야 한다.

이를 위해서는 지역문화 이용권, 예술가 지역문화 시설 파견제, 문화 취약지역 생활문화 공동체 사업을 확대 추진할 필요가 있다. 특히 고령층과 귀촌 귀농자가 많아지고 있는 지역 현실을 감안하여 고령층과 귀촌 인구를 대상으로 한 문화 창조 사업을 적극 추진할 필요가 있다. 고령층의 경우 은퇴자 문화예술 교육 프로그램, 어르신 문화 나눔 학교,

백세 여가문화센터, 이야기 할머니와 할아버지 사업을 확대 추진할 필요가 있다. 아울러 귀촌 귀농 인구들이 적극 참여하는 문화 창조 및 문화 향유 프로그램 지원 사업을 추진해야 한다.

⑦ 국토브랜딩(지역문화 브랜드) 프로젝트

전국적으로 지자체들을 중심으로 도시기본계획, 관광개발계획 등 의무 계획들을 정기적으로 수립하고 있다. 그러나 지역의 가치 발견과 정체성 기획, 중장기적 문화비전 수립, 지역문화 브랜드 개발, 문화거버넌스 실현 등을 골자로 하는 총체적인 문화계획적 접근이 부족한 상황이다. 따라서 장소브랜딩과 마케팅 전략의 수립을 장려하는 정책이 필요하다.

이를 위해서는 우선, 기존의 국토종합계획, 도시기본계획, 관광개발계획 등에 장소브랜딩과 마케팅 전략을 담도록 정책화해야 한다.

이를 통해 지역의 장소가치와 정체성 기획, 지역문화 비전과 목표 수립, 지역문화 대표 브랜드 개발, 파트너십 계획과 시민참여형 거버넌스 정책 설계, 지역문화 평가 환류 체계 수립 등을 적극 유도할 필요가 있다.

두 번째로 장소브랜딩과 마케팅 전략 추진 시스템 개발 및 전문인력 양성 체계 구축이 필요하다.

지자체와 권역별 장소브랜딩 및 마케팅 전략을 수립하고 이를 종합한 국토브랜딩 종합 전략을 수립하는 추진 시스템을 마련해야 한다. 이를 위해서는 대통령 직속 지역발전위원회(국가균형발전위원회)나 지역문화진흥원에 지역브랜드 센터를 설립하여 국토 도시계획에 장소브랜딩 전략 수립을 의무화하는 방안이 필요하다. 장소브랜딩과 마케팅 정책 수립과 연계한 전문인력 양성 체계를 마련하는 것도 함께 추진해야 한다.

국토브랜딩에 있어서 또 하나의 중요한 과제는 근현대 역사문화 공간의 창조적 재생 프로젝트 추진이다. 30년 이상의 역사를 지닌 근현대 역사문화 유산 공간들이 급속히 사라지고 있어 지역정체성 정립과 재생 차원에서 지속적으로 활용할 수 있는 창조공간 정책이 시급한 상황이다. 창조도시를 표방하며 유휴, 폐 공간을 활용한 창조공간 사업들이 일부 지자체들을 중심으로 활발히 추진되고 있으나, 국토 전체적으로 역사문화 공간들을 창조공간으로 활용하는 정책 시스템이 부족한 것이 현실이다.

따라서 근현대 역사문화 공간의 문화적 재생 사업을 보다 적극적으로 추진할 필요가 있다. 지역의 역사, 기억, 스토리를 간직한 빈집, 폐교, 폐 공장, 방앗간, 우물, 정미소, 마을회관 등 근현대 공간들을 현대적인 생활문화 공간과 친환경 녹색 문화예술공간, 관광자원으로 리모델링하여 활용토록 정책화해야 한다. 이를 위해서는 지역별로 근현대 문화유산 공간문화지도를 작성하고 활용 시스템을 개발해야 한다.

⑧ 지역문화 한류 프로젝트

한류 1.0(k-drama)과 한류 2.0(k-pop)에 이어 등장한 한류 3.0 시대(k-culture)에 맞는 지역문화 한류k-regional culture 브랜드를 개발할 필요가 있다.

유형별, 테마별 선도 브랜드를 개발하는 차원에서 시작해볼 수 있다.

예를 들어, 환경, 예술, 복지, 역사, 산업 등 5대 테마를 중심으로 선도 프로젝트를 추진하는 것이다. 한국의 대표적 생태 환경과 예술, 복지 프로그램, 역사 유산, 산업문화 유산을 체험할 수 있는 지역 특화 브랜드를 개발하는 것이다. 환경 한류, 예술 한류, 복지 한류, 역사 한류, 산업 한류 등의 이름으로 지역 특화 브랜드를 개발할 수 있을 것이다.

이러한 테마형 지역문화 한류 브랜드 개발의 한 유형으로 테마형 한류 문화길k-road 브랜드를 들 수 있다. 길은 네트워크의 결절이자 문화 확산의 채널 역할을 한다. 지역문화 한류 브랜드들이 전국으로 전 세계로 확산되는 결절이자 채널로서 한류 문화길을 조성해볼 필요가 있다.

예를 들어 한국의 대표적 생태 환경을 체험하는 환경 한류길, 한국의 대표적인 예술을 체험하는 예술 한류길, 유니버설 디자인을 통해 장애 없는 길을 체험하는 복지 한류길, 한국의 역사문화 유산을 체험하는 역사 한류길, 한국의 대표적 문화 산업 단지를 체험하는 산업 한류길을 길 브랜드로 개발해 볼 수 있을 것이다.

## 시선 4

# [마케팅]

장소마케팅은 생생한 삶의 숨결이 느껴지는 장소,
그래서 가보고 싶고, 놀고 싶고, 살고 싶은
장소로 만들어가는 창조적인 문화도시 전략이다.

시선 4. 마케팅

# 지역발전의 문화적 패러다임, 장소마케팅 전략

## 1) 지역발전 전략의 흐름과 키워드: 문화, 장소성, 창조성의 시대

지역발전 전략의 핵심수단으로서 문화와 장소성이 어느 때보다 강조되고 있다.[19]

글로컬 시대의 지역발전 전략으로서, 의미 있는 삶과 정체성을 추구하는 주민 욕망의 실현 전략으로서 문화지향적 지역정책이 중요해지고 있기 때문이다. 문화는 지역경제의 기반으로서, 자본과 고급 노동력, 관광객의 유인력으로서, 삶의 질과 결, 독특한 라이프 스타일 창출의 매개자로서, 지역발전의 핵심 화두가 되고 있다.

이는 문화의 흐름, 즉 문화전략, 문화정책, 문화기획, 문화가치의 핵심 영역이 예술에서 출발하여 산업과 생활환경으로, 궁극적으로는 도시, 지역, 공간으로 확대 되어온 것과 무관하지 않다. 결과적으로 지역계획 및 정책 전반을 문화적 시각에서 수립하는 통합적 문화계획 접근법이 주목받고 있고 이를 통해 매력적이고 가치 있는 장소성을 창출하는 것이 정책 목표로 급부상하고 있다.

최근에는 지역의 삶 속에서 다층적인 문화적 맥락들을 짚어내어, 거기에 가치를 부여하고 창조적인 콘텐츠와 브랜드로 변모시키는 창조문화도시 전략의 필요성이 더해지고 있다.

도시재생의 비전과 창조적인 도시행정 시스템, 산업과 문화가 상호연결된 자기혁신적 도시경제 시스템, 다양한 정책 영역을 통융합하는 도시문화 정책, 오감을 만족시켜주는 도시경관과 에코 시스템의 지속가능도시, 사회자본을 창조자본으로 만드는 창조적 주체 만들기, 결속력과 개방성, 관용의 창조적 도시 공동체 만들기 등이 창조문화도시가 표방하는 주요 내용들이다.

현재의 지역발전 전략은 전통, 고유, 특화, 감동, 맞춤, 유연 등을 키워드로 하면서 문화와 장소성, 창조성을 결합하는 흐름으로 나아가고 있다. 그 연장선 속에 장소마케팅 전략이 놓여있다.

### 2) 장소마케팅의 필요성과 의의: 가치 창출을 위한 공간문화와 장소 만들기

장소마케팅은 지역의 가치를 창출하여 경쟁력을 높이는 총체적인 지역문화 발전 전략이다. 지역경쟁력을 위해서는 뚜렷한 지역이미지와 정체성, 지역 고유의 자산을 바탕으로 한 자기혁신적인 도시경제 시스템, 다양한 라이프 스타일과 삶의 질, 자율과 참여의 역동적인 커뮤니티를 필요로 한다.

장소마케팅은 문화적인 철학과 마인드가 담긴 미래지향적이고 창조적인 지역발전 전략으로서, 물리적 공간을 문화적, 정서적 장소로 전환하고, 장소다움과 커뮤니티를 강화하는 장소성 실현 전략이다. 궁극적으로 장소마케팅은 지역을 그 곳에 사는 사람들의 혼과 정신이 담긴 곳으로 만듦으로써, 생생한 삶의 숨결이 느껴지는 장소, 그래서 가보고 싶고 놀고 싶고 살고 싶은 장소로 만들어가는 창조적인 문화도시 전략이다.

이러한 장소마케팅은 지역의 얼굴과 정체성을 발견, 해석, 기획, 생성하는 장소성 만들기와 지역문화자원과 콘텐츠를 기획, 개발하는 문화콘텐츠 만들기, 지역브랜드 개발을 위해 구체적인 마케팅 프로그램을 기획하는 마케팅 전략 만들기 등이 결합된 공간문화와 장소 만들기 전략이라 할 수 있다.

장소마케팅 전략은 지역발전의 새로운 패러다임으로서 몇 가지 의의와 가능성을 지니고 있다.

우선 이미지와 정체성 정립을 통해 주민의 정주가능성을 확대하는 주민통합의 커뮤니티 전략이자 민관 파트너십을 통해 지역주체들 스스로 생활공간을 만들어가는 주민참여형 내발적 지역발전 전략이다.

장소마케팅은 커뮤니티가 보유하고 있는 문화자원을 콘텐츠와 브랜드로 만들어가는 커뮤니티 비즈니스형 창조경제 전략이기도 하다.

뿐만 아니라 고유의 역사문화자원을 활용하여 독창적인 지역발전 전략을 추진하는 균형발전의 지역 상생 전략이다.

마지막으로 장소마케팅 전략은 삶의 혼과 정서가 담긴 개성 있는 콘텐츠를 바탕으로 지역브랜드를 창출해가는 지역발전의 소프트웨어 콘텐츠 전략으로서 의의와 가능성을 지니고 있다.

이러한 장소마케팅의 일련의 과정은 지역브랜드 경영의 과정이고, 그 과정은 다양한 의미들이 부딪히고 경합하는 공간의 문화정치의 과정이다.

### 3) 공간의 문화정치학과 장소마케팅의 문화정치적 이해

장소마케팅 전략은 그것에 대한 이해와 실천 방식을 둘러싼 다양한 주체들의 서로 다른 의미 부여 속에서 나름의 의미 체계를 만들어낸다. 장소마케팅이 지니는 문화정치적 속성은 다양한 차원에서 파악된다.

우선 장소마케팅이 추구하는 지역의 미래 비전에 대한 정립 과정에서 지역이미지의 긍정적 측면을 강조하고 부정적인 요소들은 무시 혹은 은폐하는 선택과 배제의 정치가 존재한다.

또한 장소마케팅 상품과 이미지에 대한 의미 부여나 소비는 다양한 집단에 의해 서로 다른 방식으로 이루어지고, 그러한 의미부여를 둘러싼 집단 간의 갈등이 존재하기 때문에 소비의 문화정치 혹은 차이의 문화정치가 일어난다.

장소마케팅의 주요 목적이자 핵심 상품이기도 한 지역이미지의 경우, 이미지의 상품화와 정체성의 상품화를 둘러싼 문화정치도 존재한다.

이미지의 상품화는 지역의 부정적인 이미지를 은폐하고 좋은 이미지를 과장하는 일종의 이미지 조작 전략이다. 따라서 수요자에게 실제로 소비되는 장소와 이미지로 판촉되는 장소는 반드시 일치하지 않을 수 있다.

반면 정체성의 상품화는 지역의 장소성을 지키고 발전시키면서 자연스럽게 상품이 되도록 마케팅 하는 것이다. 이것은 지역 정부와 민간의 밀접한 파트너십이 전제될 때 가능하다. 그러나 지역 정부나 기업이 구축하고자 하는 지역이미지가 지역 커뮤니티의 지향과 어긋날 때는 주민들의 정체성 운동이 일어나기도 한다.

장소마케팅의 문화정치적 과정에서 지역의 저항은 다차원적으로 이루어진다.

장소마케팅에 대해 긍정 혹은 중립적인 입장을 취하기도 하지만, 런던 도클랜드나 스피탈필즈의 예처럼 조직의 대표성에 의문을 던지며 대항적 조직을 구성하는 조직의 정치로 나타날 수도 있다. 또한 글래스고나 벨파스트의 예처럼 장소마케팅 내용의 문화적 진정성을 문제 삼는 장소정체성의 정치로 나타나기도 한다. 혹은 밀워키와 애틀랜타의 사례처럼, 경제적 파급 효과의 분배와 계층적 사회통합성을 문제시하는 분배 정의의 정치를 띠기도 한다. 밴쿠버처럼 성적 사회통합성을 문제제기하는 성 정체성의 정치의 모습을 보이기도 한다.

장소마케팅을 문화정치적 관점에서 분석하기 위해서는 장소마케팅 전략 수립의 각 과정에서 장소를 둘러싸고 어떠한 의미들이 생성, 변형, 소멸되는지 살펴봐야 한다. 아울러 그 과정에서 정치적, 상징적 권력관계가 어떻게 작용하고 있으며, 의미경합과 갈등의 유형 및 그 결과물은 어떠한지에 대한 포괄적이고 맥락적인 분석이 필요하다.

이를 위해서는 장소마케팅 전략의 개념을 문화적 관점에서 재규정하고 전략 수립의 프로세스를 보다 문화적으로 체계화할 필요가 있다. 즉 장소마케팅 전략을 통해 지역문화를 발전시키는 과정에서 나타나는 정치, 사회, 문화적 갈등을 분석하고 그것을 최소화할 수 있는 방법론을 도출할 필요가 있다.

### 4) 장소마케팅 전략의 문화적 의의와 개념의 재구성

장소마케팅 전략은 흔히 지역경쟁력의 향상 전략으로 거론된다. 지역경쟁력은 총체적인 지역문화의 발전 속에서 이루어진다. 지역이미지와 정체성이 뚜렷하고, 지역경제가 고유의 문화자산을 바탕으로 활력을 띠며, 시민의 삶의 질과 라이프 스타일이 다양하게 보장되고, 더불어 살아가는 지역 커뮤니티 공동체를 창출할 수 있을 때 지역문화는 꽃을 피운다.

장소마케팅 전략은 장소, 마케팅, 전략 계획 개념이 결합된 지역문화 발전 전략이다. 따라서 이 세 개념 요소가 지니는 문화적 의미 파악을 통해 장소마케팅 전략의 개념을 도출해낼 수 있다.

① 장소의 문화적 의미

장소는 사람과 매우 밀접한 관련을 맺고 있는 개념이다.

그런 의미에서 종종 장소는 공간과 대비된다. 공간은 추상적, 물리적, 기능적 성격을 지니는 반면, 장소는 구체적, 해석적, 미학적 성격을 지닌다. 공간을 이용하는 사람들이 그들의 경험과 기억, 기대, 꿈을 바탕으로 그 공간에 나름의 의미를 부여하게 되면 그 곳은 장소가 된다. 인간의 경험을 통해 미지의 공간이 장소로 바뀌고, 낯선 추상 공간이 의미로 가득한 구체적 장소가 되며, 무미건조하고 무의미했던 물리적 공간이 친밀한 장소로 다가올 때 장소성이 형성된다.

따라서 장소는 '물리적 공간 환경과 그 속에 살아가는 사람들 및 그들의 활동, 사람과 환경 간의 오랜 상호작용 속에서 문화적으로 형성된 고유성, 역사성, 정체성, 다중성을 띤 총체적 실체'로 정의내릴 수 있다.

그런 의미에서 장소마케팅 전략은 공간을 장소화 하는 전략이다. 장소마케터place marketer는 단순한 지역계획가가 아니라 지역을 생생하게 살아있는 곳, 그래서 기억하고 다시 찾고픈 곳으로 만드는 장소 상상가, 장소 디자이너, 궁극적으로 지역문화의 연금술사라 할 수 있다.

공간의 장소화를 위한 일련의 기획들이 바로 장소성 기획이다. 장소성을 기획한다는 것은 물리적 공간과 자연환경의 기획, 콘텐츠와 프로그램의 기획, 사람과 커뮤니티의 기획을 모두 포괄한다. 장소마케팅 전략은 이러한 다양한 분야를 서로 연결하고 소통하여 네트워크를 구축하는 전략이다. 이를 위해 장소마케터는 프로그램과 사람, 공간을 연결하는 네트워크 프로듀서, 코디네이터, 큐레이터, 총칭해서 네트워커 역할을 수행한다.

### ② 마케팅의 문화적 의미

일반적으로 마케팅은 개인 및 조직이 소비자의 욕구 충족과 그들의 목표 달성을 위해 제품과 서비스, 아이디어, 가치 등을 창조하여 교환을 실현함으로써 소비자의 욕구를 충족시키는 사회적 혹은 관리적 과정으로 정의된다.

마케팅은 판매자의 필요에 초점을 두고 소비자들이 구매하도록 노력하는 판매selling, 홍보PR, 판촉promotion, 광고advertising 등을 넘어서는 개념이다. 즉 마케팅은 수요자의 욕망과 필요에 초점을 두고, 소비자들이 원하는 것을 가지도록 노력하는 일련의 경영 과정이자 사업 철학 및 이데올로기라 할 수 있다.

마케팅은 수요자의 삶의 욕망에 초점을 둔다. 그래서 장소마케팅 전략은 목표집단을 어떻게 설정하고, 그들의 욕망을 어떻게 해석하며, 그들에게 특정 상품을 제공하여 어떠한 가치와 이념을 교환할 것인지에 관한 문제를 중요시 한다. 그런 의미에서 장소마케팅 전략은 목표집단과의 관계 설정 전략으로서 관계 마케팅relationship marketing 전략의 성격을 지닌다고 할 수 있다.

③ 전략 계획의 문화적 의미

전략 계획strategic planning은 지역의 중장기 비전을 제시하고 그 비전을 달성하는데 필요한 전략과 실행 과제를 구체화하는 일련의 계획 과정을 말한다. 전략 계획의 수립 절차는 비전 제시, 전략 수립, 실행 사업 수립, 평가 순으로 이루어진다.

이러한 전략 계획을 장소에 적용한 것이 전략적 장소마케팅이다. 전략적 장소마케팅에서는 지역의 사명 정립, 지역의 현황에 대한 분석 및 평가, 그것을 통한 중장기적인 비전과 목표 제시, 그것을 달성하는데 필요한 전략과 실행 계획 수립, 실행과 통제 등 크게 여섯 가지 단계를 밟는다.

장소마케팅 전략은 마케팅 하고자 하는 장소 혹은 지역에 대한 진지한 성찰에서 시작한다. 즉 우리 지역은 무엇을 위해 존재하고 어떤 지역이 되어야 하며 어디로 가고 있는지를 숙고하여, 지역이 궁극적으로 추구하고자 하는 최종적 가치(지역의 사명)를 정립하는데서 시작한다.

그런 후에 지역이 대내외적으로 처한 상황을 정확히 이해하고 평가함으로써 지역의 장기 비전 수립과 비전 달성을 위한 구체적인 마케팅 전략을 추진한다.

이러한 전략 계획은 지역 구성원들의 공통된 합의가 밑받침되지 않으면 제대로 수립될 수 없다. 따라서 정부, 기업, 시민 삼자의 밀접한 파트너십 체제의 구축이 필수적으로 요구된다.

④ 장소마케팅 전략의 개념과 특성 및 유형

이상에서 살펴본 장소, 마케팅, 전략 계획 각각의 개념을 토대로 할 때 지역문화발전을 위한 장소마케팅 전략은 '장소 형성 주체들의 밀접한 파트너십을 통해, 장소성에 대한 명확한 평가를 바탕으로, 장소의 장기 비전과 정체성을 수립하고, 마케팅 전략 기법을 이용해 장소성에 기반한 고유의 상품을 개발, 주민, 관광객, 기업에게 제공함으로써, 지역문화(장소정체성 구축), 지역경제(풍요로운 삶), 지역사회(장소애와 커뮤니티)의 발전을 동시에 추구하는 포괄적, 체계적, 연계적, 문화적, 능동적인 지역발전 전략'으로 정의내릴 수 있다.

장소마케팅 전략의 특성은 우선, 목표와 목표집단 설정의 포괄성이다.

**장소마케팅 전략의 5대 특성**

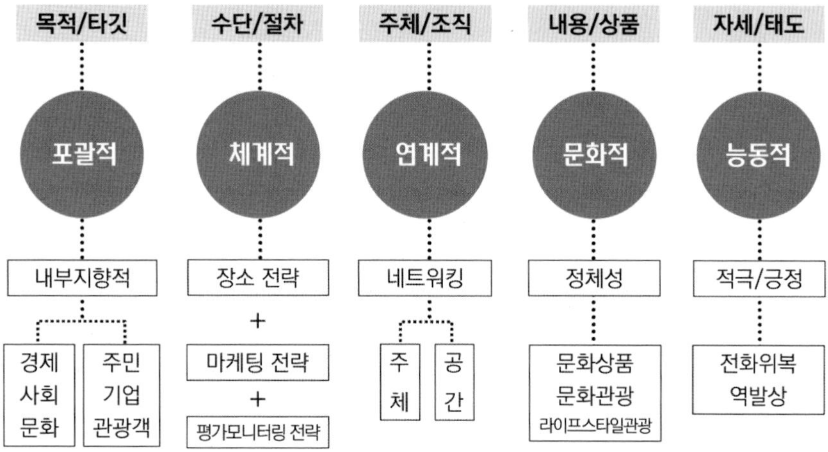


지역문화와 지역경제, 지역사회 삼자를 동시에 내적으로 발전시키려는 목표를 지니고 있으며 주민과 관광객, 기업을 모두 목표집단으로 한다.

두 번째 특성은 수단과 절차의 체계성이다.

장소마케팅 전략은 장소 전략과 마케팅 전략, 평가모니터링 전략이라는 세 축의 결합을 통해 체계적으로 이루어진다.

세 번째 특성은 주체와 조직의 연계성이다.

장소마케팅 전략은 다양한 주체들 간의 파트너십 조직을 통해 추진되며, 지역 내부 혹은 외부 지역과의 공간적 네트워킹이 필수적으로 요구된다.

네 번째 특성은 내용과 상품의 문화성이다.

장소마케팅 전략의 상품은 지역의 고유성과 역사성 등 장소성을 반영한 상품이 무엇보다 중요하기 때문에 문화적일 수밖에 없다. 주민이 1차 목표집단일 경우엔 주민들의 삶의 질 향상과 사회통합을 위한 문화상품이 주가 된다. 관광객을 1차 목표집단으로 할 경우에도 일반적인 대중관광 상품보다는 문화관광, 생태관광, 라이프 스타일 관광 등 장소성이 반영된 상품이 주가 될 때 성공을 거둘 수 있다.

마지막으로 자세와 태도의 능동성이다.

장소마케팅 전략은 하루아침에 폐허가 되어 지역의 미래를 한치 앞도 내다볼 수 없는 암담한 상황에서 시작된 전략이다. 따라서 열악한 여건에 처해 있는 지역들도 적극적으로 추진할 수 있다. 심지어 지역이 지닌 부정적인 요소까지도 상품화하여 지역발전을 이룰 수 있는 전략이기도 하다.

장소마케팅 전략은 마케팅 하고자 하는 지역이 처한 여건과 상황에 따라, 그리고 누가(주체/조직), 왜(목적), 누구를 위해(목표집단), 무엇을(상품/내용), 어떻게(수단/절차), 어떤 자세로(마인드/태도) 추진하느냐에 따라 다양한 수준과 유형을 지닌다.

장소마케팅 전략의 유형은 장소마케팅의 목적, 목표집단, 주체의 구성방식에 따라, 지역경제 추구형(경제적 장소마케팅), 지역문화 추구형(문화적 장소마케팅), 지역통합 추구형(정치적 장소마케팅) 등으로 나누어 볼 수 있다.

지역경제 추구형은 지역 내부로의 자본 투자와 고용 창출을 통해 지역경제를 활성화하는 것을 주목적으로 하는 경제적 장소마케팅 전략이다.

이 유형은 다시 대규모 프로젝트에 의한 재개발을 중심으로 하는 지역재개발 중심형과 산업에 초점을 두면서 문화시설물 조성 및 문화산업 유치를 중심으로 하는 문화산업 중심형(Ⅰ)으로 구분해 볼 수 있다. 지역경제 추구형은 외부 기업을 1차 목표집단으로, 외부 주민과 관광객을 2차 목표집단으로 하면서, 정부와 기업 주도로 전문가와 파트너십을 형성한다.

지역문화 추구형은 지역 고유의 문화자원을 활용한 문화관광과 삶의 질 프로그램을 통해 지역문화를 활성화는 것을 주목적으로 하는 문화적 장소마케팅 전략이다.

### 장소마케팅 전략의 5대 유형

| 유형 | 지역경제추구형 (경제적 장소마케팅) | | 지역문화추구형 (문화적 장소마케팅) | | 지역통합 추구형 (정치적 장소마케팅) |
|---|---|---|---|---|---|
| | 지역재개발 중심형 | 문화산업 중심형(Ⅰ) | 문화산업 중심형(Ⅱ) | 지역정체성 중심형 | |
| 목적 | 물리적 재개발을 통한 지역경제 활성화 | 문화시설물을 통한 지역경제 활성화 | 문화관광과 삶의 질 프로그램을 통한 지역문화 활성화 | | 화합프로그램을 통한 지역사회통합 |
| 타깃 | 기업유치 | 기업유치 | 관광객유치 | 내부주민 | 내부주민 |
| | 주민유치 | 관광객유치 | 기업유치 | 관광객유치 | 외부주민 |
| | 관광객유치 | 주민유치 | 주민유치 | 기업유치 | 관광객 |
| 주체 | 정부/ 기업/ 전문가 파트너십 | 정부/ 기업/ 전문가 파트너십 | 정부/ 문화매개집단/ 기업 파트너십 | 정부/ 문화매개집단/ 주민 파트너십 | 정부/ 주민 파트너십 |

이 유형은 산업보다 문화에 초점을 두어 새로운 문화를 창출해가면서 문화관광과 문화산업 발전을 후속적으로 추구하는 문화산업 중심형(Ⅱ)와 장소의 문화적 정체성 확립을 중심으로 하는 지역정체성 중심형으로 구분된다. 문화산업 중심형(Ⅱ)는 관광객을 1차 목표집단으로, 외부 기업과 외부 주민을 각각 2, 3차 목표집단으로 두는 반면, 지역정체성 중심형은 내부 주민을 1차 목표집단으로, 관광객을 2차 목표집단으로 설정한다.

지역통합 추구형은 경제적 혹은 문화적 목적 보다는 지역주민의 애향심 고취나 주민들의 불만 혹은 저항을 진정하여 사회통합을 이루고자 하는 정치적 장소마케팅 전략이다. 이 유형은 주로 지역 정부가 주도하며 내부 주민을 1차 목표집단으로 설정한다.

장소마케팅 전략의 유형 중 어떠한 것을 선택하느냐 하는 것은 지역을 바라보는 시각과 가치관, 지역주체들의 구성 형태와 능력, 문화적 헤게모니 편성 형태, 지역이 보유한 유무형의 자원 요소들 등 다양한 지역 변수들의 구성 방식에 달려 있다.

그만큼 장소마케팅 전략은 지역의 문화정치적 지형과 밀접한 관련을 맺고 있다. 이러한 지역 변수들을 고려하여 지역문화 발전 전략의 일환으로서 장소마케팅 전략을 수립하는 구체적인 프로세스와 그 과정에서 핵심적으로 고려해야 할 문화정치적 요소들을 도출할 필요가 있다.

장소마케팅 전략의 개념과 특성을 고려해 볼 때, 현재 장소마케팅과 관련지어 사용되고 있는 마케팅 분야의 다양한 개념들은 추진 주체와

**총체적 마케팅으로서 장소마케팅**

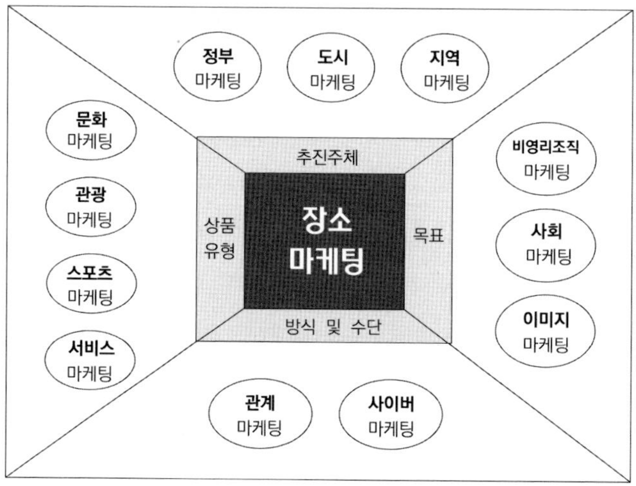


상품 유형, 목표, 방식 및 수단 등에 따라 유형화해 볼 수 있다.

다양한 마케팅 유형들은 장소마케팅과 대등한 개념이라기보다는 장소마케팅에 포괄되는 하위 개념으로 이해할 필요가 있다. 그렇지 않으면 장소 자체가 지니는 포괄적, 문화적 성격이 축소, 왜곡될 소지가 크기 때문이다.

장소마케팅 전략이 장소성과 지역문화 발전을 추구하는 새로운 지역발전 전략으로서 자리매김하기 위해서는 장소마케팅을 장소를 매개로 이루어지는 다양한 마케팅 분야를 아우르는 총체적 마케팅total marketing, 거대 마케팅grand marketing 개념으로 그 지평을 확대해 이해하는 것이 필요하다.

### 5) 장소마케팅 전략 수립의 방법론 체계화

장소마케팅 전략 수립은 크게 3가지 전략 즉, 장소 전략과 마케팅 전략, 평가 모니터링 전략으로 이루어진다.

장소마케팅 전략 수립 프로세스

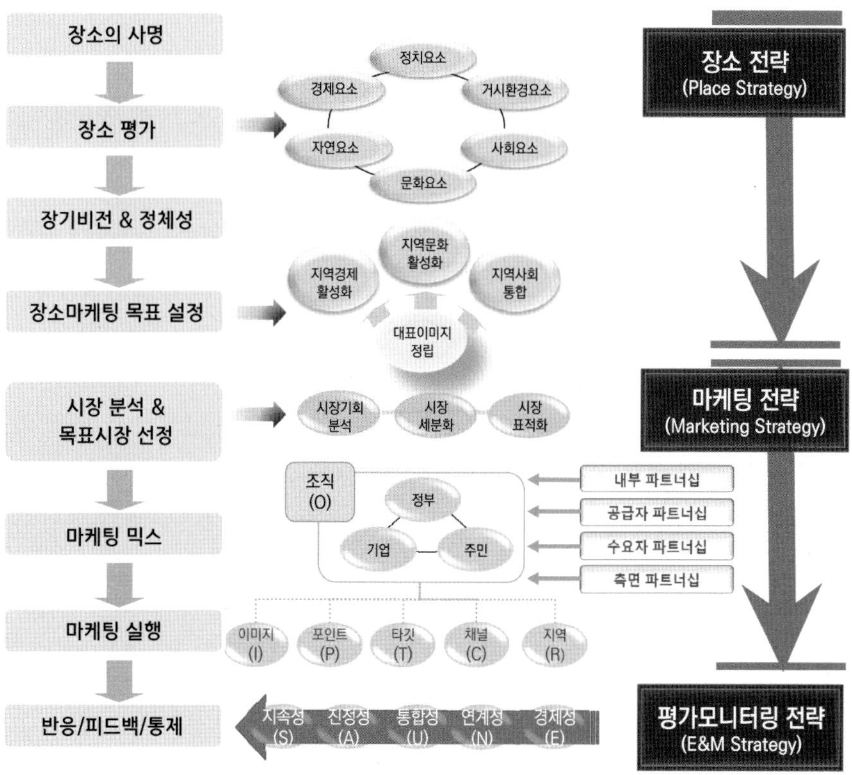

① 장소 전략

장소 전략은 마케팅 하고자 하는 지역에 대한 정확한 이해와 평가를 바탕으로 장소마케팅의 목표를 분명히 하는 사전 작업이다. 장소 전략은 장소의 사명 규정, 장소 평가, 장소의 비전과 정체성 정립, 장소마케팅의 목표 규정 등 4단계 과정을 거친다.

1단계 장소의 사명 규정은 도시가 궁극적으로 추구하고자 하는 최종적인 가치와 철학을 규정하는 것이다.

2단계 장소 평가는 장소를 구성하는 다양한 요소 즉, 정치, 경제, 사회, 문화, 자연환경, 대내외적 환경 등에 대한 다중적 진단과 평가를 내리는 것이다. 이를 통해 지역이 현재 처한 강약점과 기회 위협 요인을 진단하고 발전 방향을 도출한다.

3단계 장소의 비전과 정체성 정립은 지역이 궁극적으로 추구하고자 하는 장기 비전과 정체성을 확립하는 것이다. 잠재력과 가능성을 지니고 있는 지역의 비전을 주민들에게 제시한다. 또한 비전 달성의 로드맵을 주민들에게 인식시켜 합의 도출과 참여를 이끌어냄으로써 전략의 지속성을 담보해낸다.

4단계 장소마케팅의 목표 규정은 주민, 기업, 관광객 중 누구를 1차 목표집단으로 하고, 지역경제와 문화, 사회 중 어느 요소를 주목적으로 할 것인가를 분명히 하여 그에 맞는 장소마케팅 전략 유형을 선택하는 것이다.

이러한 일련의 장소 전략 수립 과정은 단순히 지역 정부나 전문가 집단과 같은 특정 주체에 의해 일방적, 단선적으로 기획 추진되지 않는다.

사전 기획 및 조사 단계에서부터 민관 파트너십 체제를 구축하여 향후 지속적인 전략 수립의 조직 채널로 자리매김하는 것이 중요하다.

② 마케팅 전략

마케팅 전략은 장소 전략을 실현하기 위해 구체적인 마케팅 프로세스를 기획 추진하는 전략이다. 마케팅 전략은 시장 분석과 목표시장 선정, 마케팅 믹스 전략 수립의 단계를 거친다.

1단계인 시장 분석과 목표시장 선정은 장소 전략 실현의 목표집단이 될 수 있는 잠재시장을 대상으로 시장 여건을 분석하여 목표집단을 선정하는 것이다. 이를 위해서 강약점과 기회 위협SWOT 분석을 통한 시장기회 분석, 시장세분화, 시장표적화 과정을 밟는다.

시장세분화는 지리적, 인구통계적, 소비행태적 세분화를 통해 현재 그 지역을 이용하고 있는 사람들을 다각도로 유형화하는 작업이다. 단순한 정량적 분석뿐만 아니라 지역을 이용하는 사람들의 삶의 질, 정서, 욕망 등 문화적 요소들에 대한 정성적 분석을 결합하는 것이 장소마케팅의 목표를 달성하는데 효과적이다.

시장세분화를 통해 나타난 시장 중에서 마케팅 활동을 집중시킬 목표시장을 선정하는 과정이 바로 시장표적화다. 이 과정에서 각각의 세분 시장에 대한 평가가 이루어진다.

시장표적화의 평가 기준에서 가장 중요한 것은 장소마케팅의 목표를 달성하는데 가장 중요한 목표집단인지를 평가하는 목표 부합성이다. 목표집단의 규모가 어느 정도 존재하는지 혹은 향후 얼마나 그 규모가 커질 것인지를 판단하는 적정 규모성도 중요한 평가 기준이다. 특히 목표 집단의 유치 전략이 지나치게 양적 확대로 치달을 경우 지역의 고유 문화가 파괴되는 현상도 나타날 수 있기 때문에 적정 규모를 일상적으로 유지하는 전략이 중요하다.

이 외에 지역 자체가 목표 달성을 위한 행정적, 재정적, 조직적, 기획적 능력을 지니고 있는지를 판단하는 능력 확보성과 경제적 파급 효과를 창출할 수 있는가를 판단하는 수익성도 목표시장을 선정하는 기준이 된다. 수익성 부분은 일반 상품처럼 단지 이윤 극대화를 추구하는 것보다는 지역의 문화적 삶의 질 향상과 전략의 지속적 추진을 위해 적정한 수준의 수익성을 창출하는 이윤 최적화를 추구해야 한다.

마케팅 믹스marketing mix 전략을 수립하는 마케팅 전략 2단계는 실질적, 실무적, 구체적인 전략 수립 단계다.

마케팅 믹스는 마케팅 수단 요소들의 조합을 일컫는 것으로 그 구성요소는 마케팅의 유형에 따라 달라질 수 있다. 예를 들어 일반 상품 마케팅의 경우 상품, 가격, 유통, 판촉의 4Pproduct, price, place, promotion가 일반적이다. 서비스 마케팅의 경우는 기존의 4P에 참여자people, 물리적 증거물physical evidence, 서비스 조합과정process 등이 추가된 7P를 설정하기도 한다. 관광마케팅의 경우는 사람people, 패키지package, 프로그래밍programming, 파트너십partnership 등이 추가된 8P가 제시되기도 한다.

장소마케팅의 경우는 지역이나 장소가 지니는 성격을 반영한 믹스 요소가 보다 중요하다. 그런 측면에서 장소마케팅 믹스 전략에서는 마케팅 추진 조직organization, 마케팅 이미지image, 마케팅 상품 포인트point,

마케팅 목표집단target, 마케팅 커뮤니케이션 채널channel, 지역 연계region 등 6가지 요소가 중요한 믹스 요소로 제시될 수 있다. 이들 요소들을 구체화하고 서로 연계하는 세부 전략을 마케팅 믹스 전략(이른바 O-IPTCR 전략)이라 할 수 있다.

우선, 조직(O) 전략은 장소마케팅을 추진하는 주체 및 파트너십 유형을 설정하는 전략이다.

정부, 기업, 주민으로 이루어지는 핵심 주체를 구체적으로 어떻게 구성하고, 내부, 공급자, 수요자, 측면 파트너십을 각각 어떻게 설정할 것인지를 결정하는 것이다.

**장소마케팅 믹스 전략 6요소(O_IPTCR)**

| | O | I | P | T | C | R |
|---|---|---|---|---|---|---|
| **구분** | 조직 | 이미지 | 포인트 | 타깃 | 채널 | 지역 |
| **개념** | 추진주체 및 파트너십 설정 | 이미지 포지셔닝 | 상품 구체화 | 목표집단 구체화 | 커뮤니케이션 채널 및 수단 | 지역믹스 전략 |
| **방법** | -핵심주체<br>-내부파트너십<br>-공급파트너십<br>-수요파트너십<br>-측면파트너십 | 대표이미지와 하위이미지<br>컨셉/슬로건/로고/캐릭터<br>이미지강화전략<br>이미지대체전략<br>이미지창출전략 | 핵심제품<br>실체제품<br>확장제품<br>이미지브랜드<br>문화관광브랜드<br>서비스브랜드 | 지역별 타깃<br>세대별 타깃<br>계층별 타깃<br>목적별 타깃 | 홍보/광고<br>축제/이벤트<br>공간매체<br>미디어PPL<br>사이버매체<br>관광인프라 | 공동홍보/광고<br>공동축제이벤트<br>광역공간매체<br>공동사이버매체<br>공동관광인프라 |

→ → → → n.e.t.w.o.r.k.i.n.g!

조직 유형은 파트너십의 형태에 따라, 정부 주도형, 정부-기업 주도형, 주민-정부 주도형으로 나눌 수 있다.

이 중 지역문화에 보다 초점을 두는 지역문화 추구형 장소마케팅의 경우는 주민-정부 주도형의 파트너십 구조를 지닌다. 특히 주민-정부 주도형에서는 지역문화 전문가 그룹이라 할 수 있는 문화매개집단cultural mediary group이 파트너십에서 결정적인 역할을 수행한다. 이들이 핵심 주체로서 어느 정도 역할을 하느냐에 따라 문화매개집단 주도형 파트너십과 보조형 파트너십, 배제형 파트너십으로 구분한다.

마케팅 조직은 별도의 전문 민관 파트너십 조직을 법인 형태로 조직하여 전권을 일임하는 경우가 일반적이다.

예를 들어 홍콩은 도시정부 측의 전략개발 위원회와 민간의 국제 컨설팅회사 및 여론조사 기관이 결합된 민관 파트너십 조직을 구성하다. 버밍엄은 변호사, 회계사, 컨설턴트 등의 전문가 집단과 상점주와 호텔업주들이 참여하는 민관 파트너십 조직인 버밍엄 마케팅 파트너십BMP을 결성하였다. 뉴욕의 경우도 NYC & Company라는 민간 비영리 파트너십 조직이 장소마케팅 공식 조직으로 결성되었고, 동경은 동경도 컨벤션 비지터스 뷰로TCVB라는 민영 민관 파트너십 조직이 장소마케팅을 담당하고 있다.

한국의 도시들은 아직까지 도시정부가 마케팅을 주도하고 있어 전문적인 장소마케팅 조직을 설립한 경우는 매우 드물다. 장소마케팅 뷰로PMB와 같은 전문적인 장소마케팅 조직이 결성되려면 그 전에 지역 정부와 지역의 대학 및 연구원, 민간 기업 및 시민 사회 분야에서 각각 장소마케팅 관련 업무를 전담하는 조직을 마련해야 하고, 서로 파트너십을 이루어 적절한 역할 분담을 이루는 사회적 과정이 전제되어야 한다.

마케팅 조직 구성에 있어서 연구력과 기획력, 조직력, 경영력을 고루 갖춘 전문 마케팅 조직을 구성하려면 별도의 조직 믹스organization mix 전략이 필요하다.

마케팅 추진 핵심 조직의 리더십과 헤게모니에 대한 참여 주체들의 인정과 합의를 이끌어내기 위해 조직 이미지를 구축하는 조직 이미지 전략(O-i), 파트너십의 협력 강도 및 네트워크 강화에 도움이 되는 상품을 선정하는 조직 포인트 전략(O-p), 현실적 상황을 고려한 적절한 파트너십 조직 구성을 위해 네트워크 대상을 선정하는 조직 타깃 전략(O-t), 구체적인 네트워킹 프로그램을 설정하는 조직 채널 전략(O-c) 등을 수립하는 것이다.

두 번째, 이미지(I) 전략은 마케팅 하고자 하는 지역의 이미지를 설정하는 전략이다.

장소 전략에서 이미 설정한 대표 이미지에 적합한 다양한 하위 이미지 개념을 설정하고 그와 관련된 슬로건, 로고, 캐릭터 등을 개발하는 과정이다. 이미지 설정은 향후 장소마케팅 전략 추진의 전반적 과정에서 일관성을 지니고 다양한 매체와 채널을 통해 반복적으로 사용해야 하기 때문에 장기간의 전문적이고 체계적인 연구를 필요로 한다.

이미지 전략은 지역이미지가 어떠한 상황에 처해있느냐에 따라 세 가지 하위 전략으로 나뉜다. 기존 이미지가 긍정적인 경우는 이미지 강화 전략을, 기존 이미지가 부정적인 경우는 이미지 대체(전환) 전략을,

기존 이미지가 부재한 경우는 이미지 창출 전략을 수립한다.

세 번째, 포인트(P) 전략은 마케팅 이미지에 적합한 상품을 개발하여 브랜드화 하는 전략이다.

상품 포인트는 목표집단으로 설정한 소비자의 문제와 욕구를 근본적으로 해결해주는 핵심 제품, 재화와 용역의 형태를 지니는 실체 제품, 경쟁자가 제공하는 것과 구별되는 추가적 서비스와 혜택인 확장 제품 등 세 가지 유형으로 구분된다.

마케팅 상품 포인트는 추상적인 이미지 그 자체일 수도 있고, 기념물 등 지역이미지를 브랜드화한 물건 형태를 지닐 수도 있으며, 지역을 대표하는 특정 장소나 공간 자체가 될 수도 있다. 포인트 전략에서 특히 중요한 것은 이미지 전략과 결합하여 브랜드를 개발해야 하고 브랜드 자체가 지역의 정체성과 진정성을 반영해야 한다는 점이다.

네 번째, 타깃(T) 전략은 믹스 전략의 이미지와 포인트에 맞는 목표집단을 보다 세분화, 구체화하는 전략이다.

목표시장이 지역주민 혹은 관광객이라 하더라도 지역별, 세대별, 계층별, 방문 목적별로 마케팅 이미지와 포인트를 달리해야 하는 경우가 많기 때문에 대상에 따른 차별화된 타깃 전략이 필수적으로 요구된다.

다섯 번째, 채널(C) 전략은 포인트를 목표집단에게 실질적으로 전달하는 커뮤니케이션 수단 혹은 방법을 수립하는 전략이다.

일반적으로 상품 마케팅에서는 홍보, 판촉, 광고 등 소비자와의 커뮤니케이션에 한정하는 전략을 취한다. 그러나 장소마케팅 전략은 홍보, 광고물 전략뿐만 아니라 장소이미지와 장소 상품을 전달하는 다양한 수단들, 즉 축제이벤트 전략, 공간 조성 전략, 사이버 매체 전략, 미디어 PPLproduct placement 전략, 관광 인프라 조성 전략 등 공간을 커뮤니케이션 채널로 활용하는 전략이 자주 이용된다.

이 중 축제이벤트 전략은 지역 홍보와 이미지 개선, 주민통합과 같은 다양한 파급 효과가 있어 채널 전략으로 자주 이용되고 있다.

세계적으로 성공한 축제이벤트 전략들을 보면 지역 고유의 환경과 역사 자원 등 장소정체성을 잘 활용하거나(예를 들어 삿포로 축제, 뮌헨 맥주 축제, 리우 카니발), 젊은 층들의 창의적이고 실험적인 프로그램을 기획하거나(예를 들어 에든버러 프린지 페스티벌, 베를린 러브퍼레이드), 세인들의 주목을 받진 못하더라도 미래에 성공적인 축제로서 잠재력이 있는 틈새 시장을 적극 공략하는 경우(예를 들어 인디애나폴리스의 아마추어 스포츠이벤트)가 많다. 성공적인 축제를 기획하기 위해서는 축제를 개최하고자 하는 지역의 장소성과 축제성을 잘 결합하고, 축제 프로그램과 공간, 사람을 연계하는 축제 믹스festival mix 전략이 요구된다.

마지막으로, 지역(R) 전략은 지역 내 혹은 지역 간 서로 연계하여 공동으로 장소마케팅을 추진하는 지역 연계 전략이다.

여건이 취약한 중소 도시들일수록 상호 보완할 수 있는 지역들과 연계해 지역 믹스 전략을 적극적으로 추진할 필요가 있다. 여기에는 도시 믹스와 문화 권역 믹스, 공간 패키지 믹스 등이 포함된다.

도시 믹스urban mix는 호주와 뉴질랜드의 여섯 개 도시가 함께 축제를 개최하는 빅 데이 아웃big day out 축제나 여주, 이천, 광주 세 도시가 함께 개최한 경기도 도자기 축제처럼 인접 도시들 간에 공동 마케팅을 하는 전략이다.

문화 권역 믹스cultural zoning mix는 시내 구역마다 서로 다른 장르의 음악 개념을 부여해 음악 종합 축제를 개최하는 파리의 음악축제처럼 지역 내에 구역별 문화적 테마를 부여하여 공동 마케팅을 추진하는 전략이다.

공간 패키지 믹스space package mix는 티켓 한 장으로 수십여 개의 클럽을 자유롭게 돌아다니며 즐기는 서울 홍대 지역의 클럽데이club day 축제에서 보듯 특정 공간들을 연계하여 패키지 상품화하는 전략이다.

지역 믹스에 대한 자세한 내용은 Ⅱ부 2장을 참조하기 바란다.

### ③ 평가 모니터링 전략

평가 모니터링 전략은 마케팅 전략을 실행한 후 평가와 모니터링을 거쳐 피드백을 행하는 과정을 말한다.

목표시장 반응을 조사하여 그 결과에 따라 다시 마케팅 전략을 수정 혹은 강화하는 단계다. 평가 모니터링 과정은 장소마케팅 전략의 지속성을 위해 매우 중요한 과정이기 때문에 전략의 기획에서 실행, 평가의 전반적 과정을 지속적으로 추진할 수 있는 전문 조직 체계를 만들어야 한다.

평가 단계에서 중요한 것은 장소마케팅 전략이 진정한 지역발전의 새로운 패러다임으로서 제대로 이루어지고 있는가를 판단하기 위한 핵심적인 평가 모니터링 요소다. 예를 들어 장소마케팅 전략의 다섯 가지 문화정치적 구성요소(이른바 SAUNE 요소)를 들 수 있다.

### 장소마케팅 전략의 문화정치적 구성요소(SAUNE 요소)

| 문화정치적 요소 | | 키워드 | 내용 |
|---|---|---|---|
| 정치적 요소 | 지속성 (Sustainability) | 비전 상황 | - 지역의 장기적인 비전 수립 및 공유<br>- 지역이 처한 상황에 대한 정확한 인식<br>- 자신, 고객, 경쟁자에 대한 명확한 인식 |
| 문화적 요소 | 진정성 (Authenticity) | 고유성 정체성 | - 지역의 고유한 이미지·상품포인트 개발<br>- 지역의 정체성이 왜곡되지 않는 이미지 상품 개발 |
| 사회적 요소 | 통합성 (Unitiveness) | 참여 분배 | - 전략 수립 과정의 시민참여 및 합의<br>- 고객의 요구에 맞추어 상품 정비<br>- 장소마케팅 혜택의 계층적 분배 |
| 조직·공간적 요소 | 연계성 (Network) | 화합 파트너십 | - 장소마케팅 추진 조직의 파트너십 연계<br>- 조직간 네트워킹을 통한 하나의 목소리<br>- 장소마케팅 추진지역 내외간 공간적 연계 |
| 경제적 요소 | 경제성 (Economic Effect) | 효용성 경쟁력 | - 장소마케팅 재원 조달<br>- 지역경제에 끼친 양·질적 파급효과<br>- 경제적 효과의 계층적 분배<br>- 지역문화의 관광자원화 정도 |

첫 번째 요소는 지속성(S)이다.

장소마케팅 전략은 특정한 계기나 사건이 있을 때 일회적으로 수립하는 전략이 아니다. 지역발전의 장기 비전을 수립하고 그 비전을 지역 주체들이 공유할 수 있을 때 서로 신뢰와 애정을 갖고 지역의 미래를 만들어 갈 수 있다. 장기간 일관되게 추진할 수 있는 전략 수립을 위해서는 지역이 처한 상황과 고객, 경쟁자에 대한 정확한 분석을 선행해야 한다.

두 번째 요소는 진정성(A)이다.

장소마케팅의 이미지나 상품은 개성과 고유성을 지녀야 하고 장소정체성을 반영해야 한다. 장소성을 왜곡하는 정체불명의 이미지나 상품을 개발하면 고객들로부터 외면 받거나 비판에 직면하게 될 수 있다.

세 번째 요소는 통합성(U)이다.

장소마케팅 전략을 추진하는 과정에서 지역주체들 간의 갈등이 심화되거나 특정 계층에 배타적인 전략을 추진하면 사회통합을 저해하고 전략 추진 자체의 정당성이 사라진다. 전략 수립 과정에서부터 주민참여와 합의의 채널을 만들어야 하고, 고객의 요구와 욕망이 어떤 것인지 충분히 조사하여 그에 맞는 상품을 정비해나가야 한다. 장소마케팅의 혜택이 특정 계층에게만 분배되지 않고 골고루 돌아갈 수 있도록 통합적인 전략도 필요하다.

네 번째 요소는 연계성(N)이다.

장소마케팅 전략은 주체와 공간의 측면에서 파트너십과 네트워킹을 제대로 이루어야 성공할 수 있다. 민관 파트너십 조직에 속해 있는 개별 주체들이 하나의 목소리로 일관되게 추진해야 한다. 이를 위해서는 다양한 마케팅 참여 주체들 간의 이해관계를 조정하고 각 주체들의 참여 및 소통 채널 역할을 하는 매개조직이나 매개자가 필요하다.

지역 내외적으로 공간 네트워크를 구성하는 것도 중요하다. 내부적으로는 지역의 개성을 살린 각 장소들을 연계한 투어 프로그램이나 연계 상품을 개발할 필요가 있다. 외부적으로는 주변 지역과 마케팅 상품을 서로 연계함으로써 상생의 시너지 효과를 거둘 수 있도록 협력해야 한다.

마지막 요소는 경제성(E)이다.

장소마케팅 전략을 안정적으로 추진하는데 필요한 재원 조달이 원만해야 한다. 경제적 효과의 계층적 분배도 갈등 조정이나 사회통합 비용의 차원에서 경제적으로 따져봐야 한다. 지역이 지니는 문화적 요소들을 자원화한 정도도 경제성을 평가하는 중요한 부분이다.

# 시선 5

# [브랜딩]

주민의 다양한 꿈을 포용하여
행복한 이야기로 창조해내는 도시브랜드,
즐거움과 건강함으로 정의와 정신이 살아나는
도시브랜드를 만들어야 한다.

시선 5. 브랜딩

# 도시브랜딩, 핵심은 도시의 문화적 가치다

## 1) 들어가며: 차별화된 도시가치 실현을 통한 창조문화도시 만들기

도시브랜딩을 한마디로 정의하면 고객이 신뢰할 수 있는 차별화된 도시가치의 실현이다.[20] 다른 도시와 차별화된 고유의 정체성과 가치를 재발견 혹은 재창출하여 고객(주민, 기업, 방문객)들이 살고 싶고 투자하고 싶고 여행하고 싶은 창조적 문화도시를 만들어가는 전략인 것이다.

따라서 도시브랜딩의 기본 목표를 창조문화도시 만들기(혹은 디자인)로 설정할 필요가 있다. 창조문화도시 만들기의 세 가지 핵심요소는 정체성 디자인, 장소 디자인, 사람 디자인이다. 도시의 정체성, 즉 도시다움을 어떻게 해석하고 만들어갈 것인가를 결정해야 한다. 그 정체성을 도시공간에 어떻게 담아내어 혼이 깃든 장소로 전환시킬 것인지도 고민해야 한다. 누가 그러한 정체성과 장소를 만들어가고, 그를 위해 어떠한 인력이 필요하며, 그러한 과정을 통해 어떠한 미래 시민들을 만들어낼 것인지를 디자인하는 것도 중요하다.

이러한 도시문화 디자인을 통해 매력적인 도시이미지와 정체성을 창출하고 그러한 정체성을 활용한 창조경제 모델을 개발하며, 시민들의 라이프 스타일과 삶의 결을 살린 도시 커뮤니티를 형성하는 것이 창조문화도시 브랜딩의 목표이자 기본 개념이다.

### 2) 화두: 문화가치와 메가트렌드를 실현하는 사회공헌 도시브랜드 만들기

창조문화도시 브랜딩은 도시의 문화적 가치를 창출하는 것이다. 이를 위해서 앞 장(시선 2)에서 살펴본 문화의 가치와 메가트렌드를 고려할 필요가 있다.

문화의 가치는 삶 속에서 수행하는 8가지의 역할 가치, 즉 긍정, 배려, 경청, 소통, 재미, 웃음, 공감, 치유의 역할로 설명할 수 있다. 문화는 삶과 도시의 존재를 긍정하여 배려와 경청을 통해 소통을 가능케 하고, 소통을 통한 재미와 웃음, 공감과 치유를 이끌어내는 가치를 지니고 있다. 창조문화도시의 브랜드를 만드는 일은 이러한 문화의 가치를 도시의 삶 속에 구현해내는 것이다.

문화의 가치는 미래 사회의 메가트렌드와 연결된다. 21세기의 메가트렌드를 키워드로 요약해보면, 꿈, 관용, 이야기, 통융합, 즐거움, 건강, 신뢰, 혼 등 크게 여덟 가지로 압축해볼 수 있다. 이러한 트렌드를 반영하여, 주민의 다양한 꿈을 포용하여 행복한 이야기로 창조해내는 도시브랜드, 즐거움과 건강함으로 정의와 정신이 살아나는 도시브랜드를 만들어야 한다. 이처럼 창조문화도시 브랜드는 문화의 가치와 미래 트렌드를 실현하는 사회적 책임을 지닌 사회공헌 브랜드가 되어야 한다.

### 3) 비전: 창조문화도시 브랜딩의 3대 비전

① 욕망, 실천, 소통의 도시브랜드

창조문화도시 브랜드가 지향해야 할 첫 번째 비전은 시민들이 행복하고 즐겁고 가치 있는 삶을 살도록 하는 것이다. 이를 위해서는 그러한 삶을 사는데 장애가 되는 요인들을 제거하고 긍정적인 요인들을 강화하는 브랜드가 필요하다. 행복하고 즐겁고 가치 있는 삶의 키워드를 한마디로 요약하면 욕망, 실천, 소통의 삶이다.

삶이 힘들더라도 가슴 뛰는 꿈과 욕망이 있는 사람은 그만큼 행복할 것이다. 그런 의미에서 시민들이 꿈을 가질 수 있도록 도와주는 도시브랜드를 만들어야 한다. 꿈이 있더라도 그것을 표현하고 신명나게 펼칠 기회가 없다면 행복하지 않을 것이다. 그런 의미에서 꿈을 실천할 수 있도록 도와주는 도시브랜드를 만들어야 한다. 예를 들어, 시민들이 꿈이 있더라도 그것을 실행하지 못하는 장애요소들을 제거하는 브랜드가 필요하다. 아울러, 욕망과 실천 능력을 가지고 있더라도 그것을 다른 사람들과 함께 나누지 못하거나 타인들에게 해를 끼치는 경우는 행복하지 않다. 시민들이 함께 나누고 소통하며 공감할 수 있도록 도와주는 도시브랜드가 필요한 이유다.

② 통융합과 횡단의 도시문화경영 브랜드

창조문화도시가 지향해야 할 두 번째 비전은 통융합과 횡단의 도시문화경영 체계를 만드는 것이다.

문화 영역과 정책 혹은 전략의 흐름이 점점 예술에서, 산업과 생활, 도시로 확대되는 추세다. 문화도시의 핵심 브랜드 역시 예술성(심미성, 미학, 수월성, 해득력)에서 경제성(문화산업, 문화기술, 문화관광)으로, 다시 일상성(문화향유, 문화활동, 문화복지, 여가문화)으로, 더 나아가 장소성(공간문화, 도시재생, 문화환경, 문화경관)으로 확대되고 있다.

따라서 창조문화도시의 브랜딩은 문화계획의 관점에서 통융합적 도시문화경영 시스템을 갖추고, 그를 통해 도시브랜딩 정책의 의제를 문화예술 환경에서 생활환경 전반으로, 부문 정책에서 총체적 정책으로, 물리적 공간 브랜드에서 감성적 장소브랜드로, 현상과 형태 중심에서 과정과 거버넌스 중심으로 변화시킬 필요가 있다.

③ 지역문화융성을 위한 행복 창조 문화도시 브랜드

창조문화도시가 지향해야 할 세 번째 비전은 지역문화융성을 위한 행복 창조 문화도시로 브랜딩 하는 것이다. 지역문화융성은 지역문화 고유 가치의 융성과 지역주민 문화 향유의 융성, 문화를 통한 지역의 융성 등 세 축으로 이루어진다. 이러한 지역문화융성을 목표로 궁극적으로 시민의 행복을 창조하는 다양한 브랜드를 개발할 필요가 있다.

예를 들어 지역문화융성의 5대 브랜드 비전으로 앞 장(시선 3)에서 제시했던 문화로 옷 입히기 브랜드, 문화로 꽃 피우기 브랜드, 문화로 밥 해먹기 브랜드, 문화로 기 세우기 브랜드, 문화로 입 맞추기 브랜드

지역문화융성 5대 도시브랜드

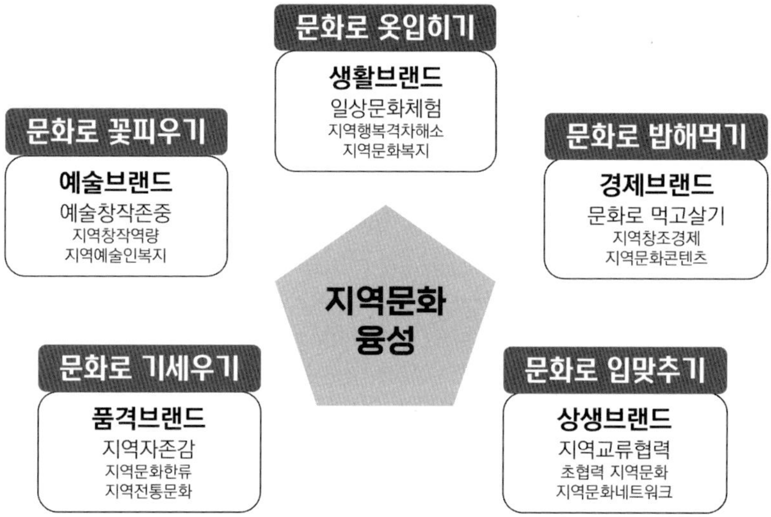


를 들 수 있다.

문화로 옷 입히기 브랜드는 일상생활의 영역 곳곳에서 문화를 느끼고 체험할 수 있는 생활브랜드다. 지역 간 행복 격차 해소 브랜드, 지역문화 복지브랜드를 예로 들 수 있다.

문화로 꽃 피우기 브랜드는 지역에서 싹트고 성장한 예술을 존중하고, 예술 창작 활동이 활발하게 이루어져 세계적인 문화로 꽃피울 수 있도록 하는 예술브랜드다. 지역예술인 창작역량 강화 브랜드, 지역예술인 복지브랜드를 예로 들 수 있다.

문화로 밥 해먹기 브랜드는 문화로 밥 먹고 살 수 있는 경제브랜드다. 지역문화 창조경제 브랜드, 지역문화 콘텐츠 브랜드를 예로 들 수 있다.

문화로 기 세우기 브랜드는 자신이 살고 있는 지역을 자랑스럽게 생각하도록 해주는 지역품격 브랜드다. 한국을 대표하는 지역 고유의 전통문화를 활용한 지역문화 한류브랜드를 예로 들 수 있다.

문화로 입 맞추기 브랜드는 지역 간 문화 교류를 통해 상호 발전을 도모하는 지역상생 브랜드다. 지역문화 교류협력 브랜드, 지역문화 네트워크 브랜드를 예로 들 수 있다.

### 4) 전략: 창조문화도시 브랜딩의 4대 전략

① 지역의 고유한 문화가치를 브랜딩하자

지역의 정체성과 장소성을 규명하고 그에 적합한 문화자원을 파악하며 그 자원을 콘텐츠화하고 그 중 대표적인 것을 브랜드로 만드는 일명 IRCB identity → resource → contents → brand 과정을 구축하는 것이다.

장소성 규명은 지역의 역사와 환경, 생활양식과 문화, 이미지와 상징, 고유성과 특성에 대한 조사, 분석, 토론을 통해 지역의 얼굴, 즉 지역다움을 그려보는 작업이다. 이 과정에서 다양한 종류의 지역문화지도를 만들어볼 수 있다. 주체, 일상, 문화, 공간의 상호 관계를 파악하는 문화지형도, 문화정체성 지도, 지역상징 지도, 문화집단군 지도, 문화접근 지도, 문화자원 지도 등을 예로 들 수 있다. 주민들의 지역에 대한 정서와 장소감에 대한 주기적 조사도 병행해야 한다.

다음으로 지역문화자원의 발굴, 개발, 활용 체계를 구축하는 것이다.

자원에는 지역 특성을 반영한 하드웨어(공간, 시설, 환경), 소프트웨어(프로그램, 사건, 이야기, 제도), 휴먼웨어(사람, 단체, 조직)가 모두 포함될 수 있다. 이러한 지역문화자원의 조사, 분석, 발굴과 매핑, 아카이빙을 통한 정보 공유 시스템을 구축해야 한다. 소규모 유휴 시설을 활용한 지역문화 아카이브 공간을 조성하여 지역문화 전시, 교육, 판매 공간으로 활용하는 것도 함께 추진해야 한다.

세 번째로는 자원들 중에서 지역의 문제를 해결하고 부가가치를 창출할 수 있는 것들을 중심으로 콘텐츠를 만드는 것이다. 지역의 문제를 발견, 공유, 해결하기 위한 지역문화 커뮤니티 맵핑을 통해 필요한 콘텐츠를 구상하고, 문화자원과 아카이브를 활용한 스토리텔링을 통해 지역 특화 문화콘텐츠를 개발, 육성, 체험하며, 장소성에 기반한 지역 문화예술 기업과 생활권별 지역문화 산업을 육성하는 것이다.

마지막으로 이러한 일련의 과정을 통해 주민, 방문객, 투자자 등 고객이 신뢰하는 지역의 차별화된 문화가치인 지역문화 브랜드를 개발하는 것이다. 즉 지역문화 콘텐츠들 중에서 지역 특화 가치를 중심으로 묶어낸 통합브랜드라 할 수 있다. 일례로 문화도시, 문화마을, 문화지구와 같은 지역문화 특화 사업이 여기에 해당된다.

### ② 지역 밀착형 생활문화 브랜드를 키우자

지역의 문화가치는 주민들의 삶 속에서 공유될 때 진정한 브랜드로서 자리매김 될 수 있다. 이를 위해서 필요한 것이 지역 밀착형 생활문화의 진흥이다.

우선 생활 밀착형 문화시설을 확충해야 한다. 유휴 시설을 적극 활용하여 생활문화의 거점인 생활문화 센터를 조성하고, 국공립 문화공간을 주민 문화공간으로 활용하며, 서점, 카페, 식당 등 민간 여가 시설도 공공 공간의 기능을 일부 부여해 다양한 생활문화 시설을 확보하는 것이다.

일정 지역의 문화시설을 자유롭게 이용하는 지역문화 패스제와 특정 지역을 지역문화 구역으로 설정하는 지역 문화존 사업도 시설 활용도를 높이기 위해 검토해 볼만하다. 주의해야 할 것은 지역의 인구 변화와 주민들의 문화 수요를 감안한 맞춤형 시설을 조성해야 한다는 것이다. 이를 위해서는 앞에서 언급한 지역문화지도(문화지형도, 문화기상도 등)를 면밀히 검토해야 한다. 아울러 문화환경 취약지역을 지원하고 소외계층의 문화 프로그램을 확대하여 지역의 문화 접근성을 향상시키는 것도 함께 고려해야 한다.

다음으로 생활문화 공동체의 형성과 활동을 지원하는 것이다. 주민 주도의 자생적 생활문화의 형성을 지원하고, 생활문화 동호회 지원을 확대하여 생활문화 참여를 확산할 필요가 있다. 문화 취약지역의 생활문화 공동체 형성과 학생층의 생활문화 수요층 편입, 문화자원봉사 매칭 시스템 구축을 통한 문화공헌 활동의 활성화도 함께 추진할 필요가 있다.

③ 문화주체 역량 브랜드로 지역문화 생태계를 구축하자

지역의 문화가치와 생활문화의 브랜딩은 지역정체성의 역량 강화와 이를 기반으로 한 지역문화 생태계 구축을 통해 현실화되고 지속가능할 수 있다.

주체 역량 강화에 있어서 가장 중요한 것은 지역문화 전문인력 브랜드 구축이다. 이를 위해서는 전문인력 양성 기관 지정, 청년 인력 발굴, 문화 귀촌 활성화, 창조인력의 지역문화 활동 연계, 지역문화지도자 인식 전환 교육, 현업 종사 전문인력 지원, 인적자원 종합 관리 체계 마련이 요구된다. 이러한 주체 역량 브랜드 개발을 위해 중요한 역할을 해야 하는 기관들로서 지역문화재단, 지방문화원, 문화의 집, 지역 대학 등을 들 수 있다.

지역문화재단은 지역문화 진흥의 핵심 주체로서 지역의 문화정책 수립과 사업 추진을 지원하는 기관이다. 따라서 지역문화재단의 역량을 강화하는 것이 필요하다. 이를 위해서는 우선 지역문화재단 조례 제정과 지침 마련을 통해 문화재단의 정책적 위상과 실질적 기능을 강화할 필요가 있다.

지역문화재단의 위상과 기능은 지역문화 가치와 정체성 정립, 지원 문화 기초 현황 조사 및 지표 개발, 지역문화 다양성 지도 개발과 지역 문화자원 발굴에서 출발한다. 이 외에 지역문화 컨설팅 수행 기관, 지역문화 진흥 자문 사업단, 지역문화 전문인력 양성 기관과 같은 효과적이고 실질적인 지역문화 사업 지원 역할도 담당한다. 따라서 지역문화재단의 역량에 따라 관련 사업도 얼마든지 확대될 수 있다. 다만 이러한 사업들을 제대로 추진하기 위해서는 지역문화재단의 예산 편성과 사업 집행의 자율성을 강화해야 한다.

물론 이러한 일들은 지역문화재단의 고유 사업은 아니다. 지방문화원, 문화의 집, 지역 대학 등 지역 문화기관 및 단체들의 협업 체계 구축과 역할 분담을 위한 파트너십이 매우 중요하다. 지역문화 주체의 파트너십과 네트워크, 거버넌스 과정을 설계하고, 지역의 공간, 인력, 콘텐츠가 만나는 문화 창조 플랫폼 브랜드와 문화 클러스터 브랜드를 누가 어떻게 만들어 내느냐가 관건이다. 이러한 일을 해내는 인력을 양성하는 전문대학원의 역할도 중요하다. 주요 지역의 대학에 문화전문 대학원 설립이 필요하다.

④ 도시브랜딩을 위한 비즈니스 모델 창출 전략을 수립하자

도시브랜딩을 통해 새롭게 창출하는 지역의 가치를 어떻게 전파하고 실현해낼 지를 합리적, 체계적으로 설계하는 도시브랜딩 비즈니스 모델 창출 전략이 필요하다. 도시브랜딩 조직의 구조, 프로세스, 시스템을 통해 실현할 수 있는 전략적 청사진을 만들어내는 것이다.

이러한 전략을 실현하기 위한 세부 과제는 다음과 같다.

우선, 도시의 명확한 장기 비전과 정체성을 정립하고 지속적으로 일관되게 관리해야 한다. 이를 위해 도시의 상징적 정체성 확립과 브랜드 정체성BI 시스템의 구축이 필요하다.

두 번째로, 정확한 목표집단과 제공 가능한 가치를 명확하게 보여줘야 한다.

도시의 고객이 누구인지, 누구를 위한 콘텐츠를 창조해야 하는지, 누가 가장 중요한 고객인지를 설정하는 고객 세분화와 표적화, 포지셔닝

전략을 수립해야 한다. 세대별, 계층별, 지역별, 젠더별, 방문목적별, 문화 향유 라이프 스타일별로 고객을 세분화하여 시나리오별 전략을 수립할 필요가 있다.

이를 위해서는 도시가 고객들에게 제공하는 핵심가치를 분명히 밝히고 실체를 보여줘야 한다. 도시가 제공하는 가치가 고객이 처한 문제점을 해결해주고 니즈를 충족시켜주는지 냉철하게 판단해야 한다. 아울러 서로 다른 고객 그룹에게 어떤 상품이나 서비스를 제공할 것인지, 그 실체와 가치는 무엇인지 명확히 설정할 필요가 있다.

세 번째로, 강력한 도시브랜딩 전담팀을 조직하고 핵심 파트너십과 협력 네트워크, 고객 커뮤니케이션 채널을 구축해야 한다.

시장 직속의 도시브랜딩 전담팀을 만들어 정책 자체가 브랜드가 되도록 할 필요가 있다. 네트워킹을 위해서는 도시의 일상을 엮는 문화 코디네이터를 육성하고, 문화공간 네트워크 활성화를 위한 문화 회랑과 가교, 문화 길을 조성해야 한다.

아울러 각각의 고객에게 어떤 채널을 통해서 도시의 가치를 전달할 것인지, 상품과 서비스에 대한 고객의 이해도를 어떻게 끌어올릴 것인지, 고객들은 어떤 소통 채널을 원하는지, 어떤 채널이 가장 효과적이고 비용 효율적인지를 파악해야 한다. 고객과의 관계 맺기 방식도 여기에 포함된다.

# 시선 6

# [스토리]

스토리가 살아 숨쉬는 지역 만들기는
주민을 행복하게 만드는 스토리, 지역에 활력을 불어 넣는 스토리,
지역의 개성과 정체성이 문화로 꽃피우는 스토리를 만들어 가는 과정이다.

시선 6. 스토리

# 스토리가 살아 숨 쉬는 지역 만들기

지역에 대한 관심이 고조되고 있다.[21]

어디에 살든지 행복한 지역, 일자리를 창조하는 지역, 문화가 꽃을 피우는 지역으로 만들기 위한 총체적 지역발전 정책이 논의되고 있다. 이를 위해 정책 콘트롤 조직이 만들어지고 지역문화진흥법 등 관련 법제 정비도 이루어졌다.

스토리가 살아 숨 쉬는 지역 만들기는 주민을 행복하게 하는 스토리, 지역에 활력을 불어 넣는 스토리, 지역의 개성과 정체성이 문화로 꽃 피우는 스토리를 만들어가는 과정이다. 그런 측면에서 '스토리'와 '살아 숨 쉬는', '지역 만들기'의 의미와 방향을 짚어볼 수 있다.

우선, '스토리'는 삶 자체의 이야기, 삶을 살아가는 이야기, 삶을 살리는 이야기다.

지역에서 살아온 그동안의 삶에서부터, 현재 살고 있는 삶, 어렵고 힘든 과정을 이겨내는 삶, 새로운 생명과 생활양식을 만드는 삶에 이르는 다양한 이야기들이 지역을 살아 숨 쉬게 하는 스토리의 대상 혹은 자원이 될 수 있다.

두 번째로, '살아 숨 쉬는'은 삶에 도움을 주고, 체감하고, 만들어가고, 지속하는 이야기다.

삶과 밀접한 관련을 맺는 이야기, 삶에 이로움을 주는 이야기, 삶 속에서 피부로 느끼는 이야기, 지속적으로 만들어가는 이야기다. 지역주민의 삶 속에서 살아 꿈틀거리며 삶을 즐겁고 가치 있게 유지해주는 다양한 이야기들이 지역을 살아 숨 쉬게 하는 스토리의 기능 혹은 역할이 될 수 있다.

세 번째로, '지역 만들기'는 삶터를 재발견하고, 보전하고, 재생하고, 혁신하는 이야기다.

삶터와 관련된 이야기, 삶터의 가치를 재발견 하는 이야기, 삶터의 정체성을 보전하는 이야기, 의미 있는 삶터를 다시 살리는 이야기, 주민의 꿈과 행복한 미래를 위해 삶터를 새롭게 바꿔가는 이야기다. 지역의 의미와 가치를 재창출해가는 다양한 이야기들이 스토리의 방법 혹은 수단이 될 수 있다.

스토리가 살아 숨 쉬는 지역 만들기는 지역발전의 스토리텔링storytelling 전략이라 할 수 있다. 지역 스토리텔링 전략을 수립하기 위해서는 우선 스토리 라인storyline을 구상하고 이를 구체화할 프레임워framework을 정립할 필요가 있다.

스토리텔링은 스토리story와 텔tell과 링ing의 결합어다. 이는 단순한 단

**스토리텔링의 스토리 라인 구상**

| Story | Tell | Ing |
|---|---|---|
| 스토리 만들기<br>(story making) | 스토리 전달하기<br>(story building) | 스토리 지속하기<br>(story working) |
| 이야기 발굴·창조 | 이야기 전달·소통 | 이야기 참여·지속 |
| 행복을 주는 스토리 | 공감을 불러일으키는 스토리 | 참여를 이끌어내는 스토리 |
| 의미 있는 이야기 | 재미있게 얘기하기 | 심미적으로 이어가기 |
| 지역주민 행복<br>(주민행복) | 지역활력 증진<br>(경제부흥) | 지역 상생발전<br>(문화융성) |

어의 조합이 아니라 각각 나름의 개념과 철학과 방법론을 지닌 융합 언어다. 스토리텔링을 어떠한 관점에서 바라보고 전개해 나갈 것인지에 대한 스토리 라인 구상이 필요하다. 스토리텔링의 스토리 라인을 스토리 만들기story, 전달하기tell, 지속하기ing의 차원에서 구상해볼 수 있다.

먼저, 스토리 만들기는 행복을 주는 의미 있는 스토리 만들기다.

지역주민의 행복 이야기를 만드는 것이다. 지역주민들에게 희망을 주고 신명나게 하고 함께 나누도록 하는 욕망, 표현, 소통의 행복 이야기를 발굴하고 창조하는 것이다. 스토리의 원천, 소재, 발상 등을 만들어내는 스토리 메이킹story making에 해당된다.

두 번째로, 스토리 전달하기는 공감을 불러일으키는 재미있는 스토리 전달하기다.

지역활력의 증진 이야기를 만드는 것이다. 스토리의 전달과 소통을 위한 미디어와 채널, 콘텐츠 등 방법 혹은 기법을 만들어내고, 일자리 창출을 통한 지역경제 부흥까지 연계하는 스토리 빌딩story building에 해당된다.

세 번째로, 스토리 지속하기는 참여를 이끌어내는 심미적인 스토리 지속하기다.

지속가능한 지역 상생발전 이야기를 만드는 것이다. 스토리의 지속 방안과 스토리를 통한 지역의 긍정적 변화(성과, 기대효과, 자생력 등)를 이끌어내어 총체적 지역문화융성을 도모하는 스토리 워킹story working에 해당된다.

이러한 스토리 라인은 스토리텔링 프레임웍을 통해 구체화될 수 있다. 즉 지역을 살아 숨 쉬게 하는 지역의 다양한 스토리텔링 사례들을 프레임웍을 통해 재구성하고 정리함으로써 지역발전의 스토리텔링 전략 수립 방향과 시사점을 도출해 낼 수 있다.

스토리텔링의 프레임웍은 story, tell, ing의 각 첫 글자를 딴 이른바 STI 프레임요소로 이루어진다. 프레임웍은 프레임 요소별로 스토리 라인, 스토리 내용, 스토리 사례, 정책적 시사점 등 네 가지로 이루어진다. 프레임 요소별로 스토리텔링의 프레임웍을 살펴보면 다음과 같다.

① 프레임 요소① S(story): 스토리 만들기

S(story)는 스토리의 원천, 소재, 발상 등 스토리를 발굴, 창조하는 스토리 만들기 프레임 요소다.

스토리 라인은 일상 속에서 체감할 수 있는 행복을 주는 스토리 만들기다. 가슴 뛰는 꿈과 희망을 일깨워준 스토리, 어려움을 극복하고 신명나게 꿈을 펼쳐가는 스토리, 함께 나누고 소통하며 행복감을 느끼는 스토리, 삶과 삶터가 지닌 아픔과 고통을 치유하고 위로해주는 스토리 등을 그 내용으로 한다.

### 스토리텔링의 프레임웍(S.T.I Framework)

| 프레임 요소 | S (story) | T (tell) | I (ing) |
|---|---|---|---|
| 스토리 라인 | 스토리 만들기<br>스토리 발굴·창조<br>story making | 스토리 전달하기<br>스토리 전달·소통<br>story building | 스토리 지속하기<br>스토리 참여·지속<br>story working |
| | 일상에서 체감하고 행복을 주는 스토리 만들기 | 함께 느끼고 교감하여 공감을 불러일으키는 스토리 전달하기 | 지속적 가치 창출 과정으로 참여를 이끌어내는 스토리 지속하기 |
| 스토리 내용 | - 꿈, 희망, 욕망 창출<br>- 신명나는 꿈 실천<br>- 나눔과 소통<br>- 치유, 위로 | - 기술 활용 창조융합<br>- 일상공간 활용 창조융합<br>- 사람조직 활용 창조융합<br>- FOBU형 창조융합 | - 참여, 관계를 통한 지속<br>- 이야기 생애주기 관리<br>- 지속적 이야기 가치 창출<br>- 참여와 관계 맺기<br>- 과정 설계와 지속하기<br>- 지역의 긍정적 변화 |
| 사례 | - 행복 성공 스토리<br>- 행복 실패 스토리<br>- 진행형 잠재 스토리 | - 과학·기술 성공 스토리<br>- 공간·장소 성공 스토리<br>- 사람·조직 성공 스토리<br>- 기술·공간·사람 실패 스토리<br>- 진행형 잠재 스토리 | - 스토리 지속 발전<br>- 과정 자체의 스토리화<br>- 지속 노력 성공 사례<br>- 사후 관리 실패 사례<br>- 진행형 잠재 스토리 |
| 정책적 시사점 | - 지역행복지수<br>- 지역행복 문화지도<br>- 문화격차 해소<br>- 지역문화 네트워크 | - 소통·커뮤니케이션·공감의 기술 & 플랫폼<br>- 지역문화 창조플랫폼 | - 이야기 생애주기 기획<br>- 네트워크와 파트너십<br>- 거버넌스와 과정 지원<br>- 지역문화 상생 시스템 |

사례로는 별 것 아닌 이야기로 주민에게 행복을 준 성공 스토리, 의미 있는 이야기였으나 주민 행복과 무관한 실패 스토리, 아직 성공 실패 여부를 확인할 수는 없지만 현재 진행형의 가능성 있는 잠재 스토리 등을 들 수 있다.

정책적 시사점으로는 지역주민의 행복 체감도를 측정하는 지역 행복지수 개발, 지역 일상생활의 영역별 행복 실태를 조사하여 문화정책 의제를 도출하는 지역 행복 문화지도 작성, 주민의 꿈과 욕망 실현의 장애 요소를 해결하는 표현 장애 문화격차 해소 정책, 사회공헌 5대 영역(복지, 환경, 교육, 지역, 예술)의 지역 연계와 협력을 도모하는 지역문화 네트워크 정책 등을 들 수 있다.

② 프레임 요소② T(tell): 스토리 전달하기

T(Tell)는 스토리의 전달과 소통을 위한 미디어, 채널, 콘텐츠 등 방법과 기법을 개발하는 스토리 전달하기 프레임 요소다.

스토리 라인은 함께 느끼고 교감하여 공감을 불러일으키는 스토리 전달하기다. 테크놀로지를 활용한 창조와 융합의 이야기 전달, 일상공간을 활용한 창조와 융합의 이야기 전달, 사람과 조직을 활용한 창조와 융합의 이야기 전달, FOBUfirst, only, best, unique형 창조와 융합의 이야기 전달 등의 방법 및 기법을 내용으로 한다.

사례로는 과학과 기술, 공간과 장소, 사람과 조직을 통한 스토리 전달 성공 사례, 기술과 공간, 사람을 활용은 했으나 공감을 불러일으키지 못한 스토리 전달 실패 사례, 아직 성공 실패 여부를 확인할 수는 없지만 현재 진행형의 가능성 있는 잠재 사례 등을 들 수 있다.

정책적 시사점으로는 소통, 공감의 기술과 플랫폼 조성 사업, 공간, 인력, 콘텐츠 클러스터링을 지원하는 지역문화 창조 플랫폼 구축 정책 등을 들 수 있다.

③ 프레임 요소③ I(ing): 스토리 지속하기

I(Ing)는 스토리의 참여, 지속을 통해 스토리의 지속 방안과 긍정적 변화를 이끌어내는 스토리 지속하기 프레임 요소다.

스토리 라인은 지속적인 가치 창출 과정을 통해 참여를 이끌어내는 스토리 지속하기다. 주민참여와 관계 맺기를 통한 스토리의 지속, 지역 발전의 생애주기에 맞는 이야기 생애주기story life cycle 관리, 지속적인 이야기의 가치와 의미 창출, 참여와 관계 맺기, 과정 설계, 지속하기와 그 자체의 스토리화, 스토리를 통한 지역의 긍정적 변화 등을 그 내용으로 한다.

사례로는 참여와 관계 맺기를 통한 스토리의 지속 발전, 과정 자체의 스토리화, 처음엔 주목을 안 받았으나 지속적인 노력으로 성공을 이끌어낸 성공 사례들, 처음엔 성공했으나 사후 관리에 실패한 사례, 아직 성공 실패 여부를 확인할 수는 없지만 현재 진행형의 가능성 있는 잠재 사례 등을 들 수 있다.

정책적 시사점으로는 지역 생애주기형 이야기 생애주기 기획, 네트워크과 파트너십, 거버넌스의 과정 설계 지원 정책, 지역문화 교류와 상생의 시스템 만들기 등을 들 수 있다.

창조형 문화CEO 리더가 되려면
창조적 상상력, 소통 능력, 통합 마인드,
문화 해득력, 인력양성 능력, 네트워크 능력,
도시경영 능력을 지녀야 한다.

시선 7. 리더십

# 도시문화 CEO의 창조적 문화정책 만들기

## 1) 도시문화 CEO의 비전: 문화정책, 어떻게 바라볼 것인가

지자체의 문화정책은 단체장의 문화에 대한 인식에 따라 천차만별이다.[22]

단체장이 문화를 어떻게 바라보느냐에 따라 정책 개입의 주체와 전략, 정책의 범위와 내용, 정책의 수단과 방법 등에 커다란 차이가 있다. 21세기는 문화의 시대라고 할 만큼 문화정책은 도시 및 지역정책에 있어서 그 중요성이 점점 커지고 있다. 대내외적 환경 변화와 지역 특성에 따라 문화에 대한 인식도 변화하고 있으며 문화정책의 내용 또한 다양해지고 있다. 따라서 단체장은 시대적 흐름과 지역의 정체성에 따라 유연하고 창조적인 문화 마인드를 지녀야 하고 그에 적합한 문화정책을 수립해야 한다.

이를 위해서 세 가지 비전이 필요하다. 문화의 가치를 명확히 인식하고, 문화정책의 흐름을 읽어내며, 창조적인 문화정책을 수립하는 것이다.

① 문화의 가치를 실현하는 정책

문화는 도시 및 지역발전에 있어서 다양한 가치를 지니고 있다.

뉴욕과 런던은 시민들의 사회 적응과 동기 부여, 그를 통한 사회통합과 공동체 구축을 위해 문화의 힘을 적극 활용하고 있다. 도쿄는 물질적 풍요로움 속에서 성숙 도시로 나아가는데 문화를 핵심으로 보고 있고, 베이징은 문화를 선진 강국으로 나아가는 열쇠로 인식하고 있다.[23]

이 외에 많은 도시들이 문화를 도시경쟁력 확보에 있어서 결정적인 요소로 간주하고 있다. 그것이 사회적 가치이든 경제적 가치이든 혹은 정신적 가치이든 간에 문화가 지닌 가치의 공통점은 주민들의 삶을 아름답고, 즐겁고, 행복하게 만들어준다는 데 있다.

그런 의미에서 문화정책은 '미美·락樂·행幸'의 삶을 추구하는 정책이어야 한다. 이를 위한 세 가지 키워드를 꼽는다면 욕망, 표현, 소통이다.

미락행의 삶은 삶에 대한 꿈과 욕망을 지닌 삶, 그것을 표출하고 표현할 수 있는 삶, 나아가 다른 사람들과 함께 나누고 소통할 수 있는 삶이다. 삶에 대한 욕망이 없다면, 욕망이 있어도 그것을 표현할 수 있는 능력과 힘이 없다면, 그 힘이 있어도 함께 나눌 수 없다면, 아름답고 즐겁고 행복한 삶을 영위하긴 힘들기 때문이다.

따라서 문화정책은 주민들에게 꿈을 심어주고, 희망의 비전을 제시하는 문화 그림(문화비전) 정책, 욕망을 표현할 수 있는 능력을 키워주는 문화 가꿈(문화창조) 정책, 꿈과 욕망을 공유하고 소통하는 문화 나눔(문화교류) 정책을 핵심가치 정책으로 삼아야 한다.

② 문화의 흐름을 반영하는 정책

문화는 명사가 아니라 동사라는 말처럼 시대적, 지역적, 사회적 요구에 따라 끊임없이 변화한다. 변화하는 환경에 적합한 문화정책이 요구되는 이유다.

영국은 문화정책의 범위에 고급예술만이 아닌 영화, 디자인, 레저 등을 포함하고 있다. 미국은 문화창작과 소비가 문화교육과 상관관계가 크다는 점을 자각하여 예술교육 중심의 문화정책을 추진하고 있다.[24] 모두 문화 흐름의 변화를 반영하고 있는 것이다.

문화정책의 흐름은 예술에서 산업과 일상으로 다시 장소로 점점 그 초점이 변화하고 있다. 예술가들의 창작활동 진흥과 시민의 문화예술 향유 진작에 초점을 두었던 문화예술 정책의 범위가 확장되고 있는 것이다.

즉 문화콘텐츠와 문화브랜드 가치 창출에 초점을 두는 문화산업 정책으로, 주거, 복지, 교육, 여가, 생태, 교통 등 생활환경을 문화환경으로 바꾸는 일상문화 정책으로 진화하고 있다. 더 나아가 문화정책은 도시공간 전반을 문화적으로 바꾸어가는 공간문화 디자인, 도시재생, 장소마케팅 등 도시, 지역, 공간, 장소 정책으로 확대되고 있다. 한마디로

문화의 흐름을 반영하는 정책

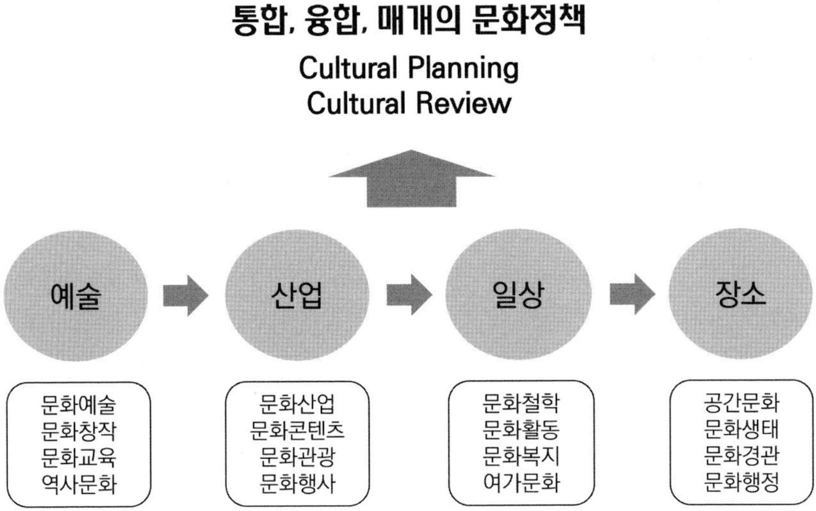


과거의 문화정책이 문화예술 중심 정책이었다면 최근의 문화정책은 일상 공간문화 중심 정책으로 변모하고 있다.

이제는 파편화, 분절화된 부문적인 문화정책이 아닌 통합적인 문화정책, 독립적인 문화정책이 아닌 서로 다른 영역을 엮고 매개하는 융합적인 문화정책이 필요하다. 그런 의미에서 예술, 역사, 환경, 경관, 산업, 생활 등 도시정책 전반을 문화적 관점에서 계획하는 문화계획 접근법cultural planning approach과 문화리뷰cultural review 제도가 요구되고 있다.

③ 새로운 문화를 창조하는 정책

문화정책은 문화의 가치를 실현하고 문화의 흐름을 반영할 뿐만 아니라 새로운 도시문화를 창출하는 창조적인 정책이어야 한다.

그동안 근대화, 산업화 과정에서 우리 도시들은 성장과 개발을 중시하는 경제 지상주의, 단절과 압축의 부조화, 성찰과 소통의 정신문화 부재를 지배적인 도시문화로 만들어왔다. 그로 인해 도시정체성의 상실과 장소성의 약화를 초래하였고 각 지역들의 문화정책은 획일화, 평준화, 폐쇄화된 모습을 보였다.

이제부터는 지역의 정체성을 살리면서 새로운 도시가치를 창출해가는 창조적인 문화정책을 수립해야 한다.

전 세계의 많은 도시들이 기존의 문화도시에서 한발 더 나아가 창조도시를 표방하는 이유도 지속가능한 도시발전에 있어서 창조적인 사람과 산업, 공간환경이 매우 중요하기 때문이다. 그런 의미에서 일본의 문화경제학자 고토 카즈코後藤和子는 문화정책을 창조환경을 정비하기 위한 공공정책으로 간주한다. 문화정책은 지역 사회와 도시 또는 기업과 산업에 내재하는 문화자원을 재평가하고, 이러한 것들을 창조환경 속에 자리잡도록 하는 정책이라는 것이다.[25]

정체성과 창조성이 결합된 창조문화 정책의 수립을 위해서는 다문화multiculture, 글로컬리즘glocalism, 컬처노믹스culturenomics 이 세 가지 키워드를 정책적으로 중요하게 고려해야 한다.

다문화는 관용성과 다양성, 개방성을 중시하는 문화다. 이를 위해서는 서로 다른 세대, 계층, 젠더, 종족의 주민들이 불편함 없이 지역에서 살아갈 수 있도록 열린 문화환경을 만들어야 한다. 여기에서는 상대적으로 문화복지 정책을 중시할 필요가 있다.

글로컬리즘은 전 지구적으로 생각하고 지역적으로 행동하는 문화다. 이를 위해서는 세계적 트렌드를 지역정체성에 맞게 재창조하여 수용하고 지역문화의 세계화를 추구해야 한다. 여기에서는 상대적으로 문화교류 정책을 중시할 필요가 있다.

컬처노믹스 전략은 문화로 고부가 가치를 창출하고 도시의 가치를 높임으로써 지역을 업그레이드하고 세계화하는 전략이다.[26] 이를 위해서는 세계적인 문화콘텐츠와 도시브랜드를 개발해야 한다. 여기에서는 상대적으로 문화산업 정책을 중시할 필요가 있다.

### 2) 도시문화 CEO의 전략: 문화정책, 어떤 전략이 필요한가

문화정책의 세부 사업을 수립하기에 앞서 도시 및 지역문화 전반에 대한 밑그림과 기본틀을 구성하는 도시문화 전략을 선행해야 한다.

6가지 전략, 즉 지역의 문화 현실을 정확히 파악하는 도시문화지도 작성, 문화의 미래 흐름을 예측하는 문화 트렌드 파악, 문화의 중장기 비전을 수립하는 도시문화 비전 수립, 문화의 세부 전략을 수립하는 창조도시 문화전략 수립, 도시문화를 마케팅하는 장소마케팅 및 도시브랜딩 전략 수립, 실행 시스템을 구축하는 문화도시 거버넌스 시스템 구축 등이 필요하다.

① 도시문화지도를 그려라

도시문화지도는 '주체-일상-문화-공간'의 상호 연결된 매트릭스로 구성된다. 도시문화지도 작성은 이러한 매트릭스 분석을 통해, 지역의 문화 현실에 대한 현황과 수요를 정확히 파악하는 기초 조사이자 그를 통해 도시정체성을 발견하는 작업이다.

지역에서 어떤 주체들이 살아가고 있고, 그 주체들은 일상생활을 어떻게 영위해 가고 있으며, 그 속에서 어떠한 문화를 만들어가고 있는지, 그리고 그러한 삶을 즐겁게 혹은 힘들게 만드는 공간적 요소는 무엇인

**도시문화 전략 수립 프로세스**

지를 성찰해야 한다. 이렇게 조사된 자료들을 도시문화 아카이브로 구축하여 다양한 정책 수립의 근거로 활용하고, 정기적인 조사를 통해 내용을 지속적으로 보완해야 한다.

② 문화의 미래 트렌드를 읽어라

도시문화지도를 통해 문화현실을 인식하고 나면 문화의 흐름을 읽고 미래를 준비해야 한다. 현실과 미래에 대한 분석을 통해 구체적인 문화 비전과 전략을 수립해야하기 때문이다. 문화의 미래 트렌드는 사람, 공간, 기술, 기후, 생각, 놀이, 젠더, 정치 등 8가지 측면에서 살펴볼 수 있다.

먼저, 인구가 고령화되고 다문화 사회가 강화될 것으로 예측된다. 따라서 지역의 인구 구성 변화를 주목하면서 누가 문화주체로 중요성을 띠게 될 것인지 파악해야 한다. 노년 인력을 긍정적, 적극적으로 자원화하는 실버노믹스(silvernomics, 실버 + 컬처노믹스)와 다문화를 활용한 컬처노믹스에 관심을 가질 필요가 있다.

둘째, 공간환경도 농산어촌이 쇠퇴하고 도시가 팽창하면서 급속히 변화할 것이다. 농촌의 정체성을 새롭게 정립하고 1차 산업의 기능과 문화를 결합하여 장소성을 재구축하는 농업 컬처노믹스agri-culturenomics에 신경을 쓸 필요가 있다.

셋째, 과학기술의 발달로 교통과 이동수단이 변화하고 로봇과 사이보그 같은 인공 지능AI의 활용이 강화될 것이다. 신 교통, 친환경 교통수단을 통한 이동문화와 로봇 활용 생활문화에 관심을 가질 필요가 있다.

넷째로, 국토기후가 아열대로 변화하고 자원고갈 문제가 심화될 것이다. 자원 에너지 절약형 지속가능 생활문화와 해양문화 패러다임에 관심을 가져야 한다.

다섯째로, 삶의 질에 관한 인식이 변화할 것이다. 슬로 라이프slow life와 예술 친화적 삶을 준비해야 한다.

여섯 번째로, 여가 관광 패턴의 변화가 올 것이다. 문화 체험과 건강, 기술을 활용한 여가 관광 문화정책에 초점을 두어야 한다.

일곱 번째로, 사회적 성관계gender의 변화와 그에 따른 가족 구조의 변화가 예상된다. 성평등 도시문화 환경과 다양한 가족문화를 반영한 문화정책이 필요하다.

마지막으로, 도시정치 구조의 변화로 사회 갈등 구도가 다원화되고 글로벌화와 행정구역 개편 등으로 인한 시민 정체성의 변화가 예상된다. 문화거버넌스 시스템 구축에 더욱 신경을 써야 한다.

### ③ 도시의 문화 비전을 수립하라

문화에 대한 현실 인식과 미래 예측을 완료하면 도시의 문화 비전을 수립해야 한다. 도시문화 비전을 통해 지역이 지향하는 문화적 목표를 함축적으로 제시하고 시민들의 공감대와 동의를 이끌어내야 한다.

예를 들어, 뉴욕은 예술 지원의 전통을 비전으로 제시하였고, 베이징은 소프트 파워를 강조하였으며, 싱가포르는 문화 허브와 하트웨어heartware를 비전으로 제시하였다. 런던과 가나자와, 요코하마, 성남,

### 창조문화도시의 유형

| 유형 | 내용 |
|---|---|
| **문화예술형 (예술 중심형)** | - 오랜 역사 속에서 형성된 문화요소 및 저력 바탕<br>- 문화예술 지원 및 도시 인프라 개선을 통해 21세기형 문화도시로 재정비<br>- 사례: 파리, 로마, 코펜하겐, 스트라스부르그 |
| **도시경영형 (이미지 중심형)** | - 창조문화적 요소를 활용하여 도시 역량과 가능성을 부각하는 도시마케팅<br>- 부정적 도시이미지 전환, 문화시설과 축제이벤트를 통한 도시이미지 부각<br>- 사례: 리버풀, 글래스고, 빌바오 |
| **도시설계형 (디자인 중심형)** | - 도시다움과 인간의 개성을 실현하는 도시 쾌적성 구현<br>- 문화활동을 포함한 생활 인프라 배치, 도시경관을 정체성 브랜드로 인식<br>- 사례: 소피아앙티폴리스, 구마모토 |
| **문화창조형 (산업 중심형)** | - 지역문화 역량을 기초로 한 유연성, 국제성, 독창성, 다양성의 브랜드 구축<br>- 장소성을 토대로 혁신적이고 유연한 도시경제시스템을 갖춘 창조도시 추구<br>- 사례: 볼로냐, 가나자와 |
| **커뮤니티형 (공동체 중심형)** | - 도시 운영과 개선을 위한 주체이자 활동의 중심으로서 커뮤니티 인식<br>- 도시 인프라를 통한 온 오프라인 커뮤니티 구축<br>- 사례: 어바인, 꾸리찌바, 루이셤 |

* 출처: 권용우 외, 2009, 《도시의 이해》, 박영사, p.121을 수정 보완

영월, 대전은 창조도시를 비전으로 제시하였고, 광주, 부산, 전주, 경주는 문화중심도시를 제안하고 있다.

문화를 수단으로 할 것인가, 목표로 할 것인가. 하드웨어를 중시할 것인가, 소프트웨어를 중시할 것인가. 중심을 추구할 것인가, 연결을 추구할 것인가 등에 따라 다양한 문화 비전이 제시되고 있다.

④ 창조문화도시 전략을 수립하라

도시문화 비전을 설정하고 나면 비전 실현을 위한 목표 설정과 그에 따른 문화도시 유형 정립 및 전략이 필요하다. 도시의 문화정체성과 창조성을 결합한 창조문화도시 유형과 전략을 수립하는 것이다.

창조문화도시의 유형은 문화예술형, 도시경영형, 도시설계형, 문화창조형, 커뮤니티형 등으로 나누어볼 수 있다. 문화예술형은 예술적 요소를, 도시경영형은 도시이미지 마케팅을, 도시설계형은 도시경관과 공간디자인을, 문화창조형은 창조산업을, 커뮤니티형은 시민참여와 공동체구축을 각각 문화정책의 중심으로 설정한다.

창조문화도시 전략은 창조문화 공간, 창조문화 산업, 창조문화 관광, 창조문화 복지, 창조문화 주체, 창조문화 행정 등 크게 6가지로 나누어 볼 수 있다.

창조문화 공간 전략은 지역의 역사성이 담긴 유휴 공간이나 폐 공간을 문화공간으로 재생하고, 일상생활 공간을 문화적으로 활용하는 전략에 초점을 둔다.

창조문화 산업 전략은 도시의 내재적 가치를 핵심으로 하는 신산업

**창조문화도시 6대 전략**

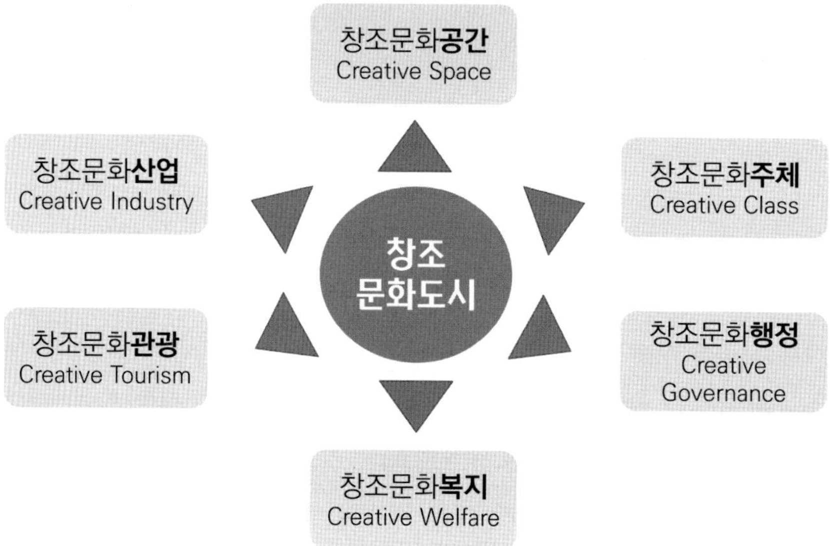


을 중심으로, 문화예술 산업, 정보서비스 산업, 문화관광 산업에 초점을 둔다.

창조문화 관광 전략은 대량관광 뿐만 아니라 도시문화를 활용한 대안관광과 신 관광 전략에 초점을 둔다.

창조문화 복지 전략은 문화다양성 확보와 문화 향유의 확대에 초점을 둔다.

창조문화 주체 전략은 창조계층의 도시 영입과 확산 및 창조형 리더 육성에 초점을 둔다.

마지막으로 창조문화 행정 전략은 창조문화도시의 행정 시스템과 문화거버넌스 환경을 구축하는데 초점을 둔다.

⑤ 장소마케팅과 도시브랜딩 전략을 수립하라

창조문화도시 전략을 수립하고 나면, 전략 사업들을 총체적, 구체적, 융합적으로 실행하는 전략으로서 장소마케팅 전략을 수립해야 한다.

장소마케팅 전략은 창조문화도시의 비전과 장소성을 기획하고 그것을 기반으로 도시브랜드를 개발하는 전략이다. 지역의 물리적 공간을 주민들의 삶의 혼이 담긴 정서적 장소로 변화시켜 살고 싶고 일하고 싶고 찾고 싶은 장소로 만들어가는 브랜드 전략이다. 장소마케팅 전략은 장소성 만들기, 문화콘텐츠 만들기, 마케팅 프로그램을 통한 브랜드 만들기의 과정으로 이루어진다. 이를 통해 지역의 이미지와 정체성을 확립하고 창조문화 산업을 활성화하며, 커뮤니티 형성과 삶의 질을 도모하는 공간문화 디자인 혹은 장소 만들기 전략이다.

⑥ 문화도시 거버넌스 시스템을 갖춰라

지금까지 살펴본 도시문화 전략의 내용들은 그것을 효과적으로 실행할 수 있는 문화도시 시스템을 구축하였을 때 제대로 작동할 수 있다. 이러한 시스템을 만들기 위해서는 문화 행정을 담당하는 지자체와 지역의 싱크 탱크 역할을 하는 대학 및 연구소, 시민사회의 소통 채널 역할을 하는 문화포럼, 문화콘텐츠를 산업화하는 문화산업계 등이 협력하여 문화거버넌스 체계를 구축해야 한다.

이를 위해서는 사전에 문화전략 그룹을 운영할 필요가 있다. 예를 들

문화전략그룹(CSG) 운영

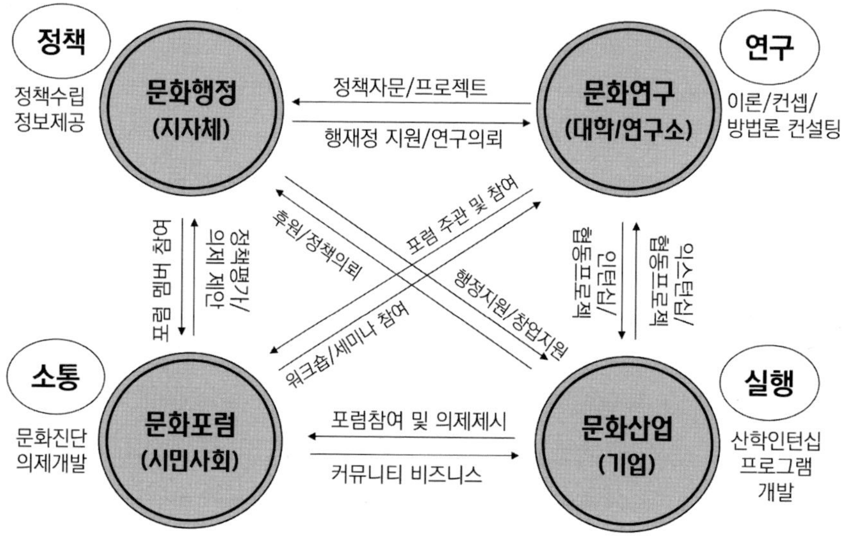


어 성남시는 시민이 주체가 되어 펼쳐 나가는 문화예술 창조도시 구현을 위하여 문화전략 그룹을 통해 '시민-비전-창작-공간-시스템'으로 이루어진 5대 문화정책 네트워크를 구축한 바 있다.[27]

### 3) 도시문화 CEO의 사업: 문화정책, 어떤 내용을 다룰 것인가

문화정책의 구체적 사업들은 8대 영역과 4대 수단, 3대 변수, 도시정체성의 4대 차원에 의해서 지역 상황에 맞게 설정한다.

우선 8대 영역은 문화예술, 문화교육, 문화산업, 문화관광, 공간문화,

**문화정책 8대 영역, 4대 수단, 3대 변수**

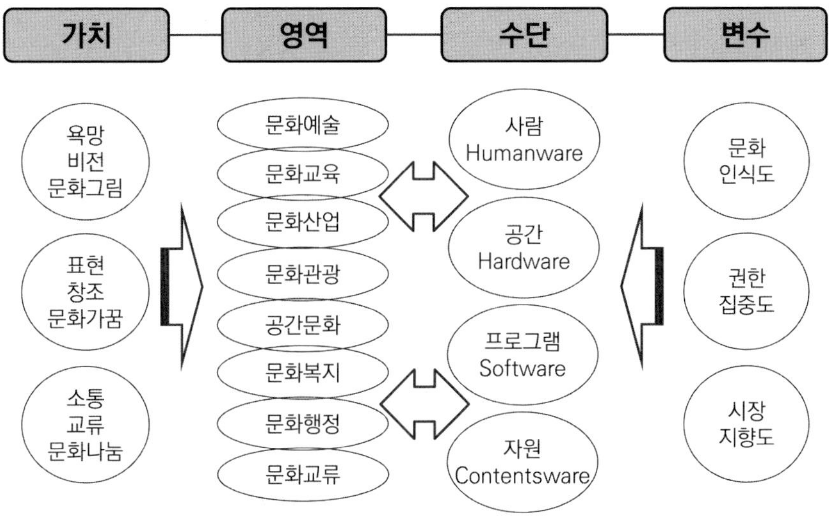


문화복지, 문화행정, 문화교류로 나누어볼 수 있다.[28]

문화예술은 주로 예술가들의 문화창작 활동과 시민문화 향유 지원 사업을 중심으로 하고, 문화교육은 문화예술의 향유 능력 증진과 문화예술에 기반한 학제 간 통섭 및 교육 증진 사업에 초점을 둔다.

문화산업은 문화융합 콘텐츠를 활용한 컬처노믹스 환경 조성 사업을 중심으로 하고, 문화관광은 생활체육과 고품위 여가관광 활성화 사업에 역점을 둔다.

공간문화는 창조력 향상을 위한 품격 있는 생활문화 환경 조성 사업을 중심으로 하고, 문화복지는 문화소외 극복 및 문화소통 체계 확립

사업에 역점을 둔다.

문화행정은 전문적인 문화행정 시스템 구축 및 문화거버넌스 역량 강화 사업에 초점을 두고, 문화교류는 국제적 문화나눔을 통한 글로벌 공동체 의식 함양과 문화 정보화 사업을 중심으로 한다.

두 번째로, 4대 수단은 사람, 공간, 프로그램, 자원으로 나누어볼 수 있다.

사람은 문화인력과 조직 등 휴먼웨어를 일컫고, 공간은 문화시설과 문화공간 등 하드웨어를 말한다. 프로그램은 다양한 문화프로그램을 중심으로 한 소프트웨어를 말하고, 자원은 문화자원과 문화재정 등의 콘텐츠웨어를 일컫는다. 이러한 4대 수단을 가지고 8대 영역에서 다양한 프로그램을 기획할 수 있다.

세 번째로, 문화정책의 프로그램들은 문화 인식도, 권한 집중도, 시장 지향도 등 3대 변수에 따라 그 방향과 정도, 방식에 있어서 영향을 받는다.

문화 인식도는 문화에 대한 인식의 정도로서, 문화를 어떻게 정의하고 어떻게 공공 담론화 하느냐에 따라 문화정책의 흐름이 달라진다. 권한 집중도는 정부의 권한 집중 정도로서, 지자체의 개입의 정도(적극 혹은 소극)와 개입 방식(직접 혹은 간접)에 따라 정책 프로그램의 수위가 달라진다.

시장 지향도는 시장 지향의 정도로서, 경제적 효과에 대한 기대와 정책 수립자의 전문성, 참여의 다원성 정도에 따라 정책의 내용이 달라질 수 있다.

### 문화정책의 8대 영역과 4대 수단별 주요 프로그램

| 수단 / 영역 | 사람 (humanware) | 공간 (hardware) | 프로그램 (software) | 자원 (contentsware) |
|---|---|---|---|---|
| **문화 예술** | - 예술창작지원<br>- 문화클럽/동호회 | - 아티스트 레지던스<br>- 문화공간<br>- 공공미술 프로젝트 | - 문화향유 프로그램 | - 문화예술인 실태조사 |
| **문화 교육** | - 예술인 강사풀제 | - 시민문화예술촌 | - 문화아카데미<br>- 방과후 문화교육 | - 문화교육매체 |
| **문화 산업** | - 문화벤처 인력 | - 창조공간<br>- 창의산업특구 | - 문화통화 | - 문화콘텐츠<br>- 문화브랜드 |
| **문화 관광** | - 문화가이드 | - 문화관광명소<br>- 창조관광센터 | - 지역축제<br>- 문화관광코스 | - 도시문화 스토리텔링<br>- 문화관광자원 |
| **공간 문화** | - 공간문화네트워커 | - 문화마을만들기<br>- 문화경관 | - 공공디자인 | - 공간문화콘텐츠 |
| **문화 복지** | - 다문화커뮤니티 | - 문화놀이터<br>- 다문화센터 | - 찾아가는 예술<br>- 일상문화복지<br>- 직장문화복지<br>- 생애주기문화복지 | - 문화향수실태조사 |
| **문화 행정** | - 문화재단 조직<br>- 문화위원회 조직<br>- 문화전략그룹 | - 문화정보센터 | - 문화행정서비스 품질평가 | - 문화제휴/기부 |
| **문화 교류** | - 문화네트워커 | - 문화교류센터 | - 문화포럼<br>- 문화워크숍/세미나 | - 문화자원조사<br>- 문화아카이브 |

이렇게 문화정책의 사업과 프로그램들은 정책의 영역과 수단, 변수에 따라 다양하게 설정될 수 있으며, 문화 그림, 가꿈, 나눔의 문화가치 실현을 목표로 한다.

마지막으로, 문화정책 프로그램은 도시정체성의 4가지 차원, 즉 행정적 차원, 시간적 차원, 사회적 차원, 공간적 차원에 따라서 그 대상과 초점이 달라질 수 있다.

행정적 차원은 지자체의 행정적 위상과 규모에 따라 국제성, 전국성, 광역성, 장소성으로 나누어 볼 수 있다. 세계도시를 표방하고 있는 지자체라면 국제성을 실현하는 문화정책에 초점을 둔다. 특별시는 전국성을, 광역시는 광역성을 실현하는 문화정책에 중점을 두어야 할 것이다. 일반 시군은 장소성 실현에 초점을 두면서, 광역성을 실현하는 문화정책으로 지역의 한계를 극복해야 한다.

시간적 차원은 역사성과 현대성, 속도성에 따른 문화정책을 의미한다. 지역의 역사성과 현대성을 골고루 반영하면서 도시발전의 속도에 따른 폐해를 극복하는 문화정책 프로그램을 개발해야 한다.

사회적 차원은 지역의 다양성, 통합성, 역동성을 바탕으로 한 문화정책을 일컫는다. 시민 구성의 다양성을 존중하고, 사회통합을 이루며, 자율적 문화활동을 함양하는 문화정책 사업을 추진해야 한다.

공간적 차원은 지역의 공간적 밀도와 규모에 따른 문화정책을 말한다. 문화적 삶에 적정한 밀도와 규모를 유지하는 문화정책 프로그램을 개발할 필요가 있다.

### 도시정체성의 차원에 따른 문화정책

| 도시정체성 | | 문화정책의 주요 내용 | 지자체 유형 |
|---|---|---|---|
| 행정적 차원 | 국제성 | - 세계적 문화도시로서 정체성 제고 및 세계문화교류 확대<br>- 대표이미지와 랜드마크 조성<br>- 중앙정부와 협력적 네트워크 구축 | 세계도시 |
| | 전국성 | - 국토의 문화적 균형발전을 위한 문화 인큐베이터 역할<br>- 중앙정부, 시민단체와 협력적 네트워크 구축 | 특별시 |
| | 광역성 | - 광역생활권의 시민을 위한 문화정책<br>- 광역권 지자체 네트워크 구축 | 광역시<br>시군 |
| | 장소성 | - 도시 내의 장소성 개발 및 생활 속 문화환경 조성<br>- 자치구, 주민단체와 협력적 네트워크 구축 | 시군 |
| 시간적 차원 | 역사성 | - 역사성의 현대적 회복, 도시문화 유산의 친밀성 회복 | 지자체 공통 |
| | 현대성 | - 첨단기술의 문화적 활용, 사이버공간 활용 문화전략<br>- 비주류문화, 대안문화의 활성화 | |
| | 속도성 | - 시민의 문화향수 기회 확대, 역사성의 회복 | |
| 사회적 차원 | 다양성 | - 시민의 문화향수 기회 확대, 생활 속 문화예술 활동 활성화<br>- 다문화, 소수문화, 하위문화의 활성화 | |
| | 통합성 | - 사회적 참여와 합의의 프로세스 및 문화거버넌스 구축 | |
| | 역동성 | - 시민의 자율적 문화활동 함양, 시민문화향수 기회 확대 | |
| 공간적 차원 | 밀도성<br>규모성 | - 공간환경 문화정책 마련, 공공공간의 문화화<br>- 문화예술 창작공간 조성, 생활공간의 문화생태공간화 | |

### 4) 도시문화 CEO의 리더십: 문화정책 리더, 어떤 리더십을 가져야 하는가?

지금까지 다양하게 살펴본 문화정책의 성공 여부는 결국 지자체 단체장의 리더십에 달려 있다. 단체장이 지녀야 할 리더십으로 창조형 문화 CEO 리더십을 제안한다.

이러한 리더가 되려면 단체장은 7가지 능력, 즉 창조적 상상력, 소통능력, 통합 마인드, 문화 해득력, 인력양성 능력, 네트워크 능력, 도시경영 능력을 지녀야 한다.

우선 단체장은 풍부한 상상력과 호기심을 지닌 상상가 역할을 수행해야 한다. 원활한 대화와 소통 능력을 지닌 커뮤니케이터 역할도 요구된다. 또한 통합적 세계관을 지니고 시민과 자원을 융합하는 컨버저converger 역할과 인간 및 자연 세계의 복잡성과 혼종성을 이해하는 하이브리더hybrider가 되어야 한다.

아울러 인적자원을 발굴하는 휴먼 디벨로퍼human developer, 지역 구성원들과 파트너십을 형성하는 네트워커networker로서, 자신의 아이디어로 도시를 총체적으로 경영하는 문화CEO가 되어야 한다.

이러한 리더십을 바탕으로 단체장이 특히 신경 써야 할 문화정책 사업의 초점으로 11가지를 강조하고 싶다.

휴먼웨어와 관련해서는 지역의 예술가를 적극 활용하고 문화공동체 모델을 개발하며, 문화적으로 소외받는 주민이 없도록 하고 문화매개집단을 집중 육성하길 바란다.

하드웨어와 관련해서는 도시공간에 문화적 숨결을 불어넣고, 유휴·

### 단체장이 신경 써야 할 문화정책의 11가지 초점

<table>
<tr><th>수단</th><th>사람<br>(humanware)</th><th>공간<br>(hardware)</th><th>프로그램<br>(software)</th><th>자원<br>(contentsware)</th></tr>
<tr><td rowspan="4">초점</td><td>지역의 예술가를 주목하라!</td><td rowspan="2">도시공간에 문화적 숨결을 불어넣어라!</td><td rowspan="2">대표축제를 활용하라!</td><td>차별화된 문화콘텐츠와 브랜드를 개발하라!</td></tr>
<tr><td>소속감을 느낄 수 있는 공동체를 만들어라!</td><td>지역문화 현실을 정확히 파악하라!</td></tr>
<tr><td>문화소외를 없애라!</td><td rowspan="2">창조공간과 제3의 장소를 만들어라!</td><td rowspan="2">전 세계와 문화를 공유하라!</td><td rowspan="2">성찰하고 피드백하라!</td></tr>
<tr><td>문화매개집단을 육성하라!</td></tr>
</table>

폐 공간을 활용한 창조공간과 창조계층이 즐겨 찾는 여가공간으로서 제3의 장소를 적극 개발하길 바란다.

소프트웨어와 관련해서는 지역의 장소성과 축제성을 결합하여 대표축제를 개발하고 전 세계와 문화를 공유하는 교류 프로그램을 마련하기 바란다.

콘텐츠웨어와 관련해서는 차별화된 문화콘텐츠와 브랜드를 개발하고 지역의 문화현실을 정확히 파악하며 끊임없이 성찰하고 피드백하길 바란다.

특히, 성찰과 피드백을 위해서는 문화행정 서비스의 품질을 평가하는 평가 시스템을 구축하기 바란다. 주민들에게 문화정책 서비스의 이용 과정과 결과 및 환경에 대한 의견과 지역사회의 품질에 대한 인식을 묻는 소비자 평가를 실시하고, 그러한 소비자들의 반응이 나온 이유를 문화정책의 리더십, 관계, 자원, 프로세스를 진단하는 전문가 평가를 통해 심층 분석하기 바란다.

### 문화행정서비스 품질평가 평가지표 구성

| 전문가 평가지표 | | 소비자 평가지표 | |
|---|---|---|---|
| **차원 (dimension)** | **요소 (component)** | **차원 (dimension)** | **요소 (component)** |
| 리더십 | 조직 관리자의 리더십 | 이용과정 | 신뢰성 |
| | 전략 계획 수립 시행 | | 친절성 |
| 관계 | 시민 관계 | 이용결과 | 충족성 |
| | 협력 관계 | | 호감성 |
| | 지역사회 관계 | | |
| 자원 | 인적자원 | 이용환경 | 쾌적성 |
| | 지식 자원 | | 편리성 |
| | 물적 자원, 예산 | | 심미성 |
| 프로세스 | 프로세스 관리 | 사회품질 | 공익성 |
| | 프로세스 개선 | | 참여성 |
| | | | 장소성 |

* 출처: 서울특별시, 2005, 《문화·환경 분야 행정서비스 품질평가 방안》

galerie-ros.de
alles offen
ROSE
LER 79112 FREIBURG/Brsg.
JUNI 1990

## 시선 8

# [인력]

문화전문인력 양성은 예술인력 중심에서
일상문화 인력과 지역문화 인력 중심으로 확대해야 한다.
그들의 능력도 총체적, 융합적, 과정 지향적, 생활현장 지향적
능력을 키우는 방향으로 추진해야 한다.

시선 8. 인력

# 문화전문인력 양성 정책의 방향과 과제

## 1) 문화전문인력 양성 정책의 현실

한국의 문화정책은 1970년대 문화예술진흥법 제정으로 시작되었고 1990년대 문화부 발족과 문화발전 10개년 계획 최초 수립으로 본격화되어 2000년대 이후 제도적 기반을 마련하고 있다.[29] 그 내용은 보존에서 진흥, 발전, 융성으로 통융합화 하는 추세다. 전반적으로 문화정책은 이제 토대와 기반 마련 수준에 있다고 해도 과언이 아니다.

이러한 상황에서 인력양성 정책은 아직 핵심 의제로서 본격적인 논의조차 이루어지지 않는 상황이다.

정부의 인력양성 미션과 현실 진단, 비전과 목표, 전략과 사업, 실행체계와 평가 체계를 일목요연하게 파악할 수 있는 중장기 인력양성 정책이 없다. 인력양성 정책은 법적 기반이 마련되는 정도의 걸음마 단계여서 패러다임 자체가 부재한 상황이다. 문화예술진흥법, 문화기본법,

한국 문화정책의 시대적 흐름

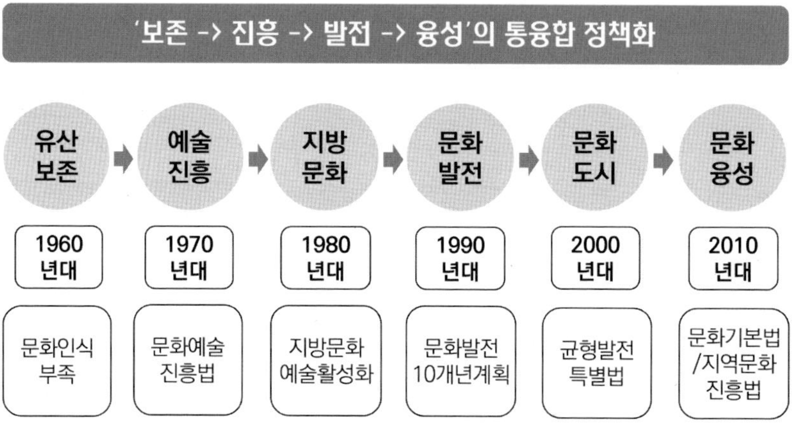


지역문화진흥법, 문화산업진흥기본법 등 정부 법률의 문화인력 양성 관련 조항을 보면 인력양성을 위해 노력해야 한다는 당위적 수준의 내용만 제시되고 있다.

문화전문인력 유형과 범주 분류 체계도 일관적이지 못한 현실이다.

문화예술 전문인력, 문화기획자, 문화경영자, 예술경영자, 문화매개자와 코디네이터, 큐레이터, 디자이너, 네트워커, 지역문화 전문인력, 문화여가사, 문화 컨설턴트, 아키비스트 등 다양한 명칭들이 사용되고 있다. 그러나 전문인력의 유형과 명칭이 체계적으로 정립되어 있지 않다. 데이터와 정보 지원 체계도 부재하다. 한국의 예술가는 몇 명인지, 지역문화 전문인력은 얼마나 되는지, 전문인력의 현황과 관련 정책 및 기관, 사업과 프로그램 정보는 어디에 있는지 알기 어렵다.

### 정부 법률의 문화인력 양성 관련 조항

| 법률 및 정책 | 내용 |
|---|---|
| **문화예술진흥법 (6조)** | - 국가와 지방자치단체는 문화시설의 전문적 운영에 필요한 기획관리 전문인력의 양성에 노력하여야 한다. |
| **문화기본법 (10조)** | - 국가와 지방자치단체는 문화인력의 양성을 위한 기반을 조성하고, 필요한 시책을 추진하여야 한다.<br>- 〈문화진흥기본계획〉의 4대 목표 18대 과제 중, '문화융성을 여는 기반 조성' 목표에 '문화인력 양성' 과제 포함. 문화전문인력의 질 제고, 문화인력 양성 교육기관들의 사회적 역할 강화 중심 |
| **지역문화진흥법 (10조)** | - 국가와 지방자치단체는 지역문화 전문인력의 양성과 자질 향상을 위하여 필요한 시책을 강구하여야 한다.<br>- 문화체육관광부 장관은 지역문화 전문인력을 양성하기 위하여 대학, 문화진흥 관련 연구 등을 목적으로 설립된 기관 또는 단체를 지역문화 전문인력 양성 기관으로 지정할 수 있다. 양성기관에 대하여 예산의 범위에서 필요한 비용의 일부를 지원할 수 있다.<br>- 〈지역문화진흥 기본계획〉의 3대 전략 9대 과제 중, '지역문화 역량 강화' 전략에 '지역문화 전문인력 양성' 과제 포함. 전문인력 양성기관 지정, 문화귀촌, 현업종사 지원, 종합인적자원 관리체계 마련 등의 내용 |
| **문화산업진흥 기본법 (16조)** | - 국가와 지방자치단체는 문화산업 진흥에 필요한 전문인력을 양성하기 위하여 노력하여야 한다.<br>- 문화체육관광부장관이나 시도지사는 연구소, 대학, 그 밖의 기관을 문화산업 전문인력 양성기관으로 지정할 수 있다. |
| **문화융성위원회 문화융성 정책** | - 8대 정책 중 지역문화 자생력 강화 정책에 '지역문화 매개인력 처우 개선' 포함. 근로여건 실태조사와 보수가이드라인 제정, 문화여가사 자격증 도입이 주 내용 |

### 2) 문화전문인력 양성 정책 패러다임과 방향

① 문화환경 변화에 따른 인력양성 모델 개발

우선, 문화의 가치와 트렌드를 실현하는 미래형 전문인력을 양성해야 한다.

문화는 삶과 삶터(도시, 지역, 마을, 장소)의 존재에 대한 긍정을 바탕으로, 배려와 경청을 통해 서로 소통케 하고 이를 통해 재미와 웃음, 공감과 치유를 이끌어내는 가치를 지니고 있다. 이러한 문화의 가치를 삶 속에 구현해내는 문화전문인력 양성이 중요하다.

21세기 문화의 트렌드를 요약해보면, 꿈, 관용, 이야기, 통융합, 즐거움, 건강, 신뢰, 혼 등 여덟 가지로 압축해볼 수 있다. 문화전문인력은 이러한 문화의 가치와 미래 트렌드를 실현하는 사회적 책임을 지닌 인력으로 양성해야 한다.

예술을 키우고, 복지를 향상시키고, 지구환경을 살리고, 소외지역을 보듬고, 소외계층을 교육시켜 꿈과 희망을 주는 좋은 전문인력, 정의로운 전문인력을 키워야 한다. 주민의 다양한 꿈을 포용하여 행복한 이야기로 창조해내는 문화전문인력, 즐거움과 건강함으로 정의와 정신이 살아나는 삶터를 만드는 문화전문인력을 양성해야 한다.

두 번째로, 통융합과 횡단의 전문인력을 양성해야 한다.

문화와 정책의 흐름은 이미 앞에서 언급한 것처럼 '예술 → 산업 → 일상 → 장소'로 확대되고 있다. 따라서 문화전문인력 양성은 예술인력 중심에서 일상 문화인력과 도시 및 지역 문화인력 중심으로 확대할 필요가 있다.

그들의 능력도 총체적, 융합적, 과정 지향적, 생활현장 지향적 능력을 키우는 방향으로 추진해야 한다. 이를 위해 전문인력들이 서로 다른 문화 영역 간, 혹은 문화와 비 문화 영역 간 넘나들며 활동할 수 있는 창조인력 융합 플랫폼 형성을 지원해 주어야 한다.

세 번째로, 환경 변화에 따른 희소형, 특수형 전문인력을 양성해야 한다.

하나의 분야의 전문가인 I형에서, 두 분야 융합 H형, 여러 분야가 융합한 T형으로 변화하는 융합 인재의 시대에 맞게 새로운 전문인력 수요가 늘어나고 있다. 일상 문화 컨설턴트, 문화인간형 에듀케이터, 문화치유가, 문화리더십 컨설턴트, 축제경영 기획가, 만남경영 기획가, 도보문화 경영기획가, 자전거문화 경영기획가, 문화행정 전략가 등 환경 변화에 따라 등장하는 신종 전문인력에 대한 모니터링과 인력양성 지원 모델 개발이 필요하다.

② 문화전문인력 정책 모형의 개발

첫 번째, 예술인 자생력 증진 프로그램 모형의 개발이다.

예술인 지원 정책을 직접 지원 정책에서 간접 지원 정책 중심으로 전환할 필요가 있다. 공공 정책의 지원 근거를 문화의 사회적 가치 확산과 관련된 부분으로 명확히 하고, 예술인 교류 플랫폼 및 네트워크 지원 사업(짐바브웨 예술위원회 사례), '창작 + 향유' 세트 지원 시스템 구축 등이 필요하다.

그리고 예술인 고용 기회 확대 프로그램 개발 차원에서, 앞에서 살펴보았던 '예술 + 일상' 문화융합 일자리 창조 프로젝트와 예술가 고향·지역 중장기 정착 지원 제도를 도입하고, 1인 창조기업 지원 센터와 창조경제 혁신 센터에 예술인 참여를 확대해야 한다.

아울러 예술인 국제 활동 역량 강화 프로그램 개발의 차원에서, 해외 파견 및 네트워크 사업에 지원 받은 예술가들의 경험을 공유하고 확산하는 공유 네트워크 페스티벌 개최도 고려해 볼 만 하다.

두 번째, 창조인력 융합 플랫폼 지원 사업 모형의 개발이다.

선순환 체계 구축을 위한 문화창조 플랫폼을 구축하고, 문화인력들의 네트워크와 파트너십, 거버넌스 구축 차원에서 공간, 인력, 콘텐츠의 클러스터링을 지원해야 한다.

역할 비중에 따라 생활공간 중심형 플랫폼, 창조인력 중심형 플랫폼, 문화콘텐츠 중심형 플랫폼 등으로 유형화하여 지원 방안을 마련할 수 있다. 2015년 개관한 국립 아시아문화전당을 창조인력 융합 플랫폼으로 적극 활용해도 좋을 것이다. 예술과 기술, 산업의 융합 환경 조성 사업을 위해 16개 지역의 창조경제 혁신 센터도 적극 활용할 필요가 있다.

세 번째, 문화행정 인력 역량 강화 사업 모형의 개발이다.

지자체의 문화행정 인력 역량 강화가 매우 절실하다. 이를 위해 문화분야 전문직 공무원 제도 의무화, 문화부시장, 문화부지사 직무 도입, 공무원 교육원의 문화정책 아카데미 프로그램 도입 등이 필요하다.

시도 문화재단의 경우, 현재 창작 실연자 양성 사업과 교육훈련 사업 비중이 높은데, 도시문화경영과 행정 전문인력 양성 및 경력 개발 사업이 추가될 필요가 있다. 시도 문화재단 외 지역문화 관련 지자체 출연기관들의 역할 분담과 협력 체계 구축도 중요하다.

네 번째, 문화전문인력 양성 교육 모형의 개발이다.

문화 취약지 문화인력 양성 교육 사업을 도입하여, 문화 관련 대학과 대학원에 졸업 후 의무적으로 문화 취약지에서 일정기간 동안 활동케 하는 조건부 입학 제도를 도입해볼 필요가 있다. 지역문화 전문인력 자격증 제도를 도입하여 이와 연계하는 것도 중요하다.

그리고 문화인력 양성 기관 현황을 조사하고 네트워크 방안을 마련해야 한다. 예비 인력과 중견 경력자들의 인력양성의 관점에서, 문화 관련 대학과 학회 등 연구 교육기관들의 역할과 지원이 필요하다.

문화창조 아카데미, 아시아컬처 아카데미, 문화산업 전문인력 양성 아카데미, 시민문화기획자 아카데미 등 다양한 문화인력 양성 아카데미의 역할에 따른 협력 체계 구축과 여기에서 양성된 인력의 활용 방안을 마련하는 것도 과제라 할 수 있다.

③ 문화전문인력 양성 정책 시스템의 구축

첫 번째로, 문화전문인력 정책의 중장기 비전 및 추진 체계 수립이다.

문화시설과 이벤트 중심에서 사람과 가치 중심으로 정책 패러다임을 구축해야 한다. 문화전문인력 정책의 '미션 → 현황 진단 → 비전 → 목표 → 전략 → 사업 → 실행 체계 → 평가 및 피드백 체계'를 정립하는 비전 체계 수립과 인력양성 계획 수립이 절실하다.

아울러 문화전문인력 양성법 제정 및 문화전문인력 양성 기본 계획과 시행 계획 수립, 문화 기관의 역할 분담과 협력 체계, 인력양성 협의체 구축, 문화행정과 정책 전문인력 양성, 정책 평가 및 전달 체계 구축이 필요하다.

두 번째로, 문화전문인력 지원 정책 지식정보 서비스 체계의 구축이다.

문화전문인력 양성 관련 정책 지표를 개발하고, 그에 따른 다양한 정보(정책, 인력, 시설, 프로그램, 사업, 인력양성 기관 등)를 아카이빙하여 누구나 쉽게 활용할 수 있도록 문화인력 지식정보 서비스 체계를 만들어야 한다. 또한 전문인력들이 스스로 자신의 경력과 정보를 등재할 수 있는 플랫폼형 시스템 구축이 필요하다.

세 번째로, 생애·경력 맞춤형 문화 인적자원 종합지원시스템 구축이다.

문화예술 전문인력을 생애주기와 능력 및 커리어에 따라 차별화하여 지원하는 재능 경로 제도 운영을 통해 다양한 문화일자리를 창출해야 한다. 특히 중견, 시니어 경력자 지원 사업의 확대가 필요하다.

이를 위해서는 문화전문인력을 분야별, 직능별, 생애단계별, 경력별로 체계적으로 관리하는 문화 인적자원 센터를 설립해야 한다. 중앙문화기구 산하에 국가 문화 인적자원 센터를 설치하고, 전국 거점 지역별로 지역문화 인적자원 센터를 설립하는 것이다. 이를 위해서 우선 국가 문화 인적자원 센터와 연계하여 광역도시(광역문화재단 혹은 지역문화 전문기관 등)에서 시범 사업을 추진하고 평가를 통해 단계적으로 확대해나갈 수 있다. 문화 인적자원 센터에서는 문화인력 등록제, 문화 아카데미 세트 프로그램, 문화 애널리스트 육성 사업 등 다양한 사업을 추진할 수 있다.

네 번째로, 지역 맞춤형 문화전문인력 양성 시스템 구축이다.

지역 특성과 지역 수요, 지역 생애주기에 맞는 맞춤형 지역문화 전문인력 및 지역 특성화 문화 학교를 지정 운영할 필요가 있다. 권역별, 거점별 문화전문인력 양성 기관(예를 들어 문화사관학교, 문화전문대학원 등)을 육성하고, 지역문화 매개자, 지역문화 네트워커 등 지역문화 전문인력 인증제를 추진한다.

## 시선 9

# [관광]

문화와 관광, 장소 개념을 창조적으로 결합하여
창조문화관광 콘텐츠를 기획하는 새로운 패러다임 정립이 필요하다.
창조관광은 창조성의 관광화와 관광의 창조화 두 과정의 결합이다.

# 창조관광, 관광 패러다임의 창조적 전환

## 1) 문화도시와 창조도시의 관광 패러다임 전환

문화도시의 정책적 개념은 1985년 유럽 연합 각료 회의에서 그리스 문화부 장관의 제안으로 처음 제기되었다.[30] 우리나라에서는 2001년 문화도시를 시범도시로 지정할 수 있도록 도시계획법(국토기본법)이 개정되면서 본격적으로 문화도시의 시대가 시작되었다. 이후 전국의 도시들은 저마다 도시정책의 비전으로서 문화도시를 표방하였고, 정부에서는 광주 아시아문화중심도시, 전주 전통문화중심도시와 같은 문화중심도시라는 개념을 통해 지역 균형발전 차원에서 특화된 문화도시를 조성하고 있다.

문화도시 개념은 도시의 예술성, 역사성, 다양성, 쾌적성, 공동체성, 통합성, 참여성 등을 포괄하는 개념으로서, 문화의 어떠한 속성을 중시하느냐에 따라 정책의 성격이 달라진다. 예를 들어 예술에 초점을 두는 문화예술 도시, 산업에 초점을 두는 문화콘텐츠 도시, 커뮤니티에 초점을 두는 생활문화 도시, 환경에 초점을 두는 생태문화 도시, 이미지에 초점을 두는 문화브랜드 도시 등으로 문화도시 정책이 유형화되는 추세다.

그러나 여전히 문화도시는 정치적 구호나 상징적 전략에 머무르고 있는 경우가 많다. 체계적인 문화거버넌스 시스템을 갖추지 않아 문화와 도시의 여러 영역 간에 선순환 시스템이 형성되지 않고 있다. 추상적, 비체계적, 비전문적, 비효율적인 문화도시 정책들이 난무하고 있는 것도 현실이다.

그런 가운데 기본적, 보편적 문화 개념을 도시정책에 적용하기 보다는 지역의 현실과 맥락을 고려하여, 문화와 도시의 전반적인 영역을 밀접히 연계하면서 상호 시너지를 통해 도시문제를 해결하고자 하는 창조도시 개념이 보다 설득력 있는 도시정책 비전으로 부상하고 있다.

국내 외 많은 도시들(대표적으로 에든버러, 베를린, 볼로냐, 가나자와, 서울, 이천, 전주 등 유네스코 창의도시 네트워크 가입 도시들)이 각자의 특색을 내세우며 창조도시를 비전으로 채택해가는 추세다. 점점 문화도시의 핵심 키워드로 창조성과 장소성이 중시되고 있고, 창조도시 프로젝트를 도시재생의 핵심 전략으로 채택하는 도시들이 전 세계적으로 증가하고 있다(예를 들어 크리에이티브 시티 요코하마, 크리에이티브 후쿠오카, 행복 창조도시 광주, 소통 창조도시 부천 등).

이제 문화도시는 지역의 고유성과 역사성을 살리면서 현대적 흐름에 맞게 도시공간을 창조적으로 재구성하여 도시의 문제를 해결하고 도시

비전을 실현하는 창조도시 전략을 결합할 필요가 있는 것이다.

그렇다면 문화도시와 창조도시의 관광 전략은 어떠한 모습을 띠어야 할까. 결론적으로 창조적인 문화도시 만들기의 흐름에 맞는 관광 패러다임의 창조적 전환이 필요하다.

전 세계적으로 관광의 흐름은 1990년대부터 본격적으로 대안관광, 신 관광, 지속가능한 관광의 시대로 변모하고 있다. 그에 따라 생태관광, 녹색관광, 문화관광, 유산관광, 생활관광lifeseeing tourism 등의 형태로 관광 패턴이 문화적, 창조적으로 전환하고 있다.

우리나라 도시들의 관광 분야는 '관광객 ○○○만명 유치'라는 구호에서 보듯, 무조건 많은 관광객을 유치하려는 구 관광old tourism, 대중관광(혹은 대량관광) 패러다임이 여전이 지배적이다. 문화관광에 대한 인식 또한 문화유산과 예술 분야로 그 대상을 협소하게 설정하는 경향이 지배적이다.

따라서 문화도시 혹은 창조도시에 적합한 새로운 관광 패러다임 구축이 절실한 시점이다. 문화와 관광, 장소 개념을 창조적으로 결합하여 통합적으로 연구와 교육을 실시하고 창조 문화관광 콘텐츠를 기획하는 새로운 패러다임 정립이 요구된다.

세계적으로 창조관광에 대한 학술적 논의는 2000년부터 시작되었다. 주로 문화관광의 확장 개념으로서 창조관광에 대한 논의가 이루어졌다. 2008년에는 유네스코와 산타페시가 공동 주최한 국제회의를 통해 창조관광에 대한 세계적인 담론이 형성되기 시작했다. 그러면서 최근 들어 창조관광에 대한 개론서들이 등장하고 있다.

그러나 우리나라의 관광 연구의 흐름은 관광경영이나 관광개발의 관점에서 대중관광을 지향하는 이론과 담론이 여전히 지배적이다. 문화관광의 개념과 방법론도 학계에서 체계적으로 합의되지 않은 채 협의의 문화관광 개념(예술과 문화유산에 한정지은 문화관광 논의들)이 통용되고 있고, 대안관광이나 창조관광에 대한 논의는 드문 실정이다. 2011년에 들어 한국관광공사에서 창조관광 사업 공모전을 개최하면서 창조관광이 정책 개념으로 등장하고는 있으나, 아직까지 창조관광은 본격적인 학문적 담론으로 제시되고 있지는 않다.

그런 의미에서 이 글에서는 창조도시와 새로운 관광 패러다임에 대한 논의의 결합을 통해 창조관광을 어떻게 이해하고 실행할 수 있는지를 이론적 관점에서 제시해보고자 한다.

### 2) 창조관광에 관한 연구 흐름

창조관광에 대한 논의의 출발은 문화관광 개념의 확대 차원에서 이루어졌다.

리처드와 레이몬드Richard and Raymond는 전통적인 문화관광 상품에 만족하지 않고 문화관광의 개념을 확대하는 차원에서 창조관광을 제시하였다.[31] 과거 수동적이었던 관광소비 행태가 능동적이고 창의적인 방식으로 발전하면서, 소비자가 주도하면서 소비자 개개인의 취향이 반영되는 창조관광에 대한 수요가 증가하고 있다는 것이다. 그러면서 창조관광은 관광객 유치를 위해 지역 고유의 창의적인 활동과 창조산업 인프라를 활용한 지역문화자원에 의존한다고 주장한다.

리처드와 윌슨Richard and Wilson 또한 문화를 활용한 다양한 창조관광의 유형들을 소개하고 있다.[32] 여기에는 다양한 체험과 오감을 자극하는 휴가 여행, 장소감 형성을 통한 문화관광지의 창조적 차별화, 국제봉사활동을 통한 문화관광의 창조적 개발, 문화관광을 통한 다양한 콘텐츠 창출, 창조관광을 통한 지역문화 활성화, 창조성을 통한 농촌 공간재생 등을 포함하고 있다.

2008년에는 유네스코와 미국의 산타페시가 공동주최한 최초의 창조도시 국제회의가 개최되었다. 여기에서는 창조관광의 핵심 아이디어에 대한 개략적 소개와 창조도시의 사례, 창조기업과의 관계 등을 중심으로 논의가 이루어졌다[33]. 이후 외국에서 창조관광에 대한 다양한 논의가 이루어지고 있고 단독 저서들[34]이 발간되고 있으나 아직 학술적으로 체계화된 이론과 방법론이 제시되고 있지는 않는 듯하다.

우리나라의 창조관광에 대한 논의는 지속가능한 관광과 대안관광, 신관광에 대한 논의에서 출발하고 있다. 대안관광에 대한 논의는 대중관광에 대한 비판과 그에 따른 대안관광의 흐름 및 방향에 대한 논의가 주를 이루고 있다.

대중관광은 관광의 양을 중시하고, 지역과 단절을 야기하며, 경제 중심의 표준화된 패키지 관광과 단체 관광을 중시하는 경성 관광hard tourism이다. 그에 반해 대안관광은 관광의 질을 중시하고, 지역과의 소통을 강조하며, 문화 중심의 차별화된 문화생태 관광과 개별 관광을 중시하는 연성 관광soft tourism이다. 이 외에 신 관광(혹은 네오 투어리즘)의 관점에서 관광 패러다임의 전환을 논의하는 연구가 진행되었다.[35] 그러나 이러한 논의에서 창조관광이라는 개념이 제시되거나 사용되지는 않았다.

우리나라에서 창조관광이라는 개념이 처음으로 학술지에 제시된 것은 2007년 한국지역지리학회지에 발표된 논문이다.[36]

문화중심도시 광주의 문화관광 전략을 다룬 글에서 저자는 문화중심도시의 관광 비전으로서 창조관광 개념을 제시하였고, 창조관광의 5대 전략으로서 창조관광 시민, 창조관광 시설, 창조관광 지구, 창조관광 산업, 창조관광 행정 등을 제시한 바 있다. 그러나 이 논문은 창조관광의 개념이나 방법론을 체계적으로 연구한 것이 아니고, 창조적인 문화관광 전략 제시의 관점에서 창조관광 개념을 선언적으로 다루고 있을 뿐이다.

이후 관광의 새로운 트렌드로서 소비자 주도의 창조관광 시대 출현을 주장한 논의가 제시되었다.[37] 여기에서는 관광 소비자의 주권 강화로 관광 소비자 보호정책 강화, 창조적 관광 비즈니스 체제 전환, 창조형 특화 관광상품 개발, 관광체험 기회를 비즈니스로 연계하는 크리투어슈머cretoursumer 활용 등을 소비자 주도 창조관광 시대의 정책 방향으로 제시하고 있다.

이 논문에서는 창조관광 시대 등장 이외에 새로운 관광트렌드로서 멀티 컬처 관광소비 확산, 뉴 시니어 핵심 관광소비 계층 등장, 건강 생각 헬스 투어리즘 확산, 트라이 투어슈머 부상, 소셜 네트워크 주도 관광 시대, 관광의 그린 비즈니스화, 네오 럭셔리 관광소비 확산, 레저 잽핑zapping 시대, 착한 관광 소비자와 착한 관광 기업 시대 등을 제시하고 있다. 이러한 트렌드의 내용들이 광의의 차원에서 창조관광의 유형들로 발전할 수 있음을 암시하고 있다.

최근에는 창조관광에 대한 정부 차원의 논의가 이루어지고 있는데 대표적으로 한국관광공사의 창조관광 공모 사업을 들 수 있다.

2011년부터 공모전 형태로 시작된 창조관광 사업은 일자리 창출과 새로운 시장 개척, 관광시장 저변 확대를 통한 관광산업 양극화 해소와 선진화에 기여할 수 있는 저비용 고효율 시스템 구축을 목표로 하고 있다.

여기에서 말하는 창조관광 사업은 엄밀히 말하면 관광벤처 사업이다. 기존 관광산업과 연계하여 창조성, 혁신성, 개방성, 기술성 등을 기반으로 새로운 가치와 시너지를 창출하는 관광형 벤처기업을 육성하는 사업을 일컫는다. 관광벤처의 유형은 고부가 창출형, 녹색 성장형, 사회통합형, 연계 시너지형, 감성 만족형, 체험 창조형, IT 창조형, 기타형 등 여덟 가지로 구분되고 있다. 공모전에 선정된 예비 창업자나 기업에 대해서는 관광 특화 창업보육 센터, 사무시설 지원, 자금 유치 지원, 홍보 마케팅 지원, 관광 창업대학 설립 등 다양한 지원을 받는다.

이상의 논의 외에 창조관광과 관련된 것으로서 창조도시 논의를 들 수 있다.

창조도시에 대한 논의는 크게 제인 제이콥스Jane Jacobs의 창조적 도시 경제 시스템론,[38] 찰스 랜드리Charles Laundry를 위시한 유럽 창조도시 그룹의 창조적 문화예술 인프라 및 활동론,[39] 리처드 플로리다Richard Florida의 창조계급론[40], 사사키 마사유키의 창조의 장과 창조 마을 만들기론,[41] 국내의 종합적인 개론서 연구[42] 등으로 대별된다. 그러나 여기에서 창조관광은 직접적으로 논의되지 않고 도시마케팅이나 도시브랜딩 차원에서 협소하게 부분적으로 다루어지고 있다.

지금까지 살펴본 것처럼 창조관광의 체계와 방법론에 대한 이론적 연구는 아직 본격적으로 이루어지지 못한 상황이다. 따라서 이하에서는 그동안의 창조도시와 창조관광 관련 논의를 바탕으로 창조관광의 이론 체계를 개념과 방법론으로 나누어 제시해 보고자 한다.

### 3) 창조관광, 어떻게 이해할 것인가? 창조관광의 개념 체계

① 창조관광의 정의

창조관광은 창조와 관광 개념이 결합된 합성어이기 때문에 매우 복합적이고 다양한 성격을 띠고 있고 한마디로 정의하기 쉽지 않다.

개념 구성의 측면에서 볼 때 창조관광은 창조의 속성(창조성)과 관광의 속성(관광성)이 동시에 결합된 개념이기 때문에, 크게 창조성의 관광화tourism of creativity와 관광의 창조화creativity of tourism 두 과정이 결합된 것으로 정의해볼 수 있다.

창조성의 관광화란 도시(혹은 지역)의 창조성을 관광한다는 의미다. 관광의 대상으로서 창조관광을 정의하는 방식이다. 반면 관광의 창조화란 관광을 창조적으로 한다는 의미다. 관광의 방법으로서 창조관광을 정의하는 방식이다.

우선 창조성의 관광화 차원에서 창조관광의 정의를 살펴보자.

이를 위해서는 창조성에 대한 정의와 그 요소에 대한 정리가 전제되어야 한다. 창조성은 새롭고 유용한 것을 생성해 내는 능력이다.[43] 즉 어떠한 문제를 해결하기 위해, 이루고 싶은 대상을 논리적, 과학적, 직

관적, 상상적 생각을 통해 실현가능한 것으로 만들어내는 사고다.[44]

따라서 도시의 창조성을 관광한다는 것은 어떤 도시가 자신의 문제를 해결하기 위해 새롭고 유용한 것을 생성해 내는 방식을 관광의 대상으로 삼는 것, 다시 말하면 다양한 유형과 요소를 지닌 창조도시를 관광한다는 것을 일컫는다.

창조도시는 크게 창조산업형, 창조문화 인프라형(자원 + 공간), 창조인력형, 창조행정형으로 나누어볼 수 있다.

창조산업형은 유연하면서 혁신적인 자기조절 능력에 기반 한 도시경제 시스템을 갖춘 도시를 일컫는다. 이 유형에서 창조관광은 주로 도시의 창조산업들을 관광 대상으로 삼는다.

창조문화 인프라형은 자유롭고 창조적인 문화 활동을 영위할 수 있도록 문화 인프라를 갖춘 도시를 말한다. 이 유형에서 창조관광은 주로 도시의 창조자원과 창조공간을 관광 대상으로 삼는다.

창조인력형은 창조 계층이 원하는 환경을 체계적으로 갖춘 도시를 일컫는다. 이 유형에서 창조관광은 주로 도시의 창조인력들을 관광 대상으로 삼는다.

창조행정형은 시민자치 행정과 거버넌스를 통해 협력 시스템을 갖춘 도시를 말한다. 이 유형에서 창조관광은 주로 도시의 창조행정 시스템을 관광 대상으로 삼는다.

다음으로 관광의 창조화 차원에서 창조관광의 정의를 살펴보자.

이를 위해서는 창조성의 방법론, 즉 창조적 관점과 생각, 창조성 창출의 방식에 대한 정리가 전제되어야 한다.

로버트 루트번스타인Robert Root Bernstein과 미셸 루트번스타인Michele Root Bernstein은 창조적 사고의 12가지 도구를 제시한다.[45] 관찰, 형상화, 추상화, 패턴화(패턴 인식, 패턴 형성), 유추, 몸으로 생각하기, 감정이입, 다차원적 사고, 모형 만들기, 경계를 넘나들며 놀기, 변형, 통합하기 등이 그것이다.

에릭 부스Eric Booth 또한 창조적 삶의 방법으로서 열망, 관찰, 비유,

**창조관광의 정의 체계**

<table>
<tr><th colspan="3">정의</th><th>초점</th><th>내용</th></tr>
<tr><td rowspan="2">창조관광<br>(creative tourism)</td><td>창조성의<br>관광화<br>(tourism of creativity)</td><td>창조성을<br>관광한다</td><td>관광<br>대상</td><td>- 도시문제의 창조적 해결 방식<br>- 창조도시의 유형과 요소<br>· 창조산업관광(창조산업형)<br>· 창조자원관광(창조인프라형)<br>· 창조공간관광(창조인프라형)<br>· 창조인력관광(창조인력형)<br>· 창조행정관광(창조행정형)</td></tr>
<tr><td>관광의<br>창조화<br>(creativity of tourism)</td><td>관광을<br>창조적으로<br>한다</td><td>관광<br>방법</td><td>① 열정적 관찰과 재발견<br>· 생활관광, 도시생태관광<br>② 통융합과 하이브리드<br>· 가치관광, 연계관광<br>③ 창조기술의 활용<br>· U-관광, E-관광, IT관광<br>④ 재미와 즐거움의 체험<br>· 감성관광, 체험관광<br>⑤ 개성과 고유성의 창출<br>· 관광브랜딩(FOBU)</td></tr>
</table>

문제의 재구성, 적극적 참여 등을 들고 있다.[46]

따라서 이러한 창조적 사고와 삶의 방식을 통해 관광을 새롭게 만들어가는 것이 창조관광이라 할 수 있다. 이러한 내용을 종합해보면 창조성의 방법론은 크게 열정적 관찰과 재발견, 통융합과 하이브리드, 창조기술의 활용, 재미와 즐거움의 체험, 개성과 고유성의 창출 등 5가지로 유형화해볼 수 있다.

열정적 관찰과 재발견은 열망, 관찰, 형상화, 추상화, 패턴화, 유추 등의 창조적 사고 요소를 묶은 것으로, 이 유형에 해당될 수 있는 창조관광으로는 생활관광, 도시관광, 생태관광을 들 수 있다.

통융합과 하이브리드는 비유, 변형, 통합, 문제의 재구성 등의 창조적 사고 요소를 묶은 것으로, 이 유형에 해당되는 창조관광으로는 가치관광(복지관광, 공정여행 등), 연계 관광을 들 수 있다.

창조기술의 활용은 다차원적 사고, 모형 만들기 등의 창조적 사고 요소를 묶은 것으로, 이 유형에 해당되는 창조관광으로는 유비쿼터스 관광(U-관광), 온라인 관광(E-관광), IT 관광을 들 수 있다.

재미와 즐거움의 체험은 몸으로 생각하기, 감정 이입, 놀기, 적극적 참여 등의 창조적 사고 요소를 묶은 것으로, 이 유형에 해당되는 창조관광으로는 감성관광, 체험관광을 들 수 있다.

마지막으로 개성과 고유성은 이상의 방법론들을 활용하여 각각의 도시 및 지역들이 최초first, 유일only, 최고best, 독특unique의 창조관광 브랜드를 창출하는 이른바 포부FOBU 관광브랜딩이라 할 수 있다.

② 창조관광의 범주와 유형

창조관광의 정의를 바탕으로 창조관광의 범주와 유형을 정리해보면, 3개의 창조관광 대상 범주와 5개의 창조관광 방법 범주, 총 14개의 창조관광 유형을 도출해 볼 수 있다.

창조관광의 대상 범주는 리처드 플로리다가 창조도시의 기본요건으로 제시한 3T(기술, 인재, 관용)를 응용하여, 기술technology, 주체talent, 문화tolerance로 나누어 볼 수 있다.

기술에는 창조자원과 창조산업이, 주체에는 창조인력과 그들을 유인

**창조관광의 범주와 유형 체계**

<table>
<tr><th rowspan="2">대상 / 방법</th><th colspan="2">기술<br>(Technology)</th><th colspan="2">주체<br>(Talent)</th><th colspan="2">문화<br>(Tolerance)</th></tr>
<tr><th>창조<br>자원</th><th>창조<br>산업</th><th>창조<br>인력</th><th>창조<br>공간</th><th>창조<br>행정</th><th>창조<br>지수</th></tr>
<tr><td>열정적 관찰과 재발견</td><td colspan="3">생활문화형<br>창조관광</td><td colspan="3">자연생태형<br>창조관광</td></tr>
<tr><td>통융합과 하이브리드</td><td colspan="3">문화매개형<br>창조관광</td><td colspan="2">지역연계형<br>창조관광</td><td>복지형<br>창조관광</td></tr>
<tr><td>창조기술의 활용</td><td colspan="2">E/IT형 창조관광</td><td colspan="3">지속교육형<br>창조관광</td><td>U형<br>창조관광</td></tr>
<tr><td>재미와 즐거움의 체험</td><td colspan="2">문화예술형<br>창조관광</td><td colspan="2">감성체험형<br>창조관광</td><td colspan="2">공간재생형<br>창조관광</td></tr>
<tr><td>개성과 고유성의 창출</td><td colspan="2">역사전통형<br>창조관광</td><td colspan="3">장소특화형<br>창조관광</td><td>도시<br>브랜드형<br>창조관광</td></tr>
</table>

하는 창조공간이, 문화에는 창조적 거버넌스 시스템을 이루는 창조행정과 관용 문화의 수준을 보여주는 창조지수가 각각 창조관광의 대상 범주로 포함될 수 있다.

이들 각각의 대상 범주에 5개의 방법 범주를 대입해 매트릭스를 작성해 보면 14개의 창조관광 유형이 도출된다.

우선 열정적 관찰과 재발견 방법 범주에 해당하는 것으로 생활문화형 창조관광creative lifestyle tourism과 자연생태형 창조관광creative eco tourism을 들 수 있다.

생활문화형은 창조주체가 일상생활에 대한 열정적 관찰을 통해 관광자원을 재발견함으로써 창조관광을 도모하는 유형이다. 자연생태형은 생태관광 거버넌스를 통해 자연환경을 창조적 관광자원으로 활용함으로써 친환경 지수를 높이는 창조관광 유형이다.

두 번째 통융합과 하이브리드 방법 범주에 해당하는 것으로 문화매개형 창조관광creative networking tourism과 지역연계형 창조관광creative regional networking tourism, 복지형 창조관광creative social tourism을 들 수 있다.

문화매개형은 창의적인 문화 네트워커 인력들이 다양한 영역의 자원들을 통융합하여 창조산업을 이끌어내는 창조관광 유형이다. 지역연계형은 지역 간 협력시스템을 통해 공간 인프라들을 연계하여 관광 자원으로 활용하는 창조관광 유형이다. 복지형은 복지와 관광을 융합하여 문화적 관용 지수를 높이는 창조관광 유형이다.

세 번째 창조기술의 활용 방법 범주에 해당하는 것으로 E/IT형 창조관광creative E/IT tourism과 지속교육형 창조관광creative edu tourism, U형 창조관광creative ubiquitous tourism을 들 수 있다.

E/IT형은 창조기술을 활용하여 지역의 자원을 관광자원화 하는 창조관광 유형이다. 지속교육형은 교육 거버넌스를 통해 창조인력을 육성하고 이들을 통해 지속가능한 관광 공간을 생성해내는 창조관광 유형이다. U형은 창조기술을 통해 누구든지 언제 어디서나 즐길 수 있는 관광 모델을 창출하는 창조관광 유형이다.

네 번째 재미와 즐거움의 체험 방법 범주에 해당하는 것으로, 문화예술형 창조관광creative art tourism과 감성체험형 창조관광creative emotional tourism, 공간재생형 창조관광creative space regeneration tourism을 들 수 있다.

문화예술형은 창조적인 문화예술 자원을 활용하여 재미있는 체험관광 산업 모델을 창출하는 창조관광 유형이다. 감성체험형은 오감 체험을 활용한 관광 장소 조성을 통해 창조인력을 유치하는 창조관광 유형이다. 공간재생형은 민관 협력을 통해 공간을 재생하여 관광자원화 하는 창조관광 유형이다.

마지막으로 개성과 고유성의 창출 방법 범주에 해당하는 것으로, 역사전통형 창조관광creative heritage tourism, 장소특화형 창조관광creative urban tourism, 도시브랜드형 창조관광creative city branding tourism을 들 수 있다.

역사전통형은 역사전통 자원을 활용하여 관광산업 모델을 창출하는 창조관광 유형이다. 장소특화형은 민관 협력을 통해 도시공간의 차별화된 장소성을 형성하여 창조인력들을 유입하는 창조관광 유형이다. 도시브랜드형은 차별화된 가치를 지닌 도시정체성을 총체적으로 기획하여 관광브랜드로 만드는 창조관광 유형이다.

### 4) 창조관광, 어떻게 실행할 것인가? 창조관광의 방법론 체계

창조관광의 방법론 체계는 창조관광을 실무 차원에서 기획하거나 관련 관광정책을 수립하는데 필요한 것들을 제시하는 체계로서 창조관광 추진 체계와 지원 체계로 이루어진다.

먼저, 창조관광의 추진 체계는 창조관광 네트워크와 파트너십, 창조관광 소프트파워, 창조관광 거버넌스를 핵심요소로 하는 창조관광 혁신 체계를 통해 이루어진다.

창조관광 혁신 체계는 창조관광 관련 혁신주체들이 신뢰와 호혜성을 바탕으로 학습 과정을 통해 새로운 관광발전 노하우를 창출, 확산, 활용하는 상호협력 체계를 말한다.

창조관광 추진 체계는 핵심적인 혁신주체들이 누구인가에 따라 지역주민 주도형, 행정 주도형, 지역 네트워크 주도형 등으로 나눌 수 있다. 또한 소프트파워를 강화하기 위해서는 창조관광 자원의 정보 체계를 구축하는 제도적 장치와 창조관광 전문인력의 육성 및 활용 체계를 마련해야 한다.

두 번째로 창조관광의 지원 체계는 창조관광 혁신 체계 구축을 위해 산업, 자원, 공간, 주체 등 창조관광의 다양한 요소들을 체계적으로 통합, 조정하는 창조관광 지원 전략 시스템을 마련하는 것이다.

창조관광 지원 전략 체계는 창조관광의 미션 설정, 현황 평가, 비전과 목표 설정, 전략 수립, 실행 계획 수립, 실행 및 평가와 피드백 과정으로 이루어진다. 이러한 전략 수립 과정을 통해 도시 및 지역의 현실에 맞는 창조관광 모델을 개발할 필요가 있다.

# 시선 10

# [걷기]

가장 인간적인 도시이자 살고 싶은 도시는 걷고 싶은 도시다.
걷고 싶은 도시는 민주, 인권, 평화, 자유, 생명 등
다양한 정의의 가치를 복합적으로 구현한다.
치유와 포용의 보행정의 도시로 나아갈 때가 되었다.

# 치유와 포용의 걷고 싶은 도시

## 1) 걷기: 인간다움, 생명과 창조의 핵심

100만 년 전 직립 보행으로 시작된 걷기는 인간다움의 시작이다. 5천 년 전 도시가 탄생한 이후 비로소 150년 전이 되어서야 자유로운 도시 걷기가 시작되었다.

18, 19세기에 이미 도시를 걸었던 사람들도 있다. 임마누엘 칸트Immanuel Kant는 매일 정해진 시간 동프로이센의 수도였던 쾨니히스베르크 시내를 산책했다. 마하트마 간디Mahatma Gandhi는 매일 10km씩 걸었고 비폭력 저항 운동으로서 걷기를 실천하였다. 장 폴 사르트르Jean Paul Sartre는 인간은 걸을 수 있는 만큼 만 존재한다고 했고, 찰스 디킨스Charles Dickens는 걸음이 멈추면 생각도 멈춘다고 했다.

100년 전 자동차의 출현으로 현대 도시들은 자동차를 위한 도시, 걷고 싶지 않은 도시, 걷기 힘든 도시가 되었다. 그로 인해 폭발하는 비만

인구과 대기 오염, 전쟁 때보다 더 많은 교통사고 사망자들, 스트레스와 외로움, 우울증이 확대되었다.

이제 걷기는 생명과 치유, 건강 도시의 핵심이 되고 있다. 다양한 예술가와 학자들이 이와 관련된 주장을 해왔다.

오귀스트 로댕Auguste Rodin과 알베르토 자코메티Alberto Giacometi의 걷는 사람 작품이 보여주듯, 걷기는 살아 있다는 증거 혹은 살겠다는 의지다. 시인 장 크리스토프 베일리Jean Christophe Bailey는 도시 기능을 위협하는 것은 혼이 깃들지 않은 도시계획, 도시 언어의 기본 단위인 거리에 대한 무관심이라고 지적하고 있다.

도시 걷기의 사회학자인 정수복은 인간적인 삶을 살기 위해서는 새로운 도시를 꿈꾸며 모두 일어나 걸어야 하고, 삶이 힘겨울수록 걸어야 한다고 했다. 걸으면서 상처와 실망을 다독거리고, 마음 속을 닦아내며, 정신을 정화시키기 위해 걸어야 한다는 것이다.[47]

느리게 걷는 즐거움을 이야기하는 사회학자 다비드 르 브르통David Le Breton도 걷기는 근심의 가지들을 잘라내고, 장소를 걸으면 치유와 자아 회복의 선물을 받을 수 있다고 말한다.[48]

《걷기의 인문학》을 저술한 리베카 솔닛Rebecca Solnit은 걷기를 통해서 공공 공간의 생명력이 유지된다고 말하고,[49] 시민 도시계획가인 제인 제이콥스Jane Jacobs는 길과 보행로는 도시가 생명을 유지하는데 절대적으로 필요한 장기臟器라고 말한다.[50]

걷기와 길이 지닌 문화적 가치는 한마디로 혁신과 창조, 변화의 동력이다.

걷기의 역사를 저술한 역사학자 조지프 아마토Joseph Amato는 걷기는 인류와 세상 사이의 변화무쌍하고 지속적인 대화라고 말한다.[51] 리베카 솔닛은 걷기는 세계의 지도를 그리고, 세계에 길을 내고, 세계와 만남으로써 세계의 모습을 바꾸는 예술이라고 주장한다. 아울러 걷기는 몸의 역사이자 상상력의 역사, 문화의 역사로서, 세계 속에 존재하는 방식이자 세계를 만드는 방식이라고 주장한다.

다비드 르 브르통도 길을 걷는 사람은 기회를 만들어가는 예술가라고 말한다. 시인 윌리엄 워즈워스William Wordsworth는 많이 걷는 사람일수록 세상을 변화시키는 위대한 인물이 될 수 있다 하였고, 사상가 장 자크 루소Jean Jacques Rousseau는 걸어야만 생각하고 구성하고 창조하고 영감을 얻을 수 있다고 주장하였다.

여러 학자와 예술가들의 이러한 주장들은 걷기가 세상을 바꾸는 핵심 동력임을 시사하고 있다.

### 2) 걷고 싶은 도시가 살고 싶은 도시

가장 인간적인 도시이자 살고 싶은 도시는 바로 걷고 싶은 도시라는 주장이 오래전부터 제기되고 있다.

대표적으로 도시공학의 대부였던 강병기 교수는 걷고 싶은 도시라야 살고 싶은 도시라는 명언을 남겼다.[52] 도시사회학자 정수복도 살기 좋은 도시, 살고 싶은 도시를 만드는 방법은 걷는 사람을 위한 도시를 만드는 일이라고 강조한다. 그는 또한 인간의 존엄성 회복을 위한 도시재생의 방향은 걸을 수 있고 걷고 싶은 도시를 만드는 일이라고 주장한다.

도시계획가인 피터 캘도프Peter Calthorpe는 걷기는 도시 르네상스가 나아가야할 방향을 알려주는 희망의 별이라고 주장한다. 그러면서 보행자가 지역사회의 삶을 의미 있게 만드는 역할을 하는 곳이 미래의 대안이라고 주장한다.

《보행도시》를 저술한 임금선은 보행도시를 자연과 사람의 생명력을 회복하는 아름다운 도시, 도시와 사람의 심장이 함께 하는 건강 도시, 인간 본연의 권리를 맘껏 행사할 수 있는 민주 도시, 노인, 아이, 장애인이 함께 걷는 복지 도시, 자동차와 보행자가 조화를 이루며 공존하는 도시, 우리의 의미를 되찾는 나눔 도시로 정의하고 있다.[53]

세계의 많은 도시들은 오래 전부터 걷고 싶은 도시를 추진하고 있다.

세계 최초로 자전거 도로를 조성한 코펜하겐은 1960년대부터 보행자 배려 도시계획을 실행하였고 1980년대에 안전하고 깨끗한 도시를 주장하는 정치 운동으로 이어졌다. 그 결과 유럽 최대 쇼핑 거리인 스트뢰게트strøget를 차 없는 보행자 전용 거리로 조성하였고 시내에 411km의 보행·자전거 도로를 조성하였다. 카고 바이크cargo bike와 자전거 고속도로는 덴마크의 명물이 되었다. 이런 문화적 배경에서 탄생한 덴마크 예술그룹 N55는 자전거로 식당과 공원을 조성하고 있다.

포틀랜드는 많은 도시가 고속도로에 투자할 때 교통 체계와 자전거 활성화에 투자하였다. 걷기를 장려하기 위한 대중교통망trimet을 특화하고 도시 전체를 걸을 수 있도록 도시성장 경계선을 정하였다.

파리는 30년간 지상에 자동차 도로가 거의 없는 라 데팡스la defense를 조성하였고, 걷기 랑도네randonnée 프로그램을 전국적으로 시행하고 있다. 자격증을 갖춘 동반자가 활동하는 랑도네는 3,000개의 클럽이 조직되어 있고, 1주일에 30종류의 프로그램이 운영되고 있으며 100명의 직원과 600명의 자원봉사자를 두고 있다.

도쿄는 저녁 시간에 역 주변 차량 통행금지 제도를 실시하였고, 2006년 지상파 방송 프로그램 치이산보ちい散歩를 계기로 산책이 문화로 자리잡았다. 즐거운 워킹 교실을 운영하고 걷기를 즐기는 도로 정책도 수립하였다.

스페인의 폰테베드라Pontevedra는 걸어서만 다니는 도심, 차 없는 도시를 15년 실험 끝에 성공하였다.

런던은 걷기 좋은 런던 만들기를 위해 찾기 쉬운 런던legible London 프로젝트를 실시하여 보행자 중심 안내 시스템을 디자인하였다. 도심 걷기 활성화를 통해 골목 상권을 살리고, 길거리 치안과 안전성을 높이며, 지하철의 과도한 부담을 줄이는 등 도시문제를 해결하였다.

《걸어다닐 수 있는 도시》의 저자인 도시계획가 제프 스펙Jeff Speck은 워커블 시티walkable city를 정책으로 수립하고 있다.[54] 그에 의하면 워싱턴, 찰스턴, 뉴올리언스, 산타페, 산타바바라 등 걷기를 예술로 승화시킨 도시들이 많이 나타나고 있다. 걷기 좋은 도시들의 공통점은 상징물, 거리, 블록, 건물 등의 일상공간에 대한 접근성이 통합적으로 형성된 도시 조직이다.

제프 스펙은 워커빌리티를 향상시키려면 쓸모 있고, 안전하고, 편리하고, 흥미로운 걷기 정책을 펼쳐야 한다고 주장한다. 이를 위한 10단계로, 쓸모 있는 걷기 4단계(차를 두고 다니기, 용도 섞기, 주차권리 쟁취, 대중교통시스템 작동), 안전한 걷기 2단계(보행자 보호, 자전거 환대), 편리한 걷기 2단계(공간 만들기, 나무 심기), 흥미로운 걷기 2단계(친숙하면서 독특한 거리 만들기, 승자 뽑기)를 제시하고 있다.

예술가들도 걷고 싶은 도시를 만드는 주역이 되고 있다. 보행 예술을 하는 워킹 아티스트walking artist들이 대표적인 예다.

워킹 퍼포먼스 아트의 대표 주자로 멕시코에 거주하며 활동하는 프란시스 알뤼스Francis Alÿs, 걸어서 만드는 대지 예술가인 리처드 롱Richard Long과 사이먼 백Simon Beck, 거리에서의 우연한 만남을 작품화하는 스탠리 브라운Stanley Brown, 만리장성 도보여행 퍼포먼스를 수행한 마리나 아브라모비치Marina Abramovic와 울라이Ulay, 삶 속의 길을 그리는 손장섭, 안도 히로시게安藤広重, 찰리 웨이트Charlie Waite, 길 위의 음악(민중가요) 등을 들 수 있다.

걷고 싶은 도시 만들기 정책들도 다양한 유형으로 나타나고 있다. 대표적으로 보행 지수walk score 정책 지표를 들 수 있다.

이 지표는 워크 스코어walk score라는 그룹에서 개발하였다. 워크 스코어는 지역별 워커빌리티를 측정하는 웹사이트인데 보행 지수가 높으면 부동산 가치도 높아진다고 한다. 세계 관광도시들의 도보여행 코스 지도인 시티 웍스city walks, 라스베이거스에서 실시한 바 있는 보행자 운동 에너지 이용 가로등 설치EnGoPlanet street light, 걷기와 복지를 결합한 공익 단체(예를 들어 equal footing)의 활동을 예로 들 수 있다.

이 외에 워커블 시티를 만들어가는 다양한 프로그램의 사례로서, 실크로드를 두 발로 걸었던 베르나르 올리비에Bernard Ollivier가 비행 청소년 걷기 여행 프로그램을 개발하며 창립한 프랑스 쇠이유seuil 협회, 보행도시를 위해 설립된 비영리 국립 단체인 아메리카 웍스america walks와 워크 인 아프리카walk in africa 등의 걷기 진흥 조직들, 예술로 길 위의 일상을 바꾸는 공공미술 사업(마을미술 프로젝트)과 범죄예방 환경설계CPTED를 활용한 골목의 서비스 디자인, 서울시의 다시 세운 2단계 프로젝트, 공중 보행로와 보행 데크 도입과 같은 보행재생 사업, 나고야 시청의 공무원 통근 수당제(자전거 출퇴근 인센티브), 자전거 택배원, 엄마 자전거와 같은 자전거 일자리 창출 등을 들 수 있다.

### 3) 문화도시, 창조도시, 생태도시? 치유와 포용의 보행정의 도시!

도시에는 다양한 브랜드 길들이 있다.

필자가 살고 있는 광주만 하더라도, 무등산옛길, 무돌길, 오월길, 푸른길, 빛고을 산들길 등 다양한 길 브랜드들이 있다. 그러나 이러한 브랜드들을 통합하여 강력한 도시브랜드로 자리매김하는 지자체는 보기 드물다.

이제는 지역의 다양한 길들을 만들 때, 도시 전체를 보행 친화적인 걷고 싶은 도시로 만드는 정책 비전과 시스템 속에서 기획, 추진할 필요가 있다.

걷고 싶은 도시는 민주, 인권, 평화, 자유, 생명 등 다양한 정의justice의 가치를 복합적으로 구현하고 있다. 그런 의미에서 이제는 문화도시, 창조도시, 생태도시 등 기존의 도시비전을 넘어서 치유와 포용의 보행정의 도시walkable justice city로 한층 더 나아갈 때가 되었다.

이를 위해서는 걷기를 도시경영의 핵심 원리로 삼는 워커노믹스walkanomics 정책이 요구된다. 워커노믹스는 도시운영의 기본 원리이자 보행정의 도시의 정책 철학 브랜드다. 도보를 중심으로 자전거, 대중교통을 결합하여 사람과 생명 중심의 도시문화를 실현하는 정책이다.

무엇보다 지자체 내에 보행정의 도시정책 및 길 브랜드 정책을 포괄적으로 수립하는 전담 부서를 설치해야 한다. 이 부서에서는 걷고 싶은 도시의 역량을 평가하는 보행 지수walk score, 자전거 지수bike score, 대중교통 지수transit score 등의 정책 지표를 개발하고, 워커빌리티 향상 정책 관리 모델을 구축한다.

아울러 커뮤니티를 중심으로 도시 전체의 걷기 좋은 길 시스템을 구축하고, 공간 스토리텔링을 통해 지역별로 주민참여형 보행문화길culture trail을 조성할 필요가 있다.

# Ⅱ부

# 창조문화도시 광주, 어떻게 만들 것인가

*Make Your Place*

우리 동네는 어디쯤...

# 1장

# 오월 정신과 창조적 인권문화 중심 도시

# 1. 반 고흐, 키스 해링의 예술 철학과 만나는 창조적 인권도시 광주

## 1) 창조적 빛의 도시와 길 위의 인권도시 광주

한 때 전국적으로 문화도시의 열풍이 불더니 이제는 창조도시가 붐이다.[55] 도시의 정체성과 창조성이 결합하는 창조적 문화도시가 중요해지고 있다는 얘기다. 창조성은 왜 필요한 것일까. 산업을 위해서 일까. 인력양성을 위해서 일까. 그것도 중요할 수 있지만 궁극적으로는 시민들의 즐겁고 행복한 삶을 위해서다.

행복한 삶은 문화적 삶에서 온다. 한마디로 욕망, 표현, 소통의 삶이다. 가슴 뛰는 꿈과 신명나는 실천, 뿌듯한 나눔의 삶을 일컫는다. 그것이 부족하다면 불행할 수밖에 없다. 시민들의 삶은 주거, 노동, 소비, 교육, 여가, 커뮤니티, 교통통신 등 7가지 존재기본기능으로 얽혀 있다. 이러한 기능들 속에서 문화적 삶을 어렵게 하는 장애 요인을 제거하고, 긍정 요인을 강화하여 가치 있는 삶을 창출하는데 필요한 것이 창조성이다.

창조성의 화두는 근본적으로 문화적 삶을 위한 인권의 문제다. 창조성의 핵심요소로 4T, 즉 관용tolerance, 재능talent, 기술technology, 통융합trans을 거론하는 것도 그 때문이다. 다양하고 이질적인 삶들의 평화적 공존이 가능해야 창조적 인재들이 몰려온다. 그들의 재능으로 창조적인 기술이 생성되며 그 기술로 통융합이 가능해진다.

그런 의미에서 시민이 행복한 창조도시를 표방하는 광주 시정의 최우선 과제는 창조적 인권도시 만들기다. 무엇보다 중요한 것은 도시운영 철학과 도시디자인이다.

먼저 인권도시 운영 철학으로 창조적 빛의 도시, 광주 라잇노믹스lightnomics를 제안하고 싶다. 광주의 정체성을 일컫는 다양한 언어들이 존재한다. 그것을 관통하는 키워드는 바로 빛이다.

이 빛은 루미나리에luminarie나 불꽃축제 같은 화려하고 스펙터클한 테크놀로지의 빛이 아니다. 빈센트 반 고흐Vincent van Gogh의 〈별이 빛나는 밤에〉 작품에서 느낄 수 있는 결핍과 갈망의 영혼의 빛이다.

그는 고통스런 삶 속에서도 희생과 사랑으로 살아가는 서민들의 희망찬 삶과 터전을 그렸다. 그러면서 자유와 평등 속에서 삶과 예술이 조화로운 세상을 꿈꿨다. 그에게 빛은 삶이 힘들더라도 희망과 평등의 메시지를 전하는 행복의 빛이었던 것이다.

인권도시 광주가 창조하는 빛은 삶에 대한 애정과 열정과 정성의 혼으로 고통과 희생을 감내하는 빛이다. 삶이 예술이 되고 예술이 삶이 되어 행복한 민주, 인권, 평화의 도시문화를 꽃피우는 빛이 되어야 한다.

이러한 빛의 철학을 시정 전반에 담아내어 그 빛으로 도시의 가치를 높이고 부가가치를 창출하는 것, 그래서 시민이 행복한 창조적 인권도시 브랜드를 만드는 것, 그것이 라잇노믹스 전략이다.

두 번째는 인권도시 디자인으로 길 위의 인권도시를 제안하고 싶다. 도시 인권 작가로서 예술은 만인을 위한 것이라며 도시공간을 캔버스로 사용했던 키스 해링Keith Haring의 도시디자인 방식이다.

해링은 도시의 거리, 지하철역, 클럽, 미술관, 병원에 벽화를 그렸다. 그러면서 인종 차별 반대, 반핵, 동성애자 인권 옹호, 에이즈 퇴치, 어린이 보호 등 사회적 이슈들을 길 위에 기록하였다. 대중과의 소통과 예술을 통한 세상의 변화를 꿈꾸었기 때문이다.

그의 그림은 친근하다. 단순한 사람 디자인으로 모든 것을 표현했기 때문이다. 긴장과 균형의 역동적인 사람 이미지들을 통해 춤추며 행복해 하는 시민들을 그렸다. 생명에 대한 애정과 우정, 믿음, 신뢰, 순수함, 즐거움, 해방을 표현한 것이다.

그에게 도시의 일상공간은 아이디어와 작업 의도의 실험실이자 대중과 소통하는 중요 통로였다. 예술은 그것을 보는 사람들의 상상력을 통해 살아난다. 대중과의 그러한 접촉이 없이는 예술도 없다고 그는 말한다. 그의 예술 철학은 한마디로 소수의 감상이 아닌 모두를 위한 예술로서 인권도시 디자인을 의미한다.

그런 의미에서 인권도시 광주의 디자인은 시민들과 소통이 가능한 거리, 일상, 커뮤니티에서 출발해야 한다. 광주의 모든 길에서부터 디자인을 시작하자. 도시의 길에 광주다운 사람 이미지를 디자인하면 좋겠다. 5·18 사적지들을 연결한 오월길에서부터 시작하면 어떨까.

광주 시정의 100대 과제를 살펴보니 인권 부문이 100번째에 선정되어 있었다. 광주라면 인권 항목은 첫 번째 과제로 제시해야 하지 않을까. 아니, 별도의 인권 사업이 아니라 모든 정책 사업을 인권의 관점에서 창조적으로 스크린하고 조정하는 인권 플래닝, 인권 리뷰제를 도입해야 하지 않을까.

### 2) 키스 해링의 작품 속엔 광주의 꿈이 담겨 있다

올 겨울 광주는 키스 해링 전시로 따뜻할 것 같다. 겨울 내내 가까이서 그의 온기를 느낄 수 있기 때문이다. 20년 전 타계한 그가 지금 살아있다면 분명 광주를 사랑했을 것이다. 왜냐하면 그는 광주와 너무 닮았기 때문이다. 그의 작품들 속에 광주의 꿈이 담겨 있기 때문이다. 인권, 일상, 예술, 생명, 자선의 5가지 키워드가 그것이다.

첫 번째 키워드는 인권이다.

민주, 인권, 평화의 인본디자인 창조도시를 꿈꾸는 광주. 해링은 앞에서 말한 것처럼 도시 인권 작가다. 예술은 만인을 위한 것이라며 대중과의 소통을 중시했고 그것을 통해 세상의 변화를 꿈꾸었다. 그리는 능력으로 세상에 이바지 하겠다고, 가능한 한 오랫동안 가능한 한 많은 사람을 위해 가능한 한 많이 그릴 것이라고 그가 선언한 이유다.

그는 사람을 그렸다. 차별 없는 세상을 위해서일까, 사람 모습도 무성無性, 양성兩性의 단순 디자인이다. 어깨동무를 하는 모습, 손과 손을 맞잡는 모습, 춤추며 행복해하는 모습을 통해 우정과 믿음, 신뢰와 사랑을 표현했다. 가장 많은 사랑을 받은 1987년 작 〈무제Untitled〉와 1990년 작 〈짝궁Best Buddies〉이 대표작이다.

그는 또한 인종 차별과 핵문제, 성소수자 인권과 에이즈 퇴치 등의 사회 문제를 비롯해 탄생과 죽음, 사랑과 성 등 인간의 보편적 주제들을 쉽고 명쾌한 메시지로 표현하였다. 해링의 사람 디자인은 인본디자인 창조도시를 꿈꾸는 광주가 깊이 새겨볼 디자인 모티프다.

두 번째 키워드는 일상이다.

거리, 공공 공간, 일상의 재발견을 통해 도시재생을 꿈꾸는 광주. 해링은 거리 예술가다. 지하철 드로잉을 통해 낙서를 예술의 경지로 끌어올린 팝 아트의 거장으로 불리는 이유다. 그에게 도시공간은 예술정신의 실험실이자 대중과 만나는 통로였다. 도시공간을 캔버스로 사용한 것이다.

해링은 베를린 장벽 벽화, 뉴욕 128번가 이스트 할렘 마약 위험 공고 벽화를 비롯해 도시 곳곳에 다양한 벽화를 그린 길 위의 작가다. 도시재생을 꿈꾸는 광주가 거리와 일상공간을 어떻게 변화시켜야 할지 시사하는 바가 있다.

세 번째 키워드는 예술이다.

비엔날레와 축제를 통해 새로운 예향을 꿈꾸는 광주. 해링은 경계 해체의 예술가다. 자유롭고 리듬감 있는 선과 단순한 형상을 통해 낙서와 예술의 경계를 무너뜨렸다. 장르 간 경계를 해체했고 예술을 대중 속으로 끌어들였다.

예술은 그것을 체험하는 사람들의 상상력을 통해 살아나며 대중 접촉이 없으면 예술도 없다고 주장한 결과다. 비엔날레와 축제를 통해 새로운 예향을 꿈꾸는 광주가 지녀야 할 예술의 사명을 암시해준다.

네 번째 키워드는 생명이다.

새로운 문화의 잉태로 아시아문화중심도시를 꿈꾸는 광주. 해링은 생명 작가다. 그래서 그의 작품에는 아기가 자주 등장한다. 기어가는 모습의 빛나는 아기 형상은 순수함과 젊음, 에너지와 능력, 악으로부터의 자유 등을 표현하고 있다. 아기와 네 명의 임산부가 흥겹게 춤추는 1983년 작 〈무제Untitled〉는 생명의 탄생에 대한 기쁨과 흥겨움, 즐거움, 해방을 표현한다.

그의 작품에는 동물과 자연 등 생명력 있는 대상들 또한 소재가 된다. 대표적으로 1990년 작 〈아이콘Icons〉 시리즈와 1985년 작 〈개Dog〉에서 등장하는 짖는 개 이미지를 들 수 있다. 새로운 문화도시를 잉태하려는 아시아문화전당이 지녀야할 생명력을 느끼게 해준다.

다섯 번째 키워드는 자선이다.

인권과 산업의 결합으로 창조적인 문화경제 창출을 꿈꾸는 광주. 해링은 자선 예술가다. 그는 상업과 예술을 결합했다. 팝샵pop shop을 열어 판매용 작품(1987년 작 〈팝샵〉 4부작)을 특별 제작하고, 티셔츠와 장난감, 포스터, 배지badge 등 문화 상품을 판매하였다. 자신의 예술을 대중들이 쉽게 접하도록 상품에 이미지를 입힌 것이다.

나아가 키스 해링 재단을 만들어 어린이 자선, 에이즈 퇴치 등 자선 활동을 통해 수익금을 사회에 환원하였다. 어렵고 묵직한 사회적 이슈도 재미있고 감성적인 이미지 상품으로 변모시켜 수익을 창출하고 다시 사회에 환원하는 해링의 자선 철학이다. 창조적 문화경제 창출을 꿈꾸는 광주가 배워야 할 지혜다.

키스처럼 달콤한, 스스럼없이 표현하고 소통하는, 해맑은 미소를 짓게 하는, 링거처럼 기운을 북돋아주는 광주가 되길 바라며.

# 2. 문화횡단을 통한 예술 치유의 메카 광주를 꿈꾸며

## 1) 예술은 희망이다

광주의 미래를 설계하는데 있어서 예술은 얼마나 중요한 자리를 차지할까.[56] 예향이자 문화수도(아시아문화중심도시)로서 광주를 이야기한다. 하지만 진정 예술을 시민의 삶과 도시발전의 핵심 역량으로 간주하고 자리매김하고 있는 것일까.

광주의 예술 자원과 그 스토리와 발전 잠재력은 풍부하다. 하지만 일상과 도시환경에서 예술의 역할과 가치를 체험하고 뿌듯해하기엔 부족한 점이 많은 것 같다. 왜 그럴까. 정책의 한계, 문화정치의 부재, 전문가 역량의 부족, 시민 인식의 미흡 등 여러 가지를 지적할 수 있을 것이다. 그러나 혹시 예술을 너무 협소하게 생각하여 삶과 멀리 떨어진 것으로, 도시발전 정책의 후 순위로 생각하는 인식의 문제는 아닐지.

예술이 지닌 사회적 가치는 한마디로 희망hope이다. 행복happiness, 열린 사회open mind, 자부심pride, 원동력engine의 영문 첫 자를 딴 것이다.

예술은 예술가에게 영감을 통한 창의성 발현의 행복을 준다. 시민에게는 예술 향유를 통한 삶의 행복을 준다. 예술은 다양성을 존중하고 열린 사회를 만들어 사회통합에 기여한다. 높은 예술 수준을 지닌 지역은 주민들에게 자부심을 부여한다. 예술은 산업과 지역발전의 원동력이 되기도 한다.

그렇다면 광주의 예술은 이러한 희망을 주고 있는 것일까. 광주의 예술가들은 신명난 창작활동을 하고 있는 것일까. 광주 시민들은 행복감을 느낄 정도로 예술을 향유하고 있는 것일까. 광주의 예술은 계층이나 연령, 세대에 상관없이 사회통합을 이루는데 기여하고 있는 것일까. 광주 예술을 자랑스럽게 얘기하는 시민들은 얼마나 될까. 광주 예술은 산업과 지역발전에 동력으로 작동하고 있는 것일까.

이에 대한 현실 진단은 별도의 다양한 논의가 필요할 것이다. 이 글에서는 희망을 주는 광주 예술이 되기 위해서 설계해야 할 미래는 어떤 것일지를 핵심 의제 중심으로 제안해 보고자 한다.

### 2) 광주 예술의 희망은 치유다

얼마 전 한국문화예술위원회 주관으로 문화예술의 미래를 주제로 토론회가 있었다. 지금 왜 예술의 가치인가 라는 제목으로 기조연설을 한 이어령 초대 문화부 장관의 말이 떠오른다. 산업화 시대에는 땀을 흘리고 민주화 시대에는 피를 흘리지만 생명화 시대에는 눈물을 흘린다는 것이다.

21세기를 문화의 시대라고 하는 이유는 문화가 돈이 되고 사회 변혁의 수단이 되어서가 아니다. 통합과 소통과 나눔을 통해 공감과 감동의 눈물을 흘리게 하는 문화예술의 치유 능력을 강조하는 것은 아닐까. 땀을 흘릴 때 예술의 역할은 재충전이었고 피를 흘릴 때 예술의 역할은 정의의 실현이었다. 그렇다면 눈물을 흘릴 때 예술은 삶의 상처와 아픔을 보듬고 치유하는 긍정과 교감과 희망의 다리 혹은 사다리 역할을 해야 하지 않을까.

그런 의미에서 광주 예술문화의 미래 설계는 치유에서 출발할 필요가 있다. 광주는 예술 치유의 메카가 될 수 있다고 생각한다. 그 이유는 3가지다.

첫째, 광주는 의향의 전통을 면면히 이어오면서 민주, 인권, 평화로 상징화되는 오월 정신이 도시 곳곳에 스며있는 오월 테마파크 같은 도시다.

그만큼 상처와 아픔이 많은 도시다. 5·18 민주화운동의 경우만 해도 희생으로 인한(1차), 사람들의 관계의 왜곡에 의한(2차), 사적지 공간의 파괴(3차)에 의한 중첩된 트라우마로 많은 시민들이 아픔을 겪고 있다. 그래서 광주는 그 어느 지역보다도 치유가 필요한 도시다.

둘째, 광주는 예향의 전통 속에서 비엔날레 도시, 아시아문화중심도시(문화수도), 유네스코 미디어 아트 창의도시를 추구할 만큼 예술적 잠재력이 풍부한 도시다.

그래서 예술과 치유가 만난다면 가장 의미 있고 가치 있는 미래의 광주 예술문화를 키워낼 수 있을 것이다. 비엔날레(혹은 남종화)와 미술치유가 만나 치유 비엔날레가 되고, 남도 소리(혹은 광주 포크음악)와 음악 치유가 만나 한류 광주 소리가 될 수 있다. 평화연극제(혹은 오월극)가 연극 치유와 만나 공간 치유 연극이 되고, 강강술래(혹은 광주 발레)와 무용 치유가 만나 다문화 소통 춤이 될 수도 있다. 무등산(혹은 광주천)과 원예, 화훼 치유가 만나 자연 치유 예술텃밭이 되고, 오월의 이야기와 이야기 치유가 만나 인권 스토리텔링 클럽이 될 수 있지 않을까.

여기에 한국 최초의 국립 예술치유 지원센터를 오월 사적지에 조성하고, 예술 치유 학교가 예술의 거리(예를 들어 중앙초교 자리)에 들어선다면 어떨까. 금상첨화로 남도 음식(상추튀김, 우리밀, 주먹밥 포함)과 예술이 만나 음식 치유 브랜드로 자리매김 한다면 광주는 한국에서 가장 선도적인 예술 치유의 메카가 될 수 있을 것이다.

셋째, 광주는 문화정책의 시대적 흐름을 볼 때 예술 치유를 지역문화 브랜드로 가꿀 수 있는 절호의 기회를 맞이하고 있다.

정부의 문화정책만 보더라도 문화복지(예술인 복지 포함)와 지역 특화 문화예술 도시 및 문화콘텐츠 역량 강화, 세계적인 민주, 인권, 평화 도시 구축(세계적인 인권관광 벨트 포함), 아시아문화중심도시에 부합한 문화예술 산업을 강조하고 있다. 따라서 광주는 지역문화 복지, 지역문화 인권, 문화예술 치유산업, 인권문화 창조산업, 오월 정신 세계화 사업 등을 키워드로 한 예술 치유 국책 사업을 적극 개발할 수 있는 호기다.

뿐만 아니라 지역문화진흥법이 만들어지고 공공 기관의 지역 이전이 가속화되면서 지역의 개성과 고유성, 교류 협력의 강화를 중요시하는 지역 2.0 시대를 맞이하고 있다. 따라서 광주의 개성과 고유성, 정체성을 대표하는 지역문화 브랜드를 선정하여 광주의 예술문화 구슬들을 꿰는 통합브랜드로 만들어야 한다. 문예진흥 기금을 총괄 관리하는 한국문화예술위원회의 7대 과제에도 1지역 1문화브랜드 사업이 비중 있게 포함되어 있다.

바야흐로 지역문화 브랜드의 시대가 오고 있는 것이다. 따라서 예술 치유(혹은 치유 예술)를 중심으로 아시아문화중심도시와 인권도시, 미디어 아트 창의도시를 하나로 묶는 광주의 대표 문화브랜드를 키울 필요가 있다.

### 3) 예술 치유 메카 광주의 방법은 문화횡단이다

예술 치유가 도시와 만나는 방식은 매우 복합적이다. 문화의 흐름은 이미 통융합, 네트워크, 횡단, 참여의 거버넌스를 키워드로 하고 있다. 예술은 창작의 영역을 넘어서 산업, 일상, 장소와 만나면서 도시재생과 창조경제, 창조문화도시 만들기의 핵심으로 활용되고 있다. 따라서 예술 치유의 메카 광주를 만들기 위해서는 예술이 시민의 삶과 삶터에 스며들도록 다양한 영역에 스며들어야 한다.

이를 위해 행복과 희망의 다리(아트 브리지)가 되는 창조적인 예술 프로젝트들을 다각도로 펼쳐야 한다. 산업 현장과 예술을 잇는, 버려진 땅과 예술을 잇는, 소외된 이웃과 예술을 잇는, 자동차에 점령된 길과 예술을 잇는, 파헤쳐진 자연과 예술을 잇는, 그래서 도시 곳곳이 사람 내음 나는 다리가 되도록 하는 문화횡단 프로젝트가 필요하다. 몇 가지 예를 들어보겠다.

예술가들이 주거환경을 조성하는 '예술 + 주거' 횡단(일례로, 빈집 예술 프로젝트, 지역 특성화 예술주택 인증 사업), 예술가들이 산업공간을 재생하는 '예술 + 노동' 횡단(일례로, 공간 치유 컨셉을 도입한 산단 비엔날레와 같은 문화산단 프로젝트, 지역문화 기업메세나 사업), 예술가들이 소비공간에 활력을 불어 넣는 '예술 + 소비' 횡단(일례로, 문화를 통한 전통시장 브랜딩, 아트 프리마켓 사업), 예술가들이 시민여가를 촉진하는 '예술 + 여가' 횡단(일례로, 문화배달제, 찾아가는 예술 프로젝트), 예술가들이 교통환경을 만들어가는 '예술 + 교통' 횡단(일례로, 대중교통 시설의 문화공간화 프로젝트, 도보 자전거길 문화브랜드 개발), 예술가들이 지역개발에 참여하는 '예술 + 커뮤니티' 횡단(일례로, 예술가 지역 정착 프로젝트, 커뮤니티 아트 비즈니스) 등을 들 수 있다.

### 4) 결국 인력과 협력이 희망이다

문화횡단을 통한 예술 치유 메카 광주 만들기, 무엇부터 해야 할까. 결론은 사람이다.

먼저 지역문화 전문인력을 양성하자.

한국문화예술위원회에서 국립 문화 인적자원 센터 사업을 추진하고 있다. 이와 연계하여 광주의 문화인력을 생애주기에 맞추어 발굴, 육성, 지원, 활용하는 맞춤형 지역문화 인적자원 센터를 만들자.

둘째로, 지역문화 혁신을 위한 파트너십과 협력 네트워크를 구축하자.

빛가람 혁신도시로 이전하는 한국문화예술위원회와 콘텐츠진흥원 등 국책 문화기관의 인력과 아시아문화중심도시 조성 사업을 이끌어가는 추진단과 아시아문화전당 인력, 광주의 문화를 이끌어가는 문화재단과 정보문화산업진흥원, 디자인진흥원, 비엔날레재단, 5·18기념재단, 여성재단, 관광재단 인력들이 만나서 진정성 있는 공공 협력 관계를 구축하자. 그리고 예술가와 시민과 문화매개 인력들이 파트너가 되는 민관 협력의 장을 제공하자.

마지막으로, 문화수도에 맞는 정책 지원 체계를 마련하자.

광주광역시와 구청에 문화정책 콘트롤 타워(문화부시장, 문화전문직 공무원 등)를 조직하고 문화예산의 비중을 대폭 확대하며 모든 시책을 문화적 관점에서 검토하는 문화계획, 문화리뷰제를 도입하자.

# 3. 광주의 오월길을 걷자

## 1) 오월 문화도시를 꿈꾸다

필자는 문화적 관점에서 장소를 마케팅하고 도시를 브랜딩하는 도시문화 전문가다.[57] 2006년 국내 최초 유일의 문화전문대학원이 전남대에 생겨 교수로 부임하면서 광주와 인연을 맺게 되었다. 제일 먼저 관심을 가진 주제는 광주의 정체성(광주다움)과 핵심가치는 무엇일까 하는 것이었다. 정체성과 가치는 도시브랜딩의 핵심 주제이기 때문에 이 분야 전문가로서 당연한 관심이었다.

도시 곳곳을 걸어보았다. 광주에는 광주를 광주답게 하는 정신 즉 광주 정신이 있었다. 1980년 5·18 민주화운동(이하 518)의 정신으로 대표되는 오월 정신은 광주 정신의 핵심으로 이야기되고 있었다. 그것은 16세기 의병 항쟁에서 구한말 동학 운동, 일제 강점기 학생 독립 운동, 1960년대 4·19혁명을 거쳐 1980년대 민주화 운동에 이르는 광주의 도시사史와 맥을 같이 하고 있기 때문이다.

광주는 오월 정신의 도시였다. 그것을 삶(살림)의 정신, 몸(체험)의 정신, 밥(가치)의 정신, 길(현장)의 정신이라고 얘기하고 싶다. 왜냐하면 그것은 일상생활 속에, 우리 몸에 체화된 이야기 속에, 삶터인 도시공간과 장소에 담겨 있고 담길 수 있으며 담아야 하는 정신이기 때문이다.

광주를 무엇이라고 부르든, 민주, 인권, 평화의 도시든 예향, 의향, 미향의 도시든 아시아문화중심도시 혹은 문화수도든 간에, 광주는 오월 정신을 미래지향적으로 계승하려고 노력하는 도시다. 그래서 필자는 2007년 영화 화려한 휴가 세트장 활용 방안을 논의하는 토론회 자리에서 광주를 한마디로 518 테마파크 도시라고 명명한 바 있다.

그러나 오월 정신은 여전히 아픔을 겪고 있다. 518로 상처 받은 희생자(사망, 행방불명, 상이후 사망자, 상이자, 연행 구금 등)만 거의 5천명, 30년 이상 지속되고 있는 정신적 트라우마와 그로 인한 고통 및 자살, 잊혀지고 관심 못 받고 지겨워하기도 하는 518, 진실 왜곡, 방치되어 있는 사적지. 많은 시민들 특히 젊은층에게 518은 무관심의 대상이거나 괴롭고 힘들고 어려운 존재이거나 저항과 비판의 대상 혹은 아쉬움의 대상인 것 같았다.

518은 아직은 시민들을 즐겁고 행복하게, 뿌듯하고 자랑스럽게, 매력있고 감동적이게 만들어주는 말하자면 문화적인 존재, 문화적인 담론, 문화적인 장소는 아닌 것 같았다. 그래서인지 518의 역사와 기억과 자취와 희망을 담은 공간과 장소들이 하나 둘씩 변형, 왜곡되어가는 것 같았다.

아픔과 기억, 이야기가 담긴 사적지와 장소들을 보존하려는 욕망들, 공동체와 나눔, 화해와 해원, 치유와 상생의 새로운 미래지향적 형식으로 오월 정신을 기념하고 싶은 열망들이 곳곳에서 나타나곤 있다. 그러나 전반적으로 도시정책에서, 도시공간에서, 삶의 현장에서 시민들의 마음속에서 518은 아직 부분적이고 형식적이고 소극적이고 비관적인 듯하였다.

광주가 진정 오월 정신의 도시려면 오월 문화도시가 되어야 한다고 생각했다. 즉 도시 곳곳에서 미래지향적으로 승화된 오월 정신을 느끼고 체험하고 즐기고 향유할 수 있어야 한다고 생각했다. 모든 시민들이 오월 정신을 자랑스럽게 여기고 그것을 활용한 재미있고 감동적인 문화콘텐츠와 브랜드를 만들어 정신적으로나 물질적으로 풍요롭게 살아야 한다고 생각했다. 후세들과 전 세계인들이 그 가치를 공유하고 공감하고 교류할 수 있어야 한다고 생각했다.

이러한 생각을 집약하여 한마디로 표현했던 말이 오월 정신으로 밥 먹고 사는 도시 광주다. 그 시작이 오월길(5·18 road)이었다.

### 2) 오월길, 오월 브랜딩의 시작

오월길은 2010년 518 30주년을 맞이하여 기념행사 위원회의 민주인권 마을사업단이 주최하고, 전남대학교 문화전문대학원 장소마케팅연구센터가 주관 기획한 프로젝트다.

오월 정신과 인권의 의미를 문화관광, 장소마케팅, 도시브랜딩의 관점에서 새롭게 재해석하여 오월 정신 유산을 아시아문화중심도시 광주의 문화콘텐츠, 문화브랜드로 만들고자 추진한 사업이다. 오월길은 최근 미래형 도시문화 창출의 키워드로 논의되고 있는 걷기와 공간문화 디자인을 결합하여, 오월 정신 관련 자원과 문화관광 자원을 연계한 광주 도보투어 코스로 개발되었다.

역사의 아픔을 넘어 새로운 시대를 만나는 길, 어제와 오늘을 함께 만나며 새로운 내일을 여는 길, 어제의 치열한 역사를 통해 오늘의 치열한 삶을 바로 세우는 길을 만들고자 했던 오월길 프로젝트. 그 출발은 《광주의 오월을 걷자》라는 제목의 오월길 워킹 가이드 맵북walking guide map book이었다. 오월길은 5대 테마(열망, 발견, 교감, 치유, 여정)와 그에 따른 5대 길(인권길, 민중길, 의향길, 예술길, 남도길), 총 18개의 코스로 기획되었다.

### 3) 오월길의 비전과 전략

① 오월길의 4대 비전

오월길의 정체성과 비전은 네 가지, 즉 도보 순례길, 오월 이야기길, 공간 치유길, 아시아 인권길이다.

첫 번째는 518 사적지를 연결하는 도보 순례길이다. 오월 인권길이라 명명한 5개 코스(횃불, 희생, 광장, 열정, 영혼 코스)가 여기에 해당된다.

두 번째는 오월 정신이 깃든 삶의 현장을 탐방하는 오월 이야기길이다. 오월 의향길이라 명명한 3개 코스(의병항쟁, 학생운동, 4·19혁명 코스)가 여기에 해당된다. 오월 정신은 의병항쟁, 동학, 광주학생운동, 4·19, 518로 이어지는 광주 정신을 일컫기 때문이다.

세 번째는 재미와 즐거움, 감동과 공감으로 생명을 불어넣는 공간 치유길이다. 오월 예술길이라 명명한 2개 코스(비엔날레, 무등풍경 코스)가 그 예다.

마지막으로 광주와 세계를 오월 정신으로 이어가는 아시아 인권길이다. 전남에도 518 사적지가 70여개나 있다. 그 곳들을 연결하는 오월 남도길 2개 코스(서부 목포, 남부 해남 코스)가 여기에 해당된다.

② 오월길의 8대 전략

이러한 비전을 실현하기 위해 오월길 사업은 8대 전략, 즉 공간디자인, 콘텐츠와 스토리텔링, 가이드 맵북, U-Road, 탐방 프로그램, 전문인력, 파트너십, 전국화와 세계화 전략을 추진하고 있다.

첫 번째는 코스와 공간디자인 전략이다.

이용객들의 편의를 위한 코스별 사인시스템(안내판, 안내지도, 방향 사인 등)을 만들고, 기념비들의 디자인을 브랜드 가치를 지니도록 개선하는 것이다. 오월길 야경 디자인, 공공미술 디자인, 숙박 인프라 디자인도 함께 구상한다. 무엇보다 광주답고 오월 정신이 깃든 디자인을 개발하는 것이다.

두 번째는 오월 문화콘텐츠 및 스토리텔링 개발 전략이다.

오월 관련 문학, 음악, 미술, 사진, 공예 등 다양한 예술작품들을 활용하여 오월길 문화콘텐츠를 만들고 그것을 활용해 탐방 체험 스토리텔링을 하는 것이다.

세 번째는 편리하게 오월길을 탐방할 수 있는 가이드 맵북 전략이다.

방문객들의 편의를 위해 18개 코스별 심화 가이드 맵북을 제작하고, 어린이와 청소년을 대상으로 한 가이드 맵북과 전 세계의 아시아 언어로 만든 가이드 맵북을 만들어가는 것이다.

네 번째는 웹사이트와 U-Road 구축 전략이다.

디지털 시대 고객들의 생활양식을 반영하여 오월길 포털 웹사이트를 구축하고, SNS 등 디지털 환경을 활용한 가상공간의 오월길을 만드는 것이다.

다섯 번째는 탐방 프로그램 전략이다.

스탬프 랠리stamp rally 프로그램, 기념품 개발, 페스티벌 개최, 오월길 전 코스를 순례하는 오월 원정대 조직 등 탐방객들에게 즐거움과 재미를 선사하는 다양한 프로그램을 준비하는 것이다.

여섯 번째는 전문인력 양성 전략이다.

오월길 전담 가이드를 육성하고 오월길 관련 사업을 전문적으로 추진하는 다양한 유형의 인력양성을 위해 오월길 아카데미를 추진하는 것이다.

일곱 번째는 추진 조직과 파트너십 조직 전략이다.

오월길 문화재단 혹은 사단법인 오월길 같은 전담 조직체를 구성하고 민관 파트너십 프로그램을 마련하는 것이다. 18개 코스별로 1사 1길 파트너십 조직을 만드는 것도 포함된다.

마지막으로 오월길의 전국화 세계화 전략이다. 광주뿐만 아니라 전남 일대에 산재해 있는 오월 정신 기념 장소를 연결해 전남 오월길을 조성하는 것이 우선이다. 나아가 제주 4·3 항쟁길, 안산의 소생길과 4·16 순례길, 민간인 학살지 마을을 잇는 베트남 아시아 인권길 등 오월 정신의 의미가 담긴 대한민국과 아시아 곳곳에 아시아 정의 로드Asia justice road라는 이름으로 오월길을 만들어가는 것이다.

### 4) 인권문화 창조도시를 향한 여정, 518 50주년이 되는 2030년을 기다리며

이러한 일들을 단 기간에 완료하기는 힘들 것이다. 그래서 오월길 프로젝트의 완성 목표를 2030년(518 50주년의 해)으로 잡고 있다. 길을 만들어 가는 과정은 인생 행로를 설계하는 과정과 비슷하여 그리 순탄치 않기 때문이다. 자치 단체, 공공 기관, 시민사회 단체, 기업, 전문가, 일반 시민들이 협력해야 가능한 일들이다. 더 멀리 바라보고 한발 한발 천천히 수류화개水流花開의 정신으로 길을 만들어 갈 필요가 있다.

현재까지는 정부 지원 사업(문화체육관광부 도시관광 활성화 공모사업)으로 광주광역시와 518 기념재단, 전남대가 함께 사업을 추진해왔다. 이제부터는 민간 차원에서도 다양한 방식으로 함께 만들어가야 할 것 같다. 오월길은 아직은 우리의 마음, 기억, 가슴 속에 서로 다른 저 마다의 모습으로 담겨 있다. 이제부터 누구든 쉽게 찾고 체험하고 공감할 수 있도록 한 코스 한 코스 시민들과 함께 만들어가야 한다. 민주, 인권, 평화, 정의, 자유의 창조적인 문화도시 광주를 꿈꾸며 오월길이 중요한 역할을 하길 희망해본다.

보스턴에 자유의 길이 있고 제주도에 올레길이 있다면 광주에는 오월길이 있다. 광주의 오월길을 함께 걷지 않으시렵니까.

# 4. 오월 테마파크 도시 만들기

시민이 행복한 창조도시를 비전으로 제시한 민선 5기 시정 1주년을 맞이하였다.[58] 광주 NGO 센터에서는 광주 문화정책 진단 및 발전 방안을 주제로 시민 소통 마당이 열렸다. 문화정책의 성과와 한계, 발전 방안에 대한 다양한 논의들이 이루어졌다.

그 중에서 마음에 와 닿았던 것은 광주의 차별화된 문화가치를 정책이 어떻게 만들고 지원하며 시민과 소통해야 하는지에 대한 성찰과 비판이었다. 아직 광주는 차별화된 정체성이 모호하고 그로 인해 대표적인 도시브랜드가 부재한 도시로 진단되었다.

그런데 바로 이날 30년의 역사를 간직한 광주 최초의 백화점 화니백화점이 무너졌다. 아니 무너뜨렸다. 얼마 전에는 광주공원에 위치한 시민회관의 절반이 훼손되었다. 한 해 전에는 거북이 신화를 간직한 알 모양의 구동체육관이 사라지고 그 곳에 빛고을 시민문화관이 건립되었다.

그 몇 해 전에는 50여 년의 역사를 간직한 태평극장이 사라져 주차장이 되었고, 또 그 한 두 해 전에는 세계적으로 유례없는 골목 구조와 김구 선생의 이야기를 지닌 학동 8거리와 백화마을이 사라졌다.

그뿐인가. 5·18의 역사유적 공간들은 구 도청 건물, 교도소, 국군병원, 보안부대 등 몇 개 만 겨우 남아있고 나머지는 모두 사라졌다. 아니 계속 사라지고 있다.

창조도시의 출발은 도시정체성이다. 정체성이 담긴 공간은 함부로 무너뜨리지 않는 것이 기본 원칙이다. 그 공간을 시민들의 삶에 도움이 되는 공간으로 즉 창조공간으로 재생하여 사용하는 것이 창조도시의 시작인 것이다.

그러나 광주는 첫 단추를 잘못 꿰고 있는 듯하다. 창조도시 광주를 위해 제일 먼저 해야 하는 것은 광주정체성(광주성), 광주다움, 광주학을 체계적으로 정립하는 것이고 광주성이 담긴 공간을 지켜 재생하는 것이다. 특히 광주의 역사성이 담긴 공간들을 가장 많이 간직한 구도심 지역은 유휴, 폐공간을 활용한 창조공간 재생 전략을 도시재생의 핵심 전략으로 자리매김해야 한다.

이미 사라진 명소들, 예를 들어 광주읍성과 경양방죽, 남광주 역사 건물 등을 복원하려는 움직임이 일고 있어 한편으론 반갑다. 아직 태봉산이나 시민관, YWCA건물, 녹두서점, 전남대 정문 앞 다리 등의 복원에 대한 얘기는 없어 아쉽다. 하지만 이제 본격적인 복원의 역사가 광주에서도 시작되고 있는 것 같아 다행이다. 그러나 한쪽에선 복원하면서 또 한쪽에선 파괴하는 역설이 여전히 진행 중이다. 언제까지 사람 내음 나는 광주의 역사적 흔적을 지워갈 것인가.

이제 분명하게 얘기하자. 가장 차별화된 가장 광주다운 대내외적으로 가장 인지도와 신뢰도가 높은 광주의 정체성, 광주의 브랜드 가치는 인권, 구체적으로는 오월 정신이라는 것을.

아시아문화중심도시, 문화수도의 출발도 이것이었고, 광주비엔날레가 주목받은 것도 이것이었다. 광주전남 공동 혁신도시에 국책 문화기관(한국문화예술위원회, 한국콘텐츠진흥원)이 오게 된 것도 궁극적으로는 인권도시 광주의 정체성 때문이었다. 그래서 빛고을 광주의 가장 광주다운 빛도 인권의 빛, 사람의 빛, 생명의 빛이었던 것이다.

이름은 정체성의 핵심 중 하나다. 광주를 빛의 도시라 부르는 이유다. 그 빛이 때론 광산업으로 때론 LED로 때론 태양광으로 때론 미디어아트로 때론 비엔날레로 때론 빛의 숲(아시아문화전당)으로 얘기되어 왔다.

이제는 그 빛이 인권과 만나도록 해야 한다. 인권과 예술을 결합하고 인권과 첨단 산업을 엮어, 인권이 삶이 되고 문화가 되는 광주를 만드는 것이 시민이 행복한 창조도시 광주를 만드는 것이다. 그래서 광주를 오월 정신으로 먹고 사는 오월 테마파크의 도시로 만들어야 한다. 누구나 오월 정신과 인권을 신바람 나고 자랑스럽게 가슴 뛰는 감동과 기대에 찬 목소리로 얘기하는 광주를 만들어야 한다.

그 출발은 광주 시민들의 삶의 체취, 기억, 이야기가 담긴 공간들을 지키는 것이다. 그러한 공간들을 조사하고 연구하여 알리고 활용 방안을 제시하는 것에서 출발해야 한다. 창조공간 문화지도를 만드는 것에서 시작하자. 공간을 사랑하고 연구하고 만드는 사람들이 가장 우선적으로 해야 할 일이 바로 이것이 아닐까.

# 5. 5·18 공간의 문화전략

## 1) 5·18 민중항쟁 도시인가? 5·18 문화도시인가?

누가 뭐라 해도 광주는 5·18의 도시다.[59]

5·18(이하 518) 민중항쟁이 일어난 곳이고 518의 경험을 간직한 사람들이 사는 곳이며, 518의 기억과 자취를 지닌 공간이 곳곳에 남아 있기 때문이다. 민주, 인권, 평화의 도시, 예향, 의향, 미향의 도시, 문화교류 도시, 평화예술 도시, 미래형 문화경제 도시, 어떻게 부르든 간에 광주는 518 정신을 미래지향적으로 계승하려는 곳이기 때문이다.

그러나 광주는 518 문화도시는 아직 아닌 것 같다.

많은 시민들에게 518은 무관심의 대상이거나 힘든 존재이거나 아쉬움의 대상인 듯하다. 518은 아직은 시민들을 행복하게 자랑스럽게 감동적이게 만들어주는 문화적인 존재는 아닌가 보다. 그래서인가, 도시정책과 공간, 삶의 현장에서 518은 아직 부분적, 형식적, 소극적, 비관적인 듯하다.

광주가 진정 518의 도시려면 518 문화도시여야 한다. 도시 곳곳에서 518을 느끼고 체험하고 즐기고 향유할 수 있어야 한다. 모든 시민들이

518을 자랑스럽게 여기고 재미있고 감동적인 오월 문화콘텐츠와 브랜드로 풍요롭게 살아야 한다. 그래서 후세들과 세계인들이 그 가치를 공감할 수 있어야 한다.

이를 위해서 518 문화도시의 관점에서 아시아문화중심도시를 다시 생각해봐야 한다. 문화중심도시의 비전 및 정체성과 518의 비전 및 정체성을 결합해야 한다. 그리고 관광과 장소마케팅의 관점에서 518을 다시 생각해봐야 한다. 518을 시민들의 삶과 연결하고, 광주를 세계에 알리고 교감하는 관광자원으로 브랜드화해야 한다.

관광은 삶과 문화를 보고 느끼고 즐기고 소통하는 것이다. 장소마케팅은 그러한 장소를 만들고 가치를 부여하여 공유하는 것이다. 그래서 문화중심도시는 도시의 일상과 광주의 삶을 오월 정신의 관점에서 재발견하여 관광과 마케팅으로 꽃을 피워야 하는 것이다.

아시아문화중심도시 조성 사업은 새로운 도시발전 모델을 제시하는 사업이다. 518 역시 새로운 도시비전과 모델을 제시해야 하며 관광과 장소마케팅 전략 역시 그에 맞게 새로운 패러다임을 제시해야 한다.

그런 의미에서 이 글에서는 518 공간의 문화전략을 문화중심도시 전략과 518의 연계, 518 창조관광과 장소마케팅의 관점에서 제시해 보고자 한다.

### 2) 아시아문화중심도시와 518 문화도시

아시아문화중심도시 종합계획은 세계를 향한 아시아 문화의 창을 비전으로, 문화교류 도시, 평화예술 도시, 미래형 문화경제 도시를 목표로 삼고 있다.

이를 위해 역동적 교류, 창조적 융합, 지속가능한 성장, 열린 공동체를 실행 원칙으로, 국립 아시아문화전당 건립, 문화적 도시환경 조성, 예술진흥 및 문화·관광 산업 육성, 문화교류 도시 역량 강화를 4대 역점 과제로 설정하고 있다.

이러한 문화중심도시의 개념 체계가 형성된 기저에는 오월 정신이 있다. 오월 정신을 미래지향적으로 계승하여 인간 중심의 도시, 억압과 소외가 없는 인권도시, 열린 소통의 도시, 자연을 도구로만 인식하지 않는 환경친화적 도시를 지향한다는 것이다.

그러나 종합계획의 구체적인 내용을 들여다보면 오월 정신 관련 내용은 부분적이고 나머지 사업들과 단절적이며 다분히 담론적이다.

예를 들어 아시아문화전당의 경우, 518 관련 공간은 민주광장과 민주평화교류원 내의 민주인권평화 기념관 정도다. 518 문화가 아시아문화원, 문화창조원, 아시아예술극장, 어린이문화원과 어떻게 연계될 수 있을지 고민할 필요가 있다.

두 번째, 문화적 도시환경 조성의 경우, 7대 문화권(문화전당권, 문화교류권, 신과학권, 전승문화권, 문화경관·생태환경 보존권, 교육문화권, 시각미디어문화권) 중에서 문화전당권과 문화교류권에서 518 광장, 인권활동가 체류 지원이 언급되고 있는 정도다. 도시 곳곳에 분포한 518 자원을 엮는 문화권 개념은 설정되어 있지 않다. 각각의 문화권에서 518 문화를 어떻게 접목할 것인지 고민해야 한다.

또 다른 문화도시 기반 조성 사업으로 설정하고 있는 문화도시 경관 조성, 지역 문화자산의 리모델링 및 활용, 문화벨트 구축 및 중소 거점 연계, 생태문화축 조성, 물적 인프라 구축 등의 사업도 마찬가지다.

광주교도소의 복합문화공간화(민주인권 문화공원 조성) 외에 518 문화를 연계한 내용은 부재한 상황이다. 518 기념공간의 경관 조성, 518 문화자산의 리모델링 및 활용, 518 문화벨트 조성 등을 적극 고려해야 한다.

세 번째, 예술진흥 및 문화·관광 산업 육성의 경우도 518 문화와 관련된 내용은 찾아보기 힘들다. 518 예술의 창작활동, 광산업과 518의 연계, 518 문화예술축제, 5대 콘텐츠의 518 문화콘텐츠화, 518 마케팅 강화, 518 관광프로그램의 개발, 518과 컨벤션의 연계 등에 대한 고민이 필요하다.

네 번째, 문화교류 도시로서의 역량 및 위상 강화의 경우, 인력양성 및 시민주체의 문화도시 조성, 문화교류의 다변화 및 활성화, 도시마케팅을 통한 브랜드 가치 극대화 등을 제시하고 있다. 그러나 518 문화의 적극적인 결합이 논의되지 않고 있다. 518 문화전문 기획가 양성, 518 시민문화 활성화, 518 문화교류, 518 브랜드 마케팅 등에 대한 적극적인 고민이 요구된다.

지금까지 살펴보았듯이 아시아문화중심도시 조성 사업은 오월 정신을 토대로 하고 있으면서도 518 문화도시로서 자리매김하지 못하고 있다. 문화중심도시는 궁극적으로 시민들의 삶을 아름답고 즐겁고 행복하게 만들어 살기 좋은 더 나아가 살고 싶은 도시로 만들어가는 전략이다.

그런 측면에서 518 문화전략은 배타적이고 권력화된 문화가 아니라 시민들의 마음에 다가오고 실감나는 생활문화 전략이어야 한다. 518 문화를 통해 꿈을 꾸고 감동을 느끼고 정서적으로 풍요로운 삶, 욕망과 감동을 예술과 놀이로 표출할 수 있는 삶, 만남과 교육을 통해 공유하는 삶, 그것이 진정 518 문화를 기획하고 가꾸고 나누는 문화중심도시, 518 문화도시의 모습이다.

### 3) 518 문화도시 정책과 전략

518 문화도시는 시민들의 다양한 라이프 스타일에 맞게 기획해야 한다. 광주의 주체와 그들의 일상, 그 일상의 문화적 수준, 그러한 문화가 펼쳐지는 공간을 연계하여 광주의 문화지형을 파악하고 그에 맞는 518 문화전략을 수립해야 한다.

광주의 주체, 일상, 문화, 공간이 서로 밀접하게 연결되어 있는 시민들의 라이프 스타일을 반영하고 삶의 질을 향상하는 방향으로 518 관광 및 장소마케팅 전략을 기획해야 한다. 그런 의미에서 518 문화도시 정책은 문화예술, 문화교육, 문화산업, 문화관광, 공간문화, 문화복지, 문화행정 등 도시정책 각 분야에 걸쳐 종합적, 횡단적으로 수립할 필요가 있다.

그 출발점은 518 가치 담론의 문화적 확장이다. 민주, 인권, 평화의 담론을 현대 시민들의 감수성에 맞게 재구성하고, 아시아문화중심도시뿐만 아니라, 예향, 의향, 미향의 도시, 미디어아트 창의도시, 인권도시, 공유도시 등 광주의 다양한 이미지 브랜드들을 518 가치와 밀접하게 연관시켜야 한다.

예를 들어, 민주 담론은 현대 시민들이 가치를 느끼고 신뢰하는 공익 가치 창출을 통해 참여를 이끌어내는 참여의 에토스ethos 담론으로 확장해 볼 수 있다. 인권 담론은 문화권culture right과 여가권leisure right, 관광권tourism right으로 확대되는 향유의 로고스logos 담론으로 확대할 수 있다. 평화 담론은 다양성의 공존을 통해 편안하고 여유로운 삶을 누리는 공존의 파토스pathos 담론으로 확대 변형할 필요가 있다.

또한 예향으로서 오월 예술, 의향으로서 오월 정신, 미향으로서 오월 음식(예를 들어 주먹밥), 교육의 도시로서 518 교육문화, 미래형 문화경제 도시로서 518 산업과 문화콘텐츠, 518 관광과 브랜드에 대한 논의를 시작해야 한다.

이렇게 할 때 518 담론과 518 문화가 현대 시민들에게 이성과 감성, 영혼에 호소하고 공감하는 친근한 문화가 될 수 있을 것이다.

### 4) 518 창조관광 전략과 핵심 프로젝트

518과 관련된 관광전략과 프로그램은 매우 부족한 상황이다.

일례로, 아시아문화전당 앞에 위치한 종합관광안내소에서 접할 수 있는 518 홍보물과 광주 관광가이드북에는 518 관광 프로그램이 제시되어 있지 않다. 있더라도 형식적이거나 관심을 끌만큼 매력적이지 못한 실정이다.

그나마 가장 자세히 정보를 제시하고 있는 518 사적지 투어 코스도 투어 소요 시간이 표시되어 있지 않거나 오타가 있는 등 관광홍보물로

## 종합관광안내소에 비치된 광주 관광홍보물 속의 518

| 홍보물 이름 | 수록 내용 | 518 관련 내용 |
|---|---|---|
| **518민주화운동**<br>(광주광역시) | - 518민주화운동의 역사적 의의, 518민주화운동의 발단과 전개<br>- 518민주묘지 현황, 518기념문화센터 소개<br>- 518민주화운동 사적지 맵과 순례코스 | |
| **518추모관**<br>(국립518민주묘지) | - 추모공간, 기록공간, 상징공간, 교육공간<br>- 진실, 기억, 부활 추구 | |
| **518 기념문화센터**<br>(광주광역시) | - 518기념공원, 518기념문화관, 518현황 조각 및 추모승화공간<br>- 대동광장, 오월루, 전통연못, 계류정, 광주학생교육문화회관, 무각사<br>- 518 자유공원, 법정과 영창<br>- 인터넷 홈페이지(광주시, 518가상체험공간, 518기념재단, 전남대 518연구소) | |
| **518 사적지 안내, 518 그날의 현장을 찾아서**<br>(518기념재단) | - 금남로 사랑(시인 김준태), 518민중항쟁의 역사적 의의, 민중항쟁 주요일지<br>- 518 그날의 현장을 찾아서, 518기념재단 소개 및 주요행사<br>- 기념사업 유관단체 및 기관(민주화운동기념사업회, 부산민주공원, 전남대 518 연구소, 국립518묘지관리소, 518기념문화센터, 518자유공원)<br>- 518사적지 순례코스 안내 | |
| **518민주화운동**<br>(광주광역시518 사료편찬위원회) | - 사진으로 본 518민주화운동<br>- 518민주화운동의 성격, 유신체제의 최후 그리고 12·12반란, 민주화의 후퇴, 518 민주화운동, 518민주화운동의 의의 | |
| **문화관광상품 전시판매장**<br>(광주광역시) | - 1만원 이하 관광기념품<br>- 1만원 이상~3만원 이하 관광기념품<br>- 3만원 이상, 5만원부터 관광기념품<br>- 10만원부터 관광기념품 | 518 기념품 부재 |
| **광주관광안내 길라잡이**<br>(광주광역시) | - 무등산권, 시가문화권, 518민주화운동<br>- 광주의 5미, 5대축제, 쇼핑의 즐거움<br>- 테마관광코스, 체험장소, 예향문화쉼터 | - 518민주화운동 소개<br>- 80년 518의 현장으로 테마관광코스(518 기념공원, 자유공원, 양동시장, 금남로, 광주역, 전남대, 국립518묘지)<br>- 518 사적지 코스(25개) |
| **광주**<br>(광주광역시) | - 자취와 충절 그리고 풍류(광주호권, 무등산권), 축제, 체험의 기쁨<br>- 어제를 통해 보는 내일<br>- 맛을 찾아서, 광주map | - 국립518묘지<br>- 민주의 종 |
| **광주의 멋과 맛을 찾아서**<br>(광주광역시) | - 문화의 메카 동구<br>- 자연과 도시조화 서구<br>- 효사랑브랜드 남구<br>- 충절과 정의의 숨결 북구<br>- 예인의 고장 광산구 | - 문화의 메카 동구(자유와 인권: 광주학생독립운동기념탑, 민주의종)<br>- 자연과 도시조화 서구(민주화의 성지를 향해: 국립518민주묘지, 518현장투어, 518자유공원, 518기념공원) |
| **광주민속박물관** | 사진으로 만나는 도시 광주의 어제와 오늘 | 518 관련 내용 부재 |
| **문화예술행사안내**<br>(광주광역시) | 전시, 음악, 공연, 영화 | 518 관련 행사 부재 |

서 제대로 정보를 제공하고 있지 못한 상황이다. 일반적인 광주 관광홍보물에도 518 관련 내용은 매우 비중이 적거나 거의 없으며 관광객의 관심과 흥미를 유발할 수 있을 정도로 자세한 정보와 안내 서비스를 제공하고 있지 않다.

아시아문화중심도시가 누구나 쉽게 여가와 관광을 즐길 수 있는 신인본도시로서 자리매김하려면 시민의 관광 권리를 제시할 수 있는 대안적인 문화관광도시 전략과 프로그램을 마련할 필요가 있다. 문화중심도시, 518 문화도시에 맞는 광주의 관광 전략을 제시함으로써 도시문화 발전에 많은 제약을 가져온 기존의 대중관광과 차별화된 광주다운 대안관광, 신관광 전략을 창조적으로 제시해야 한다.

그런 의미에서 문화중심도시, 518 문화도시 광주의 관광은 지역에 다양하고 개성있는 문화산업 창조의 장을 만들어 끊임없이 의미 있는 새로운 관광 양식을 창출하는 창조관광을 전략으로 삼아야 한다.

이를 위해서는 기존 관광에 대한 비판과 성찰을 통해 관광의 비문화적, 비창조적 요소들을 제거하면서 관광을 장소성에 맞게 문화적으로 바꾸고 518 문화를 관광자원화 해야 한다. 518 문화, 장소, 관광을 결합한 518 창조관광 전략이 필요한 것이다.

#### ① 518 창조관광 7대 유형

518 창조관광 전략은 문화중심도시 광주의 창조관광 7대 유형인 문화예술형, 역사전통형, 장소특화형, 자연생태형, 생활문화형, 사회복지형, 지속교육형에 맞게 정립할 필요가 있다.

문화예술형은 518 예술관광에 초점을 두는 것이다.

518 기념비, 518 기념문화센터, 518 문학, 518 음악, 518 영화, 518 문화예술 콘텐츠 등 518과 현대 예술자원을 결합하여 아름답고 품격 있는 광주를 만들어가는 전략이다.

역사전통형은 518 유산관광에 초점을 두는 것이다.

광주학생독립운동 기념관, 518 사적, 민주 인권의 명소 등 518과 근현대 문화유산을 결합하여 고유의 얼굴과 정취를 지닌 광주를 만들어가는 전략이다.

장소특화형은 518 도시관광에 초점을 두는 것이다.

518 사적지와 기념비 등 오월 공간과 도심의 명소들을 결합하여 다양한 삶이 공존하는 광주를 만들어가는 전략이다.

자연생태형은 518 생태관광이나 518 녹색관광에 초점을 두는 것이다.

518 기념공원과 자유공원, 518 묘역 등 518 공간을 활용하여 쾌적하고 여유로운 광주를 만들어가는 전략이다.

생활문화형은 518 라이프 스타일 관광에 초점을 두는 것이다.

518 관련 단체 혹은 주체들의 삶과 스토리 등 518과 시민들의 생활양식을 자원화하여 삶의 숨결과 혼이 담긴 광주를 만들어가는 전략이다.

사회복지형은 518 복지관광에 초점을 두는 것이다.

518 부상자나 유공자, 청소년이나 장애인, 이주 외국인, 노인 등 소외계층을 대상으로 누구나 쉽게 즐길 수 있는 518 관광 인프라를 조성

518 창조관광 7대 유형

| 창조관광 유형 | 창조관광 대상 | 창조관광 목표 |
|---|---|---|
| **문화예술형**<br>518 Art Tourism | 518기념비, 518문화센터,<br>518문화예술콘텐츠 | 아름답고 품격있는 광주 |
| **역사전통형**<br>518 Heritage Tourism | 광주학생독립운동기념관<br>518유적 | 고유의 얼굴과 정취를 지닌 광주 |
| **장소특화형**<br>518 Urban Tourism | 518사적지와 기념비 | 다양한 삶이 공존하는 광주 |
| **자연생태형**<br>518 Eco/Green Tourism | 518공원, 518묘역 | 쾌적하고 여유로운 광주 |
| **생활문화형**<br>518 Lifestyle Tourism | 518주체들의 스토리 | 삶의 숨결과 혼이 담긴 광주 |
| **사회복지형**<br>518 Social Tourism | 518유공자, 부상자 | 함께 즐기는 광주 |
| **지속교육형**<br>518 Edu/E Tourism | 518가상체험, 영화촬영장 | 학습하며 만들어가는 광주 |

하여 함께 즐기는 광주를 만들어가는 전략이다.

마지막으로 지속교육형은 518 교육관광이나 518 유비쿼터스 관광에 초점을 두는 것이다. 영화세트장, 518 가상체험, 사이버 518 등 518을 교육 및 기술과 결합하여 학습도시 광주를 기획하는 것이다.

② 518 창조관광 4CT 전략

518 창조관광을 실현하는 핵심 전략으로서 4CT 전략, 즉 문화전환cultual turn, 문화횡단cultural trans, 문화양식cultural type, 문화빛깔cultural tint 전략을 제시하고자 한다.

첫 번째, 문화전환 전략은 518 담론을 항쟁과 운동의 담론에서 518 문화 담론으로 확장하는 전략이다.

앞에서 지적했던 것처럼, 민주, 인권, 평화의 담론을 현대 시민들의 감수성에 맞게 참여, 향유, 공존의 담론으로 재구성하고, 광주의 도시이미지 브랜드들을 518 가치와 밀접하게 연관시켜야 한다. 그를 통해 518 문화가 시민과 관광객들의 이성, 감성, 영혼에 호소하고 공감하는 친근한 문화가 될 수 있을 것이다.

아울러, 광주전남 지역에서 추진하고 있는 국책 도시 프로젝트들(아시아문화중심도시, 혁신도시, 기업도시, 박람회도시, AI도시 등)과 518 문화를 결합하여 지역의 문화적 맥락과 장소성에 적합한 창조관광 모델을 기획함으로써 지역 간 협력 네트워크를 구축해야 한다.

두 번째, 문화횡단 전략은 518 문화와 관광, 예술, 산업, 공간, 교육 등 5대 일상 영역을 가로 지르는 문화횡단 사업 모델을 개발함으로써 통융합의 518 창조관광 프로그램을 창출하는 것이다.

예술 프로그램을 중심으로 한 네트워킹 모델(예를 들어, 518 문화 + 광주비엔날레 + $\alpha$), 산업 프로그램을 중심으로 한 네트워킹 모델(예를 들어, 518 문화 + 광산업 + $\alpha$), 공간 프로그램을 중심으로 한 네트워킹 모델(예를 들어, 518 문화 + 아시아문화전당 + $\alpha$), 교육 프로그램을 중심으로 한 네트워킹 모델(예를 들어, 518 문화 + 에듀 컬처 사업 + $\alpha$), 관광 프로그램을 중심으로 한 네트워킹 모델(예를 들어, 518 문화 + 무등산 관광사업 + $\alpha$)을 예로 들 수 있다. 518 문화횡단 행동그룹의 조직화도 여기에 포함할 수 있다.

세 번째, 문화양식 전략은 광주의 일상을 공간문화의 관점에서 들여다봄으로써 일상생활의 문화적 양식을 재발견하여 518 창조관광 콘텐츠로 활용하는 것이다.

광주의 주거 공간문화, 세대 공간문화, 거리문화, 소비 공간문화, 여가 공간문화, 야간 문화공간, 젠더 공간문화, 언어 경관문화, 미디어 공간문화, 소수 문화공간, 교육 공간문화, 사이버 공간문화 등에 대한 분석과 그와 연계된 518 창조관광 콘텐츠 개발을 예로 들 수 있다.

마지막으로, 문화빛깔 전략은 518 문화와 빛의 도시 광주를 결합하여 518 창조관광 콘텐츠로 활용하는 것이다.

518 창조관광 4CT 전략

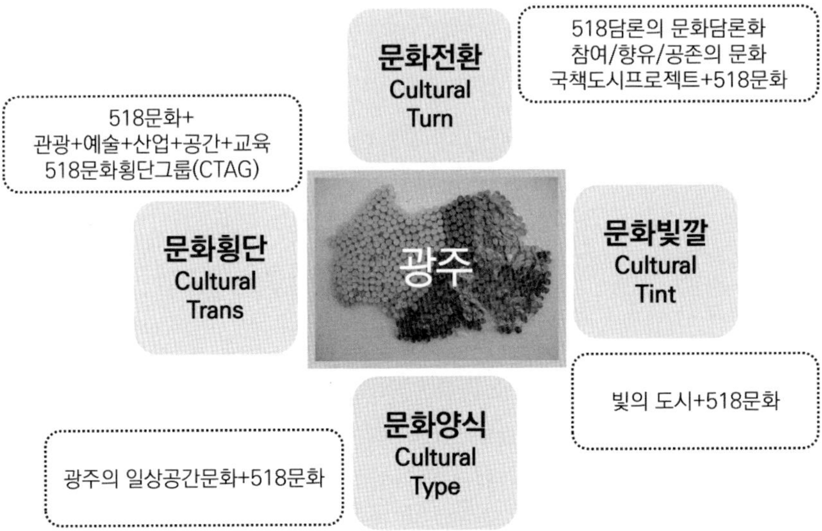

빛을 소재로 한 다양한 테마들이 518 관광콘텐츠로 활용될 수 있다. 빛 관광light tourism, 광산업과 광아트, 미디어아트 빛축제, 거리의 빛, 자연의 빛, 광주를 빛낸 사람들, 빛가람 혁신도시 에너지피아의 빛, 빛의 숲 아시아문화전당 등을 소재로 활용할 수 있다.

③ 518 창조관광 5대 프로젝트

518 창조관광 전략을 실현하기 위해서는 창조적인 관광환경과 시스템 구축을 선행해야 한다. 이를 위해서는 시민, 공간, 지구, 산업, 행정 등 5가지 차원에서 518 창조관광 프로젝트를 실시할 필요가 있다.

첫 번째는 518 창조관광 시민 프로젝트다. 518 문화를 활용하여 창조적인 관광을 실천하는 주체들을 발굴, 지원, 생성하는 것이다.

문화시민으로서 관광권을 향유하며 살아가도록 콘셉트와 전략, 프로그램을 만들어가는 선도 주체들을 발굴 지원하는 프로그램을 개발해야 한다. 일례로, 공식적인 가이드는 아니지만 삶 속에서 주민들이나 방문객들을 대상으로 518 문화가이드 역할을 하는 주체들을 발굴하여 지원할 필요가 있다.

두 번째는 518 창조관광 공간 프로젝트다. 518 창조관광의 모델과 정보를 기획, 개발, 추진, 교류하는 518 창조관광 센터를 개발하는 것이다.

창조관광을 실제로 추진하고 있는 공간이나 시설을 발굴하여 지원하거나, 유휴 폐 공간이 된 518 문화 관련 공간을 재생하여 창조관광 센터로 활용하는 전략이 필요하다. 구 전남도청, 상무관, 광주교도소 등을 창조관광 센터로 활용할 수 있을 것이다.

세 번째는 518 창조관광 지구 프로젝트다. 앞에서 제시한 문화횡단 전략을 실험할 수 있는 지역 혹은 장소를 특화지구로 지정하는 것이다.

문화횡단 프로젝트는 기존의 관광과 예술, 교육, 복지, 환경, 산업을 518 문화와 결합하여 새로운 관광 모델을 만드는 것이다. 특정 지역을 중심으로 전개되는 일상생활의 모든 요소를 활용해 518 창조관광 콘텐츠와 프로그램을 개발하는 전략이다. 일례로 아시아문화중심도시의 문화권과 연계해 518 창조관광 지구를 선정하여, 각 문화권의 사업들을 창조관광과 연계하는 프로젝트를 추진해볼 수 있을 것이다.

### 518 창조관광 5대 프로젝트

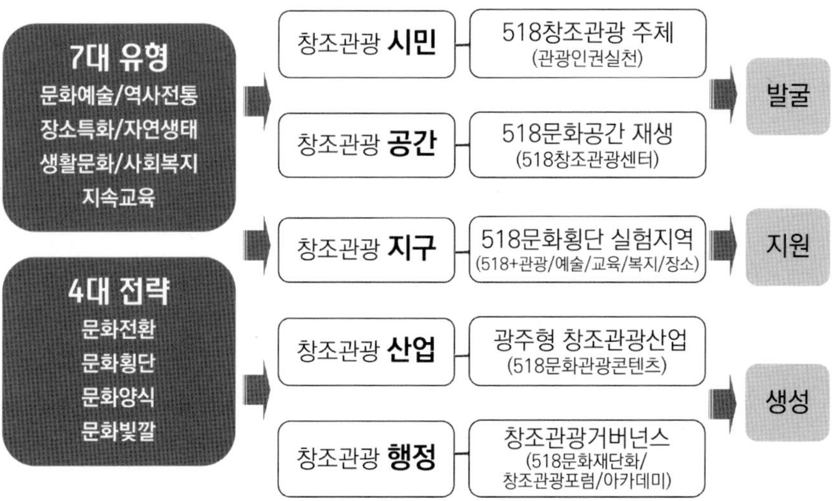

네 번째는 518 창조관광 산업 프로젝다. 광주의 전략산업과 광주형 산업(광산업, 디자인, 자동차, 가전)과 아시아문화중심도시 핵심 문화콘텐츠(음악, 공예디자인, 게임, 첨단영상, 에듀테인먼트)를 518 문화와 연계하여 관광상품을 개발하는 것이다.

아울러 518 행사를 518 문화축제로 승화시키고 광주비엔날레와 김치축제 등 지역 대표 축제들과 연계하는 프로젝트를 수행할 필요가 있다.

다섯 번째는 518 창조관광 행정 프로젝트다. 창조관광 거버넌스 시스템과 지역관광 혁신 체계를 만들어가는 것이다.

518 기념재단의 문화재단화, 518 단체와 문화관광 단체의 파트너십, 518 창조관광 포럼, 518 창조관광 아카데미 등의 프로젝트들을 들 수 있다.

### 4) 518 장소 만들기로서 장소마케팅 전략

518 장소마케팅 전략은 518 관련 주체들의 밀접한 파트너십을 통해, 518 공간의 장소성에 대한 명확한 평가를 바탕으로, 518 문화도시의 장기 비전과 정체성을 수립하고, 마케팅 전략 기법을 이용해 고유의 브랜드와 상품을 개발하여 고객에게 제공함으로써, 지역문화, 경제, 사회 발전을 동시에 추구하는 포괄적, 체계적, 연계적, 문화적, 능동적 지역 발전 전략이다.

518 장소마케팅 전략은 518 장소 전략과 마케팅 전략, 평가 모니터링 전략으로 이루어진다.

첫 번째, 장소 전략은 518 문화의 정체성과 장소성을 기획하는 전략이다.

공간과 환경 기획, 사람과 커뮤니티 기획, 콘텐츠와 프로그램 기획을 모두 포함한다. 이를 위해서 문화중심도시로서 518의 미션 설정, 518 문화 현황 조사, 518 문화도시의 중장기 비전과 정체성 정립, 518 장소 마케팅의 목표 설정 등의 절차를 밟는다.

두 번째, 마케팅 전략은 518 문화의 시장 분석과 목표시장 선정, 마케팅 믹스 전략 수립으로 이루어진다. 여기에서 핵심적인 것은 마케팅 믹스 전략으로서, 조직, 이미지, 포인트, 타깃, 채널, 지역 연계 등 여섯 가지 요소를 서로 연계하는 방식으로 다양한 전략을 수립한다.

조직 전략은 다양한 518 관련 주체들과 정부, 기업, 시민 사회 단체 간의 마케팅 파트너십을 구축하는 전략이다. 518 관련 단체(518 기념재단, 518 연구소, 518 공원 등)를 비롯하여, 문화기획과 마케팅 전문가 및 시민 조직, 새로운 도시비전을 제시하는 지역 리더, 시스템 통합자로서 정부와 지자체, 지역 전략산업계와 관광 사업자, 지역대학과 연구소, 방문객 등이 네트워킹을 형성할 수 있도록 파트너십을 만들어가야 한다. 사전에 이를 총괄 기획하는 518 문화전략 그룹을 조직하고, 518 문화 네트워커를 양성해야한다.

이미지 전략은 518의 이미지를 보다 문화적으로 사람들에게 친근하게 만들어가는 일련의 프로그램들이다. 518에 대한 긍정적인 이미지의 강화 전략과 부정적인 이미지의 전환 전략, 새로운 이미지의 창출 전략을 적절하게 믹스해야 한다. 518 문화를 상징하는 대표 이미지 콘셉트와 슬로건, 캐릭터, 로고 등 브랜드 정체성BI 작업도 필요하다.

포인트 전략은 다양한 518 상품 브랜드들을 개발하는 것이다. 518 명소와 문화자원들을 광주의 문화관광 자원들과 연계해 이미지 브랜드와 관광상품 브랜드, 서비스 브랜드 등을 개발한다.

타깃 전략은 방문객들을 지역별, 세대별, 계층별, 방문 목적별로 유형화하여 518 문화를 즐기고 향유할 수 있는 목표시장을 세분화하는 전략이다. 특히 518 행사 기간 동안의 방문객과 광주의 다른 행사 참여객, 컨벤션 관광객, 청소년과 전문가층을 타깃으로 한 프로그램 개발이 필요하다.

채널 전략은 실질적인 커뮤니케이션 프로그램들로서, 영화나 드라마 등 미디어를 활용한 518 문화 홍보 전략, 518 문화관광 가이드북 제작, 518 street 등 특화 거리 조성, 518 버스, 택시, 기차 등 518 관광 인프라 개발 등을 들 수 있다.

지역 연계 전략은 광주 내의 지역뿐만 아니라, 전남, 한국의 다른 지역, 아시아 지역과 광주를 연계하여 518 문화를 마케팅 하는 전략이다. 도시 믹스(광주와 전남이 연계한 518 관광브랜드 개발), 문화 권역 믹스(518 art street 개발), 공간 패키지 믹스(518 사적지 투어 패키지 브랜드 개발) 등 다양한 지역 믹스 프로그램들을 개발해야 한다.

마지막으로 518 장소마케팅 전략의 최종 단계인 평가 모니터링 전략은 마케팅을 실행하고 이에 대한 평가, 모니터링과 피드백의 절차를 밟는다. 앞 장(Ⅰ부 시선 4)에서 설명한 장소마케팅 전략의 SAUNE 평가 지표를 적용해볼 수 있을 것이다.

# 6. 오월의 피와 혼이 담긴 탯줄, 광천시민아파트를 살려 내자

## 1) 광천시민아파트, 어떤 상황에 처해 있는가?

광주의 최초 아파트로서 도시 주거 생활사의 보고寶庫, 들불 7열사가 활동했던 들불야학의 터, 투사회보가 제작되었던 오월 항쟁의 산실, 님을 위한 행진곡의 탯줄이자 고향, 바로 광천시민아파트(이하 시민아파트)다.[60]

이곳이 광천동 주택재개발 정비 사업으로 6천 3백 세대가 거주하는 광주 역사 이래 최대의 아파트 단지로 조성되면서 곧 사라질 위기에 처해 있다. 이 계획은 2009년부터 논의가 시작되어 2015년 조합 설립 인가, 2017년 교통 영향 평가 승인을 마쳤고 2018년 건축 심의와 2019년 이후 착공 예정이다. 그런데 문제는 이렇게 중요한 오월 정신의 현장을 지키기 위한 움직임이 별로 일어나지 않고 있다는 점이다.

2013년 5·18 민중항쟁 사적지 27호(들불야학 옛터)로 등록된 곳이지만 사적지 지정 및 관리 주체인 광주광역시와 사적지 위원회, 5·18 기념재단, 오월 단체 어느 곳도 이의를 제기하고 있지 않다. 성당 학당이라 불리던 광천성당 교리실만 사적지고 아파트 학당이라 불렸던 광천시민아파트는 사적지가 아니란 말인가.

5·18 정신을 헌법에 수록하고 님을 위한 행진곡을 오월의 피와 혼이 응축된 상징이자 5·18민주화 운동의 정신 그 자체로 강조한 대통령과 중앙정부도 그 노래가 탄생한 탯줄이었던 시민아파트에 대해서는 아무런 관심이 없는 듯하다.

이곳이 도시의 생활사를 후세대에 보여주는 중요한 공간으로서, 미래의 소중한 문화 자산으로서 보존 및 활용가치가 있다는 것을 인정하면서도 도시 건축가와 문화 전문가, 도시재생 전문가들도 외면 혹은 방관하고 있는 실정이다.

평소 오월 정신의 현장으로서 시민아파트의 장소성에 관심을 가지고 있던 필자는 2016년 윤상원 열사 기념사업 기본계획 수립 용역을 수행하면서 들불 문화창작소와 레지던시 사업을 중심으로 한 시민아파트 리모델링 프로젝트를 제안한 바 있다. 시민아파트의 보존과 문화적 재생 활용을 공식 제안한 것이다.

이 사업은 용역을 후원한 광주광역시장에게 보고되었지만 후속 조치 의견을 듣지 못했다. 이후 광주를 지역구로 한 국회의원실 주최 아시아문화전당 운영 활성화 정책 토론회와 건축가협회에서 주관한 도시건축 심포지엄에서, 지워져 가는 오월 흔적의 재생과 아시아문화전당 민주평화교류원 기능 연계 차원에서 시민아파트를 오월 문화콘텐츠 창작소로 재생하는 방안을 발표한 바 있다. 그러나 후속 논의는 이루어지지 못했다.

2017년 5월에는 오월 단체 회원들이 다수 참여한 5·18 기록물 유네스코 등재 6주년 기념 광주 정신 포럼에서, 광주 정신의 문화적 실현을 위한 새 정부 정책 사업으로 님을 위한 행진곡을 활용한 인권문화 창조 프로젝트를 제안하였다. 그 일환으로 광천시민아파트의 오월 문화콘텐츠 창작 공간재생 활용을 강조한 바 있다. 그러나 당시 큰 이슈였던 구 전남도청 원형 복원에 대한 의견만 논의되고 말았다.

2017년에는 광주광역시 서구청에 관련 자료를 요청하여 검토하고 자문 의견을 제시하였으나 시청에서 풀어야 할 과제로 미루어졌다.[61] 광주광역시와는 아시아문화중심도시 연차별 실시계획의 사업 차원에서 여러 차례 제안과 논의 및 검토를 거쳤다. 2018년, 2019년 두 차례 연차별 실시계획의 문화적 도시환경 조성 사업으로 제안하였으나 광천동 주택 재개발 정비사업 조합의 민원을 이유로 거부되었다. 한국 최대의 아파트 공화국 광주를 만들기 위해 오월 정신의 흔적을 지워도 된다는 정책적 발상인 듯하여 안타까움과 씁쓸함을 지울 수 없다.

시민아파트를 기억하거나 방문하는 많은 사람들이 이곳의 보존과 활용을 간절히 원하고 있다. 지난해 제주 비엔날레 프로그램의 일환으로 제주와 광주의 작가들이 함께 한 4·3, 5·18 항쟁의 현장 공동답사에서도 가장 주목을 받은 곳은 시민아파트였다.

도시계획 전문가들의 의견에 의하면 현재 추진 중인 광천동 재개발 사업의 테두리 내에서도 사업 조정을 통해 시민아파트를 보존할 수 있다고 한다. 예를 들어 정비사업 구역도에 있는 시민아파트 건너편 근린

공원의 위치를 현재 시민아파트 쪽으로 변경하고, 문화시설을 조성할 수 있는 공원법에 의거해 이곳에 시민아파트를 재생한 복합문화공간을 조성하면 조합원의 이익을 해치지 않는 범위에서 시민아파트를 존치시킬 있다는 것이다. 시민아파트 전체 보존이 어려우면 일부 공간(예를 들어 윤상원 열사가 거처했던 B동 한 동)이라도 보존하여 활용 가능할 것이다. 이곳이 세계적인 명소로 자리매김하면 주민들도 자랑스러울 것이다.

### 2) 광천시민아파트, 왜 살려야 하는가? 시민아파트의 의미·가치와 장소성[62]

① 도시 주거 생활사의 보고

광주광역시 서구 죽봉대로 119번길 22-9(광천동 650-7번지)에 위치한 시민아파트는 1970년에 지어진 광주 최초의 아파트로서 도시 주거사와 서민들의 삶의 역사를 간직한 곳이다.

한국전쟁 이후 몰려든 피난민들과 전남에서 이농한 도시 빈민들이 살던 천변의 판자촌을 도시계획에 의거 허문 자리에 지어진 수용소형 아파트다. 광주에서 가장 오래되고 가장 허름하며 가장 값싼 아파트로서 가장 가난한 사람들이 사는 곳이었다. 박정희 정권은 1969년 무허가 판자촌을 정리한 자리에 시민아파트를 짓고 철거민들을 입주시켰다. 그 광주 버전이 시민아파트였던 것이다.

이곳에서 지역 운동을 시작했던 김영철(1948-1998. 들불야학 2기 특별강학. 오월 항쟁 지도부 기획실장)이 입주 첫 해인 1977년 전 가구를 방문

조사해서 시민아파트 개발 계획을 수립할 당시 전체 가구의 75%가 요보호 빈곤 가구였다.

시민아파트 건물은 3층 건물 3개동의 ㄷ자 구조(가, 나, 다동, 현재는 A, B, C동)에 총 184세대가 살았다. 1층에는 방 2개의 9평(29.7m²) 짜리 집들이 91세대, 2층과 3층에는 방 1개의 6평(19.8m²)짜리 집이 93세대다. 아궁이가 달린 쪽방 구조에 공동 세면(탁)장, 공동 화장실이 있다. 복도는 김영철이 표현했듯이 암굴 같다. 초기 입주자들은 20년 상환에 매달 4천원을 갚는 조건으로 임대해 들어왔다. 주민들이 상환금을 제때 납부하지 못하자 광주시도 자금 투입을 끊고 건물의 뼈대만 세워 분양했다고 한다. 결국 주민들이 직접 공사하여 살았던 것이다.

시민아파트에는 현재의 마을 만들기와 같은 지역 커뮤니티 운동의 도시 생활사가 담겨 있다. 그 주역이 바로 김영철이다. 그는 1977년 10월 가족(부인, 두 아들)과 함께 시민아파트(처음에 A동 216호에 거주, 후에 A동 108호로 이사)로 이사했다. 그는 A동(당시 가동)의 반장을 맡으면서 주민 운동을 본격적으로 시작했다. 청년회를 만들고 아파트 입구에 위치한 신용협동조합을 인수하여 운영했다. 매일 새벽 아이들을 깨워 아파트를 청소시키고 주워온 빈 병과 폐지를 팔아 아이들에게 신협 통장을 만들어주었다. 또한 놀이터가 없어 부서진 리어카 위에서 놀던 아이들을 모아 주말마다 어린이 주말 학교를 열고, 아파트 200만원 이하로 팔지 않기 운동으로 주민들 자산도 끌어올렸다.

1977년 11월에는 고아로 태어나 YWCA 사무실 소파에서 자고 난로에 라면 끓여 먹으며 살던 박용준(1956-1980. 들불야학 2기 특별 강학. 오월 항쟁시 투사회보 필경 담당)의 짐을 자기 집으로 수레로 실어 날라 주민등록에 올려 동생으로 삼았다. 박용준은 당시 형님 집에 살면서 비로소 행복해졌다고 말한 바 있다. 이후 들불야학이 시민아파트에 뿌리내리는데 김영철의 역할이 지대했다. 야학을 구상하던 그는 들불 팀을 만나면서 뜻을 합치게 되었다.

② 들불야학의 삶터

시민아파트는 광주전남 최초의 노동 야학인 들불야학(1978.7-1981.7)이 만들어진 곳으로 노동자들의 삶터이자 배움터였다.

판자촌 주민들이 삶을 의탁했던 시민아파트가 생긴 1970년 그 해, 대구 출신으로 서울에서 노동자 생활을 했던 전태일이 대학생 친구가 한명이라도 있었으면 하는 소망을 외치며 분신하였다. 이후 전태일의 친구로 살고자 하는 대학생들을 중심으로 노동자들을 교육하는 야학의 움직임이 전국적으로 일어났다.

광주에서는 들불야학이 시민아파트에서 척박한 환경에서 살아가는 노동자들을 만나게 되었다. 1기 야학의 학당은 1978년 광천성당 교리실의 한 칸을 빌려 시작되었다. 이 건물은 성당 학당이라고 불렸고 2004년 도로 개설로 헐려 출입문의 벽 일부만 현재 보존되어 있다. 이 앞에 5·18 사적지 27호 표지석이 위치해 있다.

들불야학 창립의 주역인 박기순(1958-1978, 들불야학 강학, 광주 최초 위장 취업자)은 1978년 10월 전남대 선배인 윤상원을 설득해 들불야학에 참여시킨다. 훗날 영혼결혼식의 주인공인 두 사람이 처음 만난 곳이 바로 들불야학인 것이다.

1978년 11월 야학 강학이 된 윤상원은 시민아파트에 자취방(B동 106호)을 얻어 이사하였고 학강(야학의 학생)이었던 백재인과 공동 거주를 하게 된다. 이 방은 야학 강학과 학강들의 공동 숙소이자 휴게실, 회의실, 자료실, 토론실 역할을 하였다. 박기순이 사고로 죽던 날 이틀 전 야학의 전망을 놓고 동료들과 밤샘 토론한 곳이기도 하다. 자신의 다짐과 결의의 뜻을 담아 죽기 위해 살자는 혈서를 쓴 곳도 이곳이다.

일명 아파트 학당으로 불릴 정도로 시민아파트는 들불야학의 옛터로서 중요한 장소다. 《윤상원 평전》을 쓴 임낙평은 윤상원의 자취방을 서로 어울리는 들불 공동체의 베이스 캠프로 기억하고 있다. 그룹 공부도 하고, 본가가 있는 임곡에서 쌀과 김치를 가져오면 함께 다 먹어버리는 생활 공동체의 장이었던 것이다. 그 당시 윤상원의 자취방에 안 가본 사람이 없을 만큼 자주 들락거리며 공부도 하고 밥도 먹고 했던 곳이다. 따라서 그는 이곳에 기념관을 조성해야 한다고 주장한다.

박기순이 사망하고 난 이듬해인 1979년 1월, 2기 신입생을 받은 들불야학은 일일 다방으로 기금을 모으고, 박기순 유족이 보탠 돈을 합쳐 C동 3층 방을 새 학당으로 얻었다. 이곳에서 박관현(1953-1982. 야학 강학, 오월 항쟁 당시 전남대 총학생회장), 신영일(1958-1988. 야학 강학, 들불야학 학당가 작사 작곡자) 등이 광천공단 실태 조사반을 만들어 기숙을 하면서 활동하기도 하였다.

김영철이 운영하던 아파트 입구 앞 상점(당시 이름이 동명이네 가게)에 조성한 삼화신협 출장소 사무실도 야학 3기 학당으로 이용되었다. 1979

년 6월이 되자 윤상원은 고3이던 동생 윤태원과 여동생을 시민아파트로 데려와 함께 살았다. 밤 8시, 9시까지 공장에서 일하고 돌아와서도 들불야학 청년들과 책을 읽고 토론하던 형의 모습이 선하다고 동생은 회상한다. 이후 동생이 공부하도록 인근 주택가에 자취방을 구해 이사시키고 그는 짐을 싸서 김영철의 집으로 들어갔다. 합판으로 나눈 방 한 칸에는 김영철 부부와 아이들이 쓰고, 다른 한 칸에 윤상원과 박용준이 함께 살았다. 이곳에 야학 자료들을 보관하였고 학강들이 몰려와 끼니마다 열댓 명의 밥을 해야 했다고 한다.

시민아파트의 앞마당도 의미 있는 장소로 활용되었다. 아파트 마당에 우물이 있었는데 그곳에서 윤상원 형제는 함께 빨래를 하였고, 오월 광대 박효선(1954-1998. 3기 강학. 오월 항쟁 지도부 홍보부장)은 탈춤반을 이끌고 마당에서 주민들과 춤사위를 풀던 곳이다. 김영철이 낡은 시민아파트를 허물고 살만한 집으로 다시 지을 계획을 추진하고 있을 때 1980년 5월이 왔다.

③ 오월 항쟁의 산실

시민아파트는 5·18 민중항쟁의 역사를 지닌 오월 항쟁의 산실이다.

가장 대표적인 것이 투사회보의 제작과 배포다. 윤상원을 중심으로 한 들불야학 강학과 학강들이 들불야학에서 보유하던 등사기로 유인물을 제작하였고, 이곳에서 제작한 투사회보를 들고 오월 항쟁의 중심으로 뛰어들어 학살과 맞섰다.

1980년 5월 19일부터 시내 전역에 뿌려진 투쟁 선전 격문과 호소문도 이곳에서 만들어졌다. 7~8명의 들불야학팀이 필경조, 등사조, 물자조달조, 배포조 등 4개조로 나누어 역할 분담을 하였다. 윤상원이 내용을 작성하고 박용준이 필경을 하고 강학과 학강들이 배포원으로 나섰다.

투쟁이 항쟁으로 승화되고 전 시내와 시민들로 확산될 무렵 항쟁의 지속을 예고하며, 격문 수준의 유인물이 아닌 투사회보라는 이름으로 항쟁 소식과 시민참여 선동 내용을 담아 조직적으로 배포한 것이다. 투사회보는 5월 21일부터 26일까지 9호가 발간되었다.

시민아파트 주민들도 전두환을 때려잡는데 쓰고 공수부대 몰아내는데 써달라고 하면서 돈과 쌀을 모아 윤상원에게 건넸다. 야학에서 교육을 받은 아파트의 청년들도 시민군이 되었다. 그로 인해 시민아파트는 당시 빨갱이 소굴로 찍히기까지 하였다.

들불야학의 여학생들도 투사회보 제작과 배포에 나섰고, 계엄군의 도청 시민군 진압 전까지 하루 종일 시민군들에게 밥을 지어주고 도청 상황실에서 시민군들과 함께 활동을 하였다. 당시 들불야학 1기 학강으로 윤상원에게 수업을 받았던 조순임은 강학에 대한 믿음으로 투사회보 제작 등에 참여했다고 회상한다.

당시 학강들 중 여학생들은 5명으로 이들은 활자로 만들어진 투사회보 원문을 등사하는 작업을 하는 한편, 시민군과 함께 투사회보를 만들어낼 종이를 구하는데도 나섰다. 또 제작된 투사회보를 시내버스와 시민군 차량, 택시 등으로 옮기는 것은 물론 직접 광주 시민들에게 배포하면서 5·18 당시의 상황을 알리는데 노력했다. 시민아파트에서 함께 살았던 김영철과 박용준은 오월 항쟁 당시 각각 도청과 YWCA에서 윤상원과 함께 끝까지 싸웠다.

④ 님을 위한 행진곡의 탯줄

시민아파트는 님을 위한 행진곡 노래의 주인공들이 새날을 꿈꾸며 활동한 장소였다. 들불야학을 꾸리자고 맨 처음 팔을 걷어붙인 박기순과 그의 설득에 참여한 윤상원이 만난 곳이기 때문이다.

1982년 2월 20일 윤상원과 박기순의 영혼결혼식이 있었다. 그해 4월 광주 민주화운동 2주기를 기념하여 두 사람의 영혼을 기리고 살아남은 자들의 의지를 결집하자는 의미로 〈넋풀이-빛의 결혼식〉이라는 30분짜리 창작 노래극이 제작되었다. 총 7곡 중 대미를 장식하는 행진곡이 바로 님을 위한 행진곡이다.

작곡가 김종률은 이 곡의 의미를, 민주와 자유를 위해 분연히 일어났던 분의 용기에 대한 존경이고, 그들 속에서 피어난 아름다운 사랑에 대한 찬사이며, 미래에 올 수 있는 불의에 대한 우리들의 각오로 설명하고 있다.

대통령도 님을 위한 행진곡은 오월의 피와 혼이 응축된 상징이고 5·18 민주화 운동의 정신 그 자체이며 님을 위한 행진곡의 제창은 그동안 상처받은 광주 정신을 다시 살리는 일이라고 기념식에서 말한 바 있다. 노래 가사처럼 앞서서 나가며 산 자가 따를 길을 낸 님들(윤상원과 박기순)이 시민아파트를 중심으로 주민들을 만나고 노동자들과 공부하며 새날을 꿈꿨다.

시민은 이름이 없다. 가난한 아파트 벽에 박혀 철거민들에게 던져진 그 이름 시민, 들불야학과 김영철을 만나 저항하는 시민이 되고, 오월의 거리에서 시민군이 돼 총을 들고 죽어갔다. 이젠 그 시간만큼 밝아진 세계의 시민들 틈엔 끼지 못한 채, 그 시간만큼 가난을 더한 아파트에 남아 갈 곳 없는 시민으로 스러지고 있다.

님을 위한 행진곡이 담긴 넋풀이 테이프엔 〈격려가〉(김준태의 시 '이 세상에서 사라지는 것은 하나도 없다'로 황석영 작사)가 있다. 윤상원과 박기순이 산 자들을 위로하는 노랫말이다. 슬퍼하지 말아라 오늘부터는, 절망하지 말아라 오늘부터는, 세상에서 사라지는 것들은 하나도 없단다.

시민아파트에 쏟아진 국가폭력은 아직 마르지 않았다. 시간은 시민아파트의 가난을 데려가지 않았다. 부실 공사로 아파트가 지어졌을 때나 군대의 총칼이 쏘고 찔렀을 때나 새 정부 출범으로 새날이 온 뒤에도, 복도로 들어와 어둠을 밀어낸 빛은 없었다.

한겨레신문의 이문영 기자가 쓴 시민아파트의 장소성에 대한 언급이 가슴 아프게 다가온다. 그렇게 시민아파트는 사라져가고 있다. 그러나 슬퍼하지 말자. 절망하지 말자. 시민아파트를 살릴 방법이 있을 터니.

### 3) 광천시민아파트, 어떻게 살릴 것인가? 들불 청년 정신이 살아 숨 쉬는 오월 문화콘텐츠 창작 기지로 재생하자

#### ① 오월 문화콘텐츠 창작 기지로 재생하자

시민아파트는 광주 최초의 서민 아파트로서 도시의 주거사와 서민들의 삶의 역사를 간직한 곳이다. 또한 노동자들의 배움터이자 5·18 민중항쟁의 역사를 지닌 가치 있는 장소다. 이러한 역사성과 장소성을 문화적으로 재생하여 도시의 미래자산으로 활용할 필요가 있다.

시민아파트는 바로 옆에 있는 광천동 성당이 들불야학 터로서 5·18 사적지 제27호로 지정되어 보존되고 있는 것과 반대로, 현재 광천동 재개발 사업 부지에 포함되어 사라질 위기에 처해 있다. 이 공간을 보존하여 미래 세대들에게 자산이 될 복합문화공간으로 활용하는 방안을 시급히 마련해야 한다.

시민아파트의 장소성, 즉 주거 생활사, 들불야학의 삶, 오월 항쟁의 자취 등을 종합적으로 더듬어 볼 수 있는 기념관과 도서관 기능은 복합문화공간의 기본 요소로 갖추어야 할 것이다. 시민아파트의 장소성을 더욱 가치 있고 생명력 있는 도시 자산이자 브랜드로 만들기 위해서는 좀 더 핵심적인 기능을 고려해볼 필요가 있다.

일례로 오월 문화콘텐츠 창작기지다.

차세대 아시아 문화예술인들이 오월 정신을 예술적으로 승화하여 문화콘텐츠를 창제작하는 세계적인 복합 문화공간으로 재생하는 것이다. 오월 항쟁의 전진 기지로서, 노동자와 학생 청년들로 구성된 야학인들의 숨결과 이야기가 담겨 있는 들불야학 터로서, 영혼결혼식의 주인공인 윤상원과 박기순 열사가 처음 만난 님을 위한 행진곡의 탯줄로서, 시민아파트의 역사성과 장소성을 오월 문화콘텐츠의 원천 자원으로 탈바꿈하는 것이다.

들불야학 청년 7인(윤상원, 김영철, 박기순, 박용준, 박관현, 신영일, 박효선)의 정신을 미래지향적, 예술적으로 계승, 승화, 재해석하여 문화콘텐츠와 브랜드로 개발하는 들불 청년문화 창작소로 재생할 필요가 있다.

차세대 예술가들과 문화기획자, 콘텐츠 제작자, 예술경영인들이 모여드는 창작, 교류, 교육, 기념, 향유의 복합문화공간으로 재탄생시키는 것이다. 들불 청년 7인의 정신과 활동을 현대적으로 재해석하여 청년 예술가들을 발굴, 지원하는 창작예술 단지로 조성해 볼 수 있다.

다양한 분야(예를 들어 들불 7인의 정신을 모티브로 한 7개의 상징적 분야)의 예술인들이 다양한 문화콘텐츠(예를 들어 문학, 음악, 영상, 미술, 미디어아트, 사진, 출판 등 7대 문화콘텐츠)를 창조하고 교류하는 문화 거점으로 활용하는 것이다. 당연히 청년 예술가들이 거주하는 레지던시와 창작스튜디오, 상호교류와 교육 프로그램, 시민들의 체험과 향유의 공간을 포함해야 할 것이다.

② 스토리, 자원 아카이빙과 공유 이벤트부터 시작하자

이를 위해서는 무엇보다 먼저 시민아파트의 가치를 알리고 공유하는 작업이 중요하다. 시민아파트에 담겨 있는 스토리와 자원, 생활문화 조사와 아카이빙 작업이 선행되어야 한다. 그 결과물을 홍보하는 문화매체(스토리북, 공간문화지도, 홍보물 등)를 제작하고 다양한 문화이벤트(시민아파트 공간을 활용한 공연과 전시 등 장소특정형 예술)를 개최해 그 가치와 의미를 공유하는 작업도 동시에 진행해야 한다.

치유예술가 주홍 작가를 중심으로 한 광주의 작가들이 들불야학 아파트를 기억하고 보존하자는 메시지 전달을 위해 시민아파트에서 펼쳤던 게릴라 콘서트와 뉴욕의 유니언 스퀘어에서 '오월 아리랑-광주에서 온 선물'을 주제로 펼친 평화 공연, 광주와 제주의 예술가들이 함께 제주의 4·3길과 광주의 오월길을 걸으며 기억의 장소들을 예술로 재현한 The Road 43518 제주 비엔날레 프로젝트, 시민아파트에서 장소특정형 연극을 시도했던 아시아문화전당의 도시 횡단 프로젝트와 같은 다양한 예술 프로젝트들을 지속적으로 추진할 필요가 있다.

시민아파트는 현재 구 도청 완전 복원 프로젝트를 수행하고 있는 아시아문화전당의 민주평화교류원과 문화정보원의 연구 프로젝트 대상이 되어야 한다. 광주시에서 추진하고 있는 근현대 건축물 아카이빙 사업에도 시민아파트를 비롯한 오월 정신의 공간들을 포함해야 한다.

광주비엔날레와 시립미술관의 세계적인 예술 프로젝트로도 활용될 수 있을 것이다. 비슷한 예로 영국의 빅토리아 앤드 앨버트V&A 뮤지엄의 특별 프로젝트인 로빈 후드 가든을 들 수 있다.

로빈 후드 가든은 1972년 지어진 공공 임대주택으로, 시민아파트와 마찬가지로 철거가 진행되고 있는 재개발 아파트다. V&A 뮤지엄은 건물 일부를 통째로 절단해 컬렉션으로 보존하기로 했다. 철거 건물이 작품이 된 것이다. 이 작품은 베니스 비엔날레 본 전시에 초청되어 전시되었다. 한국의 설치미술가 서도호의 영상 작업도 이 작품과 나란히 걸렸다. 그는 25년 이상 살아온 주민이 대부분인 로빈 후드 가든의 네 가구를 찾아가 삶의 흔적을 사진 촬영하고 내부를 3D로 맵핑해 작품을 만들었다.

미술이란 우리 삶을 어떻게 기록할 것인가의 문제라고 생각한다는 서도호 작가는 자신이 살던 아파트를 떠나면서 그 곳에 살던 기억을 되살리고 싶어 아파트 전체를 통째로 탁본하고 실물 크기로 그 집을 전시하는 작업도 구상하고 있다.

제10회 서울 국제 건축영화제에서 상영된 칠레 출신 작가 고든 마타 클락Gordon Matta Clark도 사라질 위기에 처하거나 버려진 건물들을 대상으로 건물 쪼개기 작업을 통해 건물을 바라보는 관점을 바꾸고 건물의 의미와 생명력을 되살리는 작업으로 유명하다.

이처럼 미술관과 비엔날레, 작가들의 협업을 통해 시민아파트를 문화적으로 재생하는 다양한 프로젝트를 실시해 사라져가는 공간에 대한 시민들의 새로운 인식을 이끄는 계기를 만들어야 한다.

③ 시민의 뜻과 힘으로 기본계획과 공간재생 플랜을 수립하자

이러한 아카이빙과 이벤트를 바탕으로 사회적, 정책적 공감대가 형성되면 오월 문화콘텐츠 창작 기지를 조성하는 중장기적인 기본계획을 수립하고 그에 따른 구체적인 공간디자인과 리모델링 작업을 실행해야 한다. 이 과정에서 시민이 주도하는 전문가, 공공기관, 이해관계 그룹의 밀접한 파트너십과 거버넌스가 필요하다.

시민아파트는 3개 동의 대규모 시설임으로 향후 논의를 통해 보존과 재생의 규모와 범위, 방법 등을 구체화해야 할 것이다. 중요한 것은 청년 예술가와 문화전문가들의 창의적인 아이디어 발굴과 효과적인 지원을 통해 들불 청년 정신이 새롭게 살아나고 다양한 미래형 문화콘텐츠로 개발되도록 해야 한다는 점이다.

이를 통해 아시아문화중심도시 조성 사업의 기반이 되었던 오월 정

신을 미래지향적인 문화콘텐츠로 계승하고 확산하는 창작 거점 공간을 마련하고, 오월 창조 문화콘텐츠와 브랜드 개발의 일자리 모델로 자리매김하길 기대해 본다. 또한 정부의 도시재생 정책과 연계하여 시민아파트를 기념과 콘텐츠 창조, 시민 향유의 복합문화공간으로 만드는 창조적, 문화적 도시재생의 광주형 모델이 되길 기원해본다.

④ 시민 공동자산으로 만들자

지금까지 제안한 이야기들이 실현되려면 현재 진행 중인 광천동 재개발 사업의 조정이 필요하다. 가장 효율적으로 접근해 볼 수 있는 방법은 조합원들의 재산권과 주거권을 침해하지 않는 범위에서 개발 계획을 변경하는 것이다.

시민아파트 위치를 공원 부지로 용도 변경하여 복합 문화공원으로 만들면 도시브랜드형 주택 재개발 사업의 새로운 모델이 될 수 있을 것이다. 공간 전체를 보존하기 어려우면 건물 일부를 보존하여 활용하는 방법도 있을 것이다. 그러나 더욱 바람직한 것은 시민아파트의 의미와 가치를 시민들이 공유하여 광주의 미래 도시자산으로 만드는 것이다.

현재 많은 도시에서 추진되고 있는 공동 소유의 시민자산화를 추진하는 것이다. 지역 차원에서 내셔널 트러스트의 국민 신탁운동(일명 리저널 트러스트)을 추진하는 것도 한 방법이 될 수 있을 것이다. 늦었지만 지금부터라도 본격적인 시민아파트 살리기 논의가 다양한 곳에서 시작되길 기대한다. 2020년 5·18 40주년의 해에는 밑그림이 그려지고 5·18 50주년이 되는 2030년에는 세계적인 장소브랜드가 되어 있길 꿈꾸어 본다.

# 2장

# 문화가치를 실현하는 도시브랜딩과 장소마케팅

# 1. 대한민국 문화도시 브랜드로서 아시아문화전당 문화경영 전략

## 1) 절실한 것은 문화경영 담론이다[63]

① 아시아문화전당을 둘러싼 담론의 추이

그동안 아시아문화전당(Asia Culture Center, 이하 ACC)을 둘러싼 논의와 쟁점들을 살펴보면, 건설비용 7천억 원, 매년 운영비 8백억 원이 소요되는 역대 최대 문화시설임에도 불구하고 콘텐츠, 조직, 인력에 대한 논의 외에 운영, 브랜딩, 마케팅, 재원 조성, 비즈니스 모델 등 문화경영 전략에 대한 논의가 매우 부족하다는 것을 알 수 있다.

1차 논의 담론은 아시아문화중심도시 조성 사업의 정체성과 비전에 관한 것이었다. 구 도심의 도시재생과 예향, 의향, 미향으로서 광주의 정체성을 모태로 논의의 출발점이 된 광주 문화수도론과 아시아 문화의 새로운 가치를 창출하는 문화도시 모델 개발을 목표로 한 아시아문화중심도시론이 그것이다. 사업의 정체성과 비전에 대한 충분한 논의와 공감대 형성이 되지 않은 상태에서 국가가 베푸는 사업처럼 인식되어 정체성 논란이 이후 끊이지 않고 있다.

2차 논의 담론은 아시아문화중심도시 조성 특별법과 종합계획, 즉 법제도 정립을 둘러싼 것이었다. 대통령 공약으로 시작된 정치적 국책 사업의 지속성 담보를 위한 법적 기반 마련이 시급했기 때문에 충분한 연구와 논의 과정을 거치지 않고 법과 계획이 만들어졌다. 그로 인해 사업에 포함된 내용 중 가시적 효과가 큰 ACC에 대한 논의만 부각되었다.

3차 논의 담론은 ACC의 건축 설계와 랜드마크에 대한 논쟁이었다. 지하시설을 중심으로 설계된 ACC의 랜드마크 기능 여부와 구 도청 별관의 보존을 둘러싼 갈등이 수년 간 지속되었다. 하드웨어에 대한 논쟁 속에서 콘텐츠와 인력양성에 대한 논의는 제대로 이루어지지 못했다.

4차 논의 담론은 ACC의 콘텐츠에 대한 논쟁이었다. 대규모의 ACC 공간을 충분히 채울 콘텐츠의 양 문제, 현대미술 중심의 실험적 콘텐츠와 향유 중심의 대중적 콘텐츠를 둘러싼 성격 논쟁, 지역문화 콘텐츠의 통융합 부재 논쟁이 그것이다. 콘텐츠 자체에 대한 논쟁에만 함몰되어 정작 콘텐츠가 만들어지는 프로세스와 시스템에 대한 논의는 거의 이루어지지 않았다.

아시아문화전당 개관 전후로 진행되었던 5차 논의 담론은 ACC의 기관 성격을 둘러싼 논쟁이었다. 국가 기관과 법인 기관 논쟁 끝에 2015년 3월 특별법 개정으로 5년간 국가 운영 후 성과를 평가해 위탁 운영으로 전환하기로 결정되었다. 직제도 개정되어 아시아문화중심도시 추진단은 1개과 8명으로, ACC는 4과 50명으로, 아시아문화원은 100명으로 각각

축소되었다. 세 기관 모두 대표 선임도 늦어지고 직원도 최종 확정되지 않은 상황에서 숫자 논쟁만 이루어졌다.

가장 최근에 이루어진 6차 논의 담론은 2015년 11월 25일 ACC 개관 이후 실질적인 전당 운영 활성화를 둘러싼 논의다. 초대 아시아문화전당장 선임, 민주평화교류원 개원 보류, 전당 프로그램의 홍보 마케팅, 지역과의 협력 시스템 구축, 전당 통합브랜딩, 전당 조직문화와 문화행정의 효율성, 수요자 중심적인 공간디자인, 고객 개발, 아시아문화전당과 아시아문화원 조직의 이원화 통합 조정 등이 주요 이슈들이다.[64]

② 대한민국 문화도시 브랜드로서 문화경영 담론의 필요성

그동안 진행되었던 논의들의 추이를 보면 공통적으로 매우 부족한 담론이 있다. 바로 문화도시와 문화경영 담론이다. ACC에 광주 나아가 아시아의 도시정체성과 문화를 어떻게 담아낼 것인가에 대한 논의와 ACC의 고객, 가치, 조직문화, 시스템, 프로세스, 마케팅, 브랜딩, 수익 창출, 재원 조성 등 문화경영 전략에 대한 논의는 밑그림조차 그리지 못하고 있는 듯하다.

아시아문화중심도시 조성 사업은 본질적으로 전당 프로젝트가 아닌 글로컬 도시 프로젝트다. 조성 사업이 시작될 때 슬로건으로 잠시 사용되었던 꿈씨꽃(광주가 꿈꾸고, 나라가 씨 뿌리고, 아시아로 세계로 함께 꽃을 피운다는 의미)에서 보듯, 대한민국의 새로운 문화도시 모델을 만드는 국가 프로젝트로 출발하였다.

따라서 ACC 브랜딩은 도시브랜딩과 함께 가야 한다. 국가 차원의

지역 균형발전과 국가의 문화적 위상을 높이고 미래형 도시발전의 새로운 모델을 창출하는 것이 목표다. 그러나 ACC 사업에는 아시아와 세계는 넘쳐 나되 지역은 잘 보이지 않는다는 목소리가 강하게 제기되어 왔다. 공간적으로 ACC 내부에 갇혀 있고 내용적으로 현대미술 위주의 실험적인 작품이 주도하다 보니 차별화된 도시브랜드로서 ACC의 성격이 나타나고 있지 않는 것이다.

정부는 ACC 개관으로 3만 6천 명의 고용 창출과 2조 7천억 원의 생산 유발 효과가 기대되고, 조성 사업으로 일자리 11만 명 창출과 생산유발 효과 8조 7천억 원을 기대한다고 발표한 바 있다. 그러나 문화경영 전략과 지속가능한 운영체계 없이 이러한 효과를 실현하기는 어려울 것이다.

2014년 문화기본법과 지역문화진흥법 제정으로 지역문화융성의 시대가 정책적으로 펼쳐지고 있다. 지역 균형발전의 차원에서 시작한 아시아문화중심도시 조성 사업이 국가를 대표하는 도시브랜드이자 지역문화융성의 전초 기지로서 자리매김할 수 있어야 한다. 즉 대한민국 문화도시 브랜드로서 글로컬 도시문화경영 전략이 절실히 필요한 시점이다.

### 2) 장소브랜딩과 비즈니스 모델 창출 전략을 수립하자

ACC의 개관 이후 2016년 8월 18일까지 약 9개월 동안 120만 명이 ACC를 찾았다. 아시아문화원의 계획에 의하면 2016년 말까지 273만 명 집객을 목표로 하고 있다.[65] 어린이문화원을 중심으로 지역 가족 방문자수가 증가하고 있지만 젊은층이 주타깃인 문화창조원과 예술극장 방문은 저조한 편이어서 2030 젊은층의 방문 제고 모색이 필요하다는 내부 진단이다.

호남고속철도를 이용한 남도 관광객(여수, 순천, 담양, 구례 방문객 연간 연인원 약 2,500만 명) 중 10%만 ACC로 유인해도 집객 목표를 달성할 수 있는 상황이어서 이를 위한 관광콘텐츠 개발이 필요하다. 현재 이용객들이 불편을 호소하는 사인 시스템과 휴게공간 등 고객 편의도 대폭 개선해야 한다. ACC 운영에 최적화된 인력을 키우는 인재 육성과 지역 협업도 절실한 상황이다.

이러한 과제들을 해결하기 위해서는 ACC의 문화경영 전략으로서 장소브랜딩 전략과 비즈니스 모델 창출 전략이 필요하다.

장소브랜딩 전략은 고객이 신뢰할 수 있는 차별화된 ACC의 장소가치를 창조하는 것이다. 비즈니스 모델 창출 전략은 ACC가 창조하는 가치를 어떻게 전파하고 실현해낼지를 합리적 체계적으로 묘사해내는 것이다. ACC 조직의 구조, 프로세스, 시스템을 통해 실현시킬 수 있는 전략적 청사진을 만들어내는 것이다.

이 두 전략을 실현하기 위한 6가지의 세부 제안 과제는 다음과 같다.

① 명확한 장기 비전과 정체성을 정립하고 지속적으로 일관되게 관리하자

정부가 밝히고 있는 ACC의 비전과 정체성은 아시아 문화의 교류와 창작, 공연, 전시, 교육, 연구가 이루어지는 아시아문화중심도시 조성 사업의 핵심 시설로서, 아시아 문화를 세계에 알리고 문화예술을 교류

하기 위한 세계적인 복합문화시설이자 문화발전소다. 이를 위한 비전 슬로건으로 세계를 향한 아시아 문화의 창(아시아 동시대 문화예술 창조의 플랫폼)을 제시하고 있다.

문제는 글로컬 브랜드로서 어떻게 지역정체성(아시아 + 광주)을 전당에 담아내느냐다. 광주 오월 정신을 토대로 하면서 그 정신이 세련되고 매력적인 미래지향적 아시아 문화로 승화될 수 있도록 해야 한다.

이를 위해 글로컬 문화콘텐츠의 생산, 도심의 창조적 재생과 혁신, 공동체적 가치와 창조경제의 구현, 예술가와 시민 간 관계의 형성과 그들의 새로운 창의성의 표출을 결합하여 ACC의 브랜드 정체성과 비전을 재구성하는 것이 필요하다.

시급한 것은 ACC의 상징적 정체성과 브랜드 정체성 시스템이다. ACC하면 바로 떠오르는 연상 이미지의 불확실성도 극복해야 한다.

ACC의 한글과 영문 브랜드 명칭부터 재정립 하자. 기존의 명칭(국립아시아문화전당, 빛의 숲, 문화발전소, Asian Culture Complex, Asian Culture Center 등)을 어떻게 브랜드화 할 것인지 결정해야 한다. 5개원(민주평화교류원, 문화창조원, 문화정보원, 예술극장, 어린이문화원)의 한글, 영어 명칭도 정체성을 살리면서 고객들에게 친근한 이미지 브랜드로 재정립할 필요가 있다.

ACC의 통합 로고, 브랜드 슬로건, 캐릭터도 마련해야 한다. 현재 로고는 개발되어 있으나 캐릭터는 어린이문화원만 개발되어 있고(시아, 고니, 페리, 칼리, 키니, 엘리) 브랜드 슬로건은 부재한 상황이다.

② 정확한 목표집단과 제공 가능한 가치를 보여주자

ACC를 찾을 고객이 누구인지, 누구를 위한 콘텐츠를 창조해야 하는지, 그 중에서 누가 가장 중요한 고객인지를 설정하는 고객 세분화와 표적화, 포지셔닝의 STP 전략을 수립해야 한다.

현재는 일반적인 국공립 문화시설이 목표집단으로 삼고 있는 일반대중과 예술 분야 종사자에 머무를 수밖에 없는 실정이다. 세대별, 계층별, 지역별, 젠더별, 방문목적별, 문화향유 라이프 스타일별로 고객을 세분화하여 시나리오별 전략을 수립할 필요가 있다.

이를 위해서는 ACC가 그러한 고객들에게 제공하는 핵심가치를 분명히 밝히고 실체를 보여주어야 한다. ACC가 현재 밝히고 있는 가치는 네 가지 즉, 광주 정신, 아시아 문화정체성, 아시아 동반성장, 미래지향성이다. 그것을 실현하는 시설로서 각각 민주평화교류원, 문화정보원, 예술극장과 문화창조원, 어린이문화원을 설정하고 있다.

그렇다면 각각의 시설들의 고객이 누구이고 그 가치들이 고객들이 처한 갈증을 해결해주거나 니즈를 충족시켜주는지 판단해야 한다. 가치는 단어로 제공될 뿐 실체가 보이지는 않는다. 이제 ACC가 제공하는 가치가 고객이 처한 삶의 문제점을 해결해주는지, 고객의 니즈를 충족시켜주는지 냉철하게 판단해야 한다. 아울러 서로 다른 고객 그룹에게 어떤 상품이나 서비스를 제공하는지, 그 실체와 가치는 무엇인지 명확히 설정해야 한다.

③ 강력한 장소브랜딩 전담팀을 조직하자

현재 ACC에는 총체적인 통합브랜딩을 담당하는 조직이 없다. ACC

의 구동 원리에 경영전략 기능이 부재하기 때문이다.

처음에는 ACC의 5개 원 중에서 민주평화교류원이 아시아 문화교류 협력 네트워크의 중심으로 설계되었다. 그 안에 민주평화 기념관과 문화교류 지원실을 비롯하여 경영전략 지원 센터가 존재하고 있었다. 그러나 현재 예술감독, 인력, 시설, 사업, 홍보가 부재하여 가장 제 기능을 못하고 있고 민주평화교류원은 아직 개원도 못하고 있는 실정이다. 그마저도 최근에는 기존 계획에 있던 경영전략 지원 센터마저 없어졌다.

민주평화교류원은 문화예술 협력 및 문화콘텐츠의 국제 마케팅과 유통을 선도하는 ACC의 핵심 경영 조직이다. 민주평화교류원에 브랜드 경영 전략팀을 조직하고 경영전략 지원 기능을 강화할 필요가 있다. 이곳을 중심으로 ACC의 나머지 기관들이 가치 선순환의 연계 협력 체계를 갖도록 조직을 개선해야 한다.

현재 ACC의 구동원리는 문화창조원을 핵심 역할로 설정하고 있으나 통합브랜딩은 민주평화교류원이 담당을 해야 한다. 민주평화교류원과 연계되지 않는 문화창조원은 앙꼬없는 찐빵과 같다. 그럴 경우 국립 현대미술관이나 비엔날레 전시관과 차별화하기 어려울 것이다.

④ 핵심 파트너십과 협력 네트워크를 구축하자

ACC의 경우 우선 5개원 조직 구성원의 내부 파트너십이 가장 중요하다. 이를 위해서는 ACC와 같은 기존 모델이 없는 프론티어형 기관의 초기 멤버들이 지녀야 할 문화 개척자로서 가치와 신념, 태도를 정립해야 한다. 이를 바탕으로 ACC 인간형을 정립하고 그에 맞는 조직문화를 형성해야 한다.

두 번째로, 아시아문화중심도시 조성 사업의 5대 정책 기관인 아시아문화중심도시 조성위원회(이하 조성위), 아시아문화중심도시 추진단(이하 아문단), 아시아문화원(현 아시아문화전당 재단), 광주광역시, 문화기술연구원(이하 CT연구원)과의 파트너십 구축이 중요하다.

조성위는 대통령 직속 기구로서 중앙정부의 범부처 협력을 이끌어내는 역할을 하고, 아문단은 아시아문화중심도시 조성 사업 전체를 총괄하며, 광주광역시는 ACC 이외 사업의 연차별 실시계획을 수립한다.

아시아문화원은 현재 ACC 위탁기관 임무를 주로 하고 있으나 본래 콘텐츠 기획과 제작, 유통과 비즈니스 모델 개발이 주된 역할이다. CT연구원은 ACC에서 생산되는 콘텐츠를 상용화하는 역할 및 도시 차원의 CTculture technology를 연구 개발하여 ACC 콘텐츠와 연계하는 역할을 한다.

세 번째로 빛가람 혁신도시에 자리잡은 공공 문화기관들, 즉 한국문화예술위원회ARKO, 한국콘텐츠진흥원KOCCA, 한국방송통신전파진흥원KCA을 파트너로 삼아야 한다. 아시아문화중심도시 조성 사업은 국가균형발전 차원에서 행정중심 복합도시(세종시), 혁신도시 사업과 동시에 국가 균형발전 트라이앵글 프로젝트로 진행되었다. 따라서 서로 연계하여 시너지를 창출해야 정책적 목표를 달성할 수 있다.

마지막으로, 파트너십의 핵심은 무엇보다 지역주체들이다. ACC와 지역 문화단체, 시민사회가 연결되는 문화순환 체계를 만들어야 한다. 이를 위해 ACC와 도시의 일상을 엮는 문화 코디네이터를 육성하고, 도시

속 문화공간 네트워크 활성화를 위한 문화 회랑과 문화 가교, 문화 산책길을 조성해야 한다.

일례로, 아시아문화혈관길(일명 ACC Trail, Asia Culture Capillary Trail의 약자) 프로젝트를 들 수 있다. ACC와 연결되는 주변의 길들은 현재 모두 18개다. 이 길들은 아시아문화전당 순환로를 중심으로 사방으로 펼쳐 있다. ACC가 문화발전소의 심장이고 전당순환로가 문화를 뿜어내는 동맥이라면, 18개의 길은 곳곳에 문화의 숨결이 흐르는 모세혈관 기능을 한다.

아시아문화혈관길은 ACC에서 창조되는 다양한 콘텐츠와 프로그램들이 도시 전역으로 확산되고 도시문화콘텐츠가 전당으로 흘러드는 문화 소통길이자, 아시아문화전당을 찾는 방문객들이 드나드는 통행길, 전당 방문객들을 도시관광객으로 전환하는 여행길 역할을 수행한다.

⑤ 고객과의 커뮤니케이션 채널을 만들자

각각의 고객에게 어떤 채널을 통해서 ACC의 가치를 전달할 것인지, ACC의 상품과 서비스에 대한 고객의 이해도를 어떻게 끌어올릴 것인지, 고객들은 어떤 소통 채널을 원하는지, 어떤 채널이 가장 효과적이고 비용 효율적인지를 파악해야 한다. 고객과의 관계 맺기 방식도 여기에 포함된다.

우선, 공연장, 전시관, 도서관과 같은 내부 공간뿐만 아니라 정원과 광장, 6개의 게이트와 계단 같은 옥외공간 등 ACC 공간 자체가 소통의 채널이 될 수 있도록 하는 공간 스토리텔링, 공간디자인, 장소브랜드 개발이 중요하다. 일례로 ACC의 옥상 정원을 빛의 예술텃밭으로 조성(68개의 채광정을 빛의 씨앗으로 해석)해 시민과 예술가들이 만나는 일상공간으로 자리매김해볼 수 있다.

두 번째로, 예술 프로그램과 상관없이 언제든 ACC를 찾을 수 있는 음식 브랜드(예를 들어, 오월 주먹밥 카페, 아시아 맥주홀, 세계적인 뮤지엄 다이닝 브랜드)와 빛의 숲 콘셉트에 맞는 야간 브랜드를 개발하여 ACC 콘텐츠 향유의 잠재 고객을 개발하는 것도 중요하다.

일례로, 스페인 빌바오에 있는 구겐하임 미술관에는 세계 최초로 미쉐린 스타 인증을 받은 세계적인 뮤지엄 레스토랑 네루아Nerua와 주방의 미니멀리스트라 불리는 셰프 호세안 알리하Josean Alija가 있다. 이곳은 반경 15km 이내에서 생산된 식재료와 5,000m²의 농장에서 필요한 재료를 직접 농사지어 만들어내는 로컬 푸드인 바스크 요리를 주 메뉴로 하고 있다. 요리 철학은 영혼, 에센스, 핵심이라는 뜻의 지역어 무이나Muina다. 3가지 이내의 식재료로 최고의 음식을 만들어내는 미니멀리즘 음식을 추구한다. 고객의 70%가 관광객이다. 이처럼 ACC에도 전남에서 생산된 식재료로 광주전남의 정신을 철학으로 하는 음식점을 마련해야 한다.

세 번째로, ACC의 입구나 광장에 강력한 시선과 관심을 이끄는 코어 어트랙션core attraction 랜드마크를 조성하는 것도 시민이 사랑하는 ACC를 만드는데 매우 중요하다. 예를 들어 ACC에서 가장 먼저 눈에 띄는 민주평화교류원 건물의 옥상 위에 대형 조형물을 설치하거나 ACC 입구 광장을 브랜드 슬로건과 캐릭터 광장으로 만들어 볼 수 있다.

⑥ 핵심 자원과 활동을 구체적으로 정립하자

ACC의 가치 제안과 소통 채널 확보, 고객 관계 구축과 수익원 창출을 위해서 어떤 자원과 콘텐츠, 활동이 필요한 것인지를 구체화할 필요가 있다. 이를 위해서는 ACC의 자원과 활동을 중심으로 아시아문화중심도시 조성 사업 전체를 아우르는 자원과 활동을 체계화할 필요가 있다.

ACC와 광주전남의 연계 자원과 활동들을 중심으로 연계 협력 스토리텔링 전략을 구축하고, 이를 실현할 전문인력을 양성하며, 시민을 주체로 한 문화도시 조성과 문화적 도시환경 조성에도 힘을 모아야 한다. 예술을 진흥하고 그에 따라 문화와 관광산업을 육성하는 목표도 잊어서는 안 된다. 무엇보다 문화교류를 위한 도시 역량과 위상 강화를 도모하는 글로컬 문화콘텐츠 수립과 도시브랜드 개발 활동이 핵심이 되어야 할 것이다.

이를 실현하기 위해서는 ACC 브랜딩과 광주브랜딩을 두 트랙으로 진행하면서 서로 융합하는 모델 개발을 전략적으로 추진해야 한다. 광주광역시와 ACC의 삼합(통합, 화합, 융합)이 절대적으로 필요한 이유다. ACC의 문화도시 브랜딩팀과 광주광역시의 도시브랜딩 전담 조직을 이끄는 문화부시장제가 요구되는 이유이기도 하다.

### 3) 관광 3.0 시대에 맞는 창조관광 전략을 짜자

관광의 흐름은 대량관광을 중심으로 하는 관광 1.0 시대(고속도로형 관광)에서 대안관광, 신관광을 중심으로 하는 관광 2.0 시대(국도형 관광)

를 거쳐, 창조관광을 중심으로 하는 관광 3.0 시대(골목길형 관광)로 그 패러다임이 전환하고 있다. 관광의 양(1.0)에서, 질(2.0), 혼(3.0)을 중시하는 시대로 변모하고 있는 것이다.

관광 1.0 시대가 지역경제에 초점을 두고 관광상품 개발과 표준화된 패키지, 단체 관광을 중점 전략으로 삼았다면, 관광 2.0 시대는 지역문화에 초점을 두고 특화상품 개발과 테마형 개별, 자유 관광을 중점 전략으로 삼았다.

그러나 관광 3.0 시대에는 지역의 문화적 가치에 초점을 둔 융합상품 개발과 사회공헌형 생활체험관광이 중점 전략으로 부상하고 있다. 즉 정신적 치유와 힐링, 일상적 삶의 가치 발견, 사회적 책임과 공헌, 과학기술을 활용한 통융합적 가치 창출 등 가치지향적인 융합관광, 공정여

### 10대 핵심 관광트렌드

| 구분 | 핵심 관광트렌드 |
|---|---|
| 1 | 중국, 한국 관광 시장의 지형을 바꾸다 |
| 2 | 관광, 경계를 허물다 |
| 3 | 관광의 기본가치(New 3S: safe, sustainable, social) 존중 여행 확산 |
| 4 | 모바일이 주도하는 새로운 관광생태계 |
| 5 | 즐거운 불편함, OR(outdoor recreation) 여행 |
| 6 | 지역의 숨겨진 매력(hidden jewels)을 찾아 떠나는 여행 |
| 7 | 여유로움과 행복을 추구하는 여행문화, 슬로 트래블 |
| 8 | 스스로 결정하고 떠나는 DIY 여행 |
| 9 | 관광의 신 소비층으로 부상하는 중장년층 |
| 10 | 칩시크(cheap chic)를 추구하는 실속형 관광소비 정착 |

행, 생활체험관광이 지배적인 시대를 맞이하고 있다.

이러한 경향은 한국문화관광연구원이 발표한 10대 핵심 관광트렌드를 보면 명확해진다.[66] 핵심 관광트렌드의 절반이 창조적 생활관광을 말해주고 있다.

슬로 트래블, 로컬 매력 여행, 맞춤형 체험관광, 가치존중 여행, 융합관광이 그것이다.

슬로 트래블slow travel은 위안, 치유, 여유로움을 추구하는 느린 여행이다. 스트레스로 지친 현대인의 정신을 치유하고, 느린 속도로 현지 문화와 자연을 즐기면서 여행의 여유로움을 추구하는 힐링 여행과 슬로 관광을 말한다.

로컬 매력 여행locality travel은 지역의 숨겨진 매력을 찾아 떠나는 장소 여행으로, 현지의 삶과 문화를 체험하고 즐기는 지역밀착형 로컬 여행이다. 지역의, 지역에 의한, 지역을 위한 여행 추구를 말한다.

맞춤형 체험관광DIY travel은 현지에서 직접 문화를 체험하고 개인 취향에 따라 코스와 일정을 짜는 맞춤형 자유 여행을 말한다.

가치존중 여행value travel은 기본적 사회가치를 존중하는 관광으로 사회 취약 계층에 대한 지원, 사회공헌, 협력과 연대 등을 통한 사회 공익적 가치를 추구한다.

융합관광hybrid travel은 경계를 허무는 융합관광의 가속화로 관광산업 내 외부에서 융합화 현상이 일어나는 것을 말한다.

이러한 트렌드로 볼 때 ACC를 중심으로 한 아시아문화중심도시의 관광 전략은 관광 3.0 시대의 대표 모델인 창조 생활관광을 중심 전략으로 삼아야 한다.

ACC와 연계한 핵심관광 전략 시나리오를 예시해 보면 다음과 같다.

전당 주변의 길들을 천천히 걸으며 여유와 치유를 얻을 수 있는 관광, 도시의 속살을 체험할 수 있는 주민참여형 생활밀착 관광, 전당에서 얻은 개인적 영감을 도시에서 재발견 하도록 하는 취향맞춤형 관광, 아시아적 문화가치로 지역사회에 공헌할 수 있는 공정여행, 산업, 교통, 환경, 복지, 여가, 건축을 문화로 아우르는 아트 플러스art+ 관광.

이러한 5가지 시나리오를 중심으로, 무등산, 광주천, 영산강을 활용한 즐편한(즐거운 불편함) 아웃도어 관광, 관광 3.0 스타일의 중국 관광객을 유치하는 타깃 관광, 정보통신기술과 SNS를 융합한 모바일 기반 관광, 개인 여가와 젊은 감각을 추구하는 중장년층 타깃 관광, 합리적 가격에 실용적 기능을 선호하는 칩시크cheap chic 관광을 결합할 필요가 있다.

### 4) 글을 맺으며. 이제 시작이다

2022년이면 ACC 개원 7주년이 된다. 그러나 ACC는 아직 본격적으로 개원하지 않았다고 해도 과언이 아니다. 공식 개원은 했지만 정식 개원은 아니라는 것이다. 아직 전당장이 임명되지 않았고 핵심기관인 민주평화교류원도 개원하지 못했다. 전당을 위탁 운영해 왔던 아시아문화원도 해체되고 아시아문화전당 재단으로 재구성 중이다. 10년간의 공사기간과 6년간의 공식적 개관 기간 동안 많은 기대와 관심을 모아왔기 때문에 ACC의 현재 모습에 실망과 아쉬움의 비판의 목소리가 잦아

들지 않고 있다.

그러나 ACC는 새로운 모델이고 정답도 없으며 이제 출발하는 기관이기에 자리 잡는데 많은 시간이 걸린다. 개관 이후 ACC의 라이프 사이클은 크게 3단계(2015-2020, 2020-2025, 2025 이후)로 발전해 나갈 것으로 보인다. 1~2단계 기간은 국가 기관으로서 정부 정책의 힘이 어느 때보다 필요한 상황이다. ACC 주체들은 힘들더라도 긍정과 희망의 메시지를 계속 제시해야 하며, 전문가와 시민들은 도와주고 기다려주고 함께 고민해야 하는 시기이다.

지금은 한치 앞이 안 보이는 불안정, 불명확한 일들이 많아 누구나 힘들어 하는 상황이지만 5년 후 10년 후면 누구나 즐거운 체험을 하고 아름답고 흥미로운 이야기들을 쏟아내는 ACC가 되길 기대해본다.

## 2. 행복 창조도시 광주브랜드를 기대하며

한 해를 뒤돌아보며 문화 분야에서 가장 중요하게 얘기되었던 키워드는 무엇일까 생각해보니 창조라는 단어가 떠오른다.[67]

2010년은 행복한 창조도시를 광주의 새로운 비전으로 선포한 해고 유네스코 창의도시 네트워크에 한국의 도시(서울, 이천)가 처음 가입한 해다. 한국 창조도시 학회가 창립된 해이기도 하다.

몇 년 전부터 많은 도시들이 창조도시를 표방해왔지만 아직도 무엇이 창조도시인지, 왜 창조도시가 되어야 하는지, 우리 도시는 어떻게 창조도시를 만들어갈 것인지에 대한 철학과 소통, 합의와 계획은 걸음마 단계인 듯하다.

광주도 인권과 디자인, 미디어 아트 등 여러 분야에서 창조도시 사업에 대한 논의를 시작하고 있지만 창조도시 마스터플랜은 아직 마련되지 않았다. 행복 창조도시 광주의 브랜드를 만들어가는 원년이 되길 기대하면서 광주 시정 5대 목표에 조응하는 5대 창조브랜드 프로젝트를 제시해 보고자 한다.

첫 번째는 세계 속의 평화공동체 실현을 위한 오월 창조브랜드다.

최초 UN 인권도시 지정, 인본도시 디자인 구축, 5·18 자료의 유네스코 문화유산 등록, 오월길 조성, 아시아문화전당 건립 등 오월 관련 사업들이 다양하게 추진되고 있다. 문제는 이러한 사업들을 하나로 꿰어 오월브랜드를 개발하는 통합된 정책 시스템을 갖추지 못하고 있다는 것이다. 이슈가 되고 있는 구 도청 별관 보존 문제도 단순히 전당사업과의 관계 측면에서만이 아니라, 민주, 인권, 평화의 도시로서 광주의 통합적인 오월브랜딩 시스템 속에서 논의해야 해결의 실마리가 풀릴 것이다.

두 번째는 풍요로운 경제공동체 실현을 위한 광아트light art 산업 창조브랜드다.

광주의 전략산업과 문화예술을 결합하여 광주형 창조경제 브랜드를 만들어야 한다. 대표적인 것이 광산업과 예술을 결합한 광아트 산업이다. 아직은 LED와 미술의 초보적인 만남 수준에서 추진되고 있는 듯하다. 아시아문화중심도시 조성 사업의 5대 문화콘텐츠인 음악, 공예 디자인, 게임, 첨단 영상, 에듀테인먼트와 광산업을 결합하여 광아트 산업의 영역을 다각화할 필요가 있다. 아울러 이러한 과정에서 창출된 지적재산권을 보호 육성하는 지식재산화 전략 시스템을 마련함으로써 예술가 보호 및 지원 체계를 강화했으면 한다.

세 번째는 멋들어진 문화공동체 실현을 위한 빛 축제 창조브랜드다.

광주의 대표 축제는 합의된 것이 없다. 각기 나름의 의미와 중요성을 지니고 있는 축제들(비엔날레, 김치축제, 월드뮤직 페스티벌, 518 기념행사, 충장축제, 공연예술제 등)을 하나의 흐름으로 엮을 수 있는 방법이 필요하다. 빛축제light festival라는 이름으로 통합이미지 브랜드 전략을 수립하는 것을 예로 들 수 있다. 봄에는 사람의 빛축제(오월축제, 광인축제, 인권축제 등), 여름에는 자연의 빛축제(광주천축제, 무등산축제, 푸른길축제, 슬로푸드축제, 에코축제 등), 가을에는 예술의 빛축제(비엔날레, 월드뮤직페스티벌, 정율성국제음악제, 임방울국악제, 공연예술제 등), 겨울에는 산업의 빛축제(미디어아트페스티벌, 광아트축제, 전략산업축제 등)로 각각 그룹화 하여 하나의 축제로 통합 홍보하고 브랜딩 했으면 한다.

네 번째는 행복한 생태공동체 실현을 위한 역사공간 창조브랜드다.

광주의 역사성과 정체성이 담긴 공간들을 보존, 재생, 창조하는 창조공간 브랜드를 개발해야 한다. 시민회관, 국군광주병원, 505보안부대, 광주극장, 현대극장, 중앙초교, 광주여고, 광주기계, 광주교도소, 전남일신방직, 동부소방서, 구도청, 중앙우체국, 광주학생회관, 광주읍성, 태봉산, 경양방죽 등 다양한 근현대 문화유산 공간들을 창조적으로 활용할 필요가 있다. 광주의 근현대 문화유산 공간들을 체계적으로 조사하여 창조공간 문화지도부터 만들어야 한다. 아울러 아시아문화중심도시 사업의 문화공간들로 이러한 역사공간들을 적극 활용하는 지혜가 필요하다.

다섯 번째는 참여와 소통의 자치공동체를 위한 아시아 문화 창조브랜드다.

아시아문화중심도시의 핵심 사업은 아시아문화전당만이 아니다. 창조도시 광주를 위해 더 중요한 것은 광주 전역에 조성될 예정인 5대 문화권이다. 각각의 문화권이 시민들의 일상과 연결되고 장소성에 부합되도록 현실에 맞게 조정하고, 권역의 성격에 맞는 시민행복 창조브랜드를 개발해야 한다. 아울러 아시아문화중심도시 종합계획과 연차별 실시계획에 이러한 내용을 적극 반영해야 한다.

# 3. 컬처버시아드 도전과 U대회 도시브랜딩

## 1) 도시마케팅의 기틀을 짜는 컬처버시아드 도전

세계 학생 스포츠대회인 유니버시아드(universiad, 이하 U대회)를 광주에 유치하기 위한 재도전 논의가 본격화되고 있다.[68] 그런데 그 초점을 단순히 찬반론에 집중하고 있는 것 같아 아쉽다.

찬성이냐 반대냐 하는 것은 U대회를 바라보는 관점의 협소함에 기인한다. 일상적인 도시정치와 행정에서 흔히 제기되는 의견 수렴, 예산 활용, 경제 효과, 시민참여, 정치적 해석 등의 잣대는 중요한 것이긴 하다. 그러나 U대회 논의의 본질은 아니라고 생각한다.

도시철학과 도시비전, 도시가치의 재창출이라는 거시적, 시스템적, 도전적인 관점에서 들여다보는 것이 문제의 핵심이다.

그런 의미에서 U대회의 유치를 철저하게 도시마케팅 전략의 관점에서 바라보았으면 한다. 도시마케팅은 단순히 도시를 홍보, 판촉, 광고하는 정치경제적 수단이 아니라, 도시의 문화적 가치를 재창출하여 주민, 관광객, 기업이 서로 소통하는 도시발전 전략의 새로운 패러다임이다.

여기서 말하는 가치는 도시이미지와 정체성(정치적 가치), 문화경제와 브랜드(경제적 가치), 커뮤니티와 삶의 질(사회적 가치)을 포괄하는 융합적 가치다. 그래서 도시마케팅은 파트너십, 장소정체성, 브랜드, 소통을 키워드로 하는 포괄적(통합), 체계적(시스템), 연계적(네트워킹), 문화적(정체성), 능동적(포지티브 마인드) 도시발전 전략이다.

도시마케팅의 출발은 무엇보다 포지티브 마인드에서 온다. 역사적으로 하루아침에 폐허가 된 절망의 도시에서 시작된 것이 도시마케팅이다. 불완전하고 미성숙한 도시 여건을 이유로 반대를 외친다면 도시마케팅의 기본을 모르는 것이다. 도시마케팅은 긴 안목에서 시행착오와 실패의 경험을 두려워하지 않고 로드맵을 짜나가는 과정지향적 전략이다. 그렇기 때문에 단기간 동안에 혹은 한 번의 도전으로 성공하려 한다면 좌초하기 쉽다.

아울러 도시마케팅은 경제적 수치만을 목적으로 하는 것이 아니라 시민의 문화적 삶의 질을 목적으로 하면서 파급효과로 경제를 생각하는 것이다. 따라서 경제적 파급효과의 수치에 매몰되면 불신의 늪에 빠질 수밖에 없다.

그렇다면 왜 U대회와 같은 스포츠 메가이벤트의 유치인가. 이벤트가 지닌 도시 경제적 가치와 스포츠가 지닌 사회문화적 가치를 결합하여 글로벌 도시로서 이미지와 브랜드 가치를 높이는데 매우 효과적인 채널이기 때문이다. 특히 스포츠는 축제적 성격이 강해 도시주체들의 화합과 소통을 통해 매력적인 도시이미지와 브랜드 가치를 제고하는데 유리한 수단이다.

만남, 도전, 창조, 평화, 우의, 우정을 이념으로 하는 U대회는 광주의 도시이미지를 전환(소비도시에서 문화산업도시로), 강화(스포츠 문화정신이 충만한 민주, 인권, 평화의 도시로), 창출(글로벌 컨벤션도시로)하는 강력한 계기가 될 수 있다.

메가이벤트 유치는 그 자체가 목적이 아니라 성공하든 실패하든 그것을 도시발전의 계기로 활용하는 전략이다. 따라서 유치에 실패했다고 도시마케팅에 실패한 것은 아니다. 실패 경험을 계기로 문제점을 보완하여 나아가는 것이 진정한 도시마케팅이다.

그런 의미에서 2013 U대회 유치 실패는 도시마케팅의 성공을 위한 첫 출발일 뿐이다. 출발 지점에서 할까 말까를 논하는 것은 도시마케팅 담론이 아니다. 어떻게 재출발 할지에 대한 논의가 중요하다.

그 방법의 기획 및 실현 주체는 단지 도시정부만이 아니다. 중앙정부와 지자체, 시민사회, 기업, 전문가, 대학이 함께 파트너십을 이루어 해결할 사안이다. 광주시가 잘못하고 있다면 시민사회 혹은 전문가 그룹이 파트너십을 주도하면 된다.

U대회의 유치 과정에서 겪은 실패의 교훈, 참여와 네트워킹의 계기, 도시마케팅 역량의 강화, 스토리텔링 경험과 기억들, 그 모든 체험 자체를 도시마케팅의 계기로 삼자.

광주는 국내 최초 최대의 도시마케팅본부를 시청에 두고 있다. 도시마케팅 전문가를 양성하는 국내 최초의 전공이 전남대 문화전문대학원에 개설되어 있기도 하다. 또한 국내 최초로 문화중심도시를 조성하고 있어 한국에서 도시마케팅의 메카가 될 수 있는 잠재력을 지닌 곳이다.

모두 초기 단계여서 부족한 점이 많을 것이다. 그러나 U대회를 계기로 도시주체들의 신뢰와 소통을 통해 광주다운 도시마케팅 전략 모델을 만든다면 글로벌 도시로 발전하는 도약의 계기이자 견인차가 될 것이다.

재도전을 통해 문화수도에 맞는 U대회의 새로운 모델, 즉 컬처버시아드culture versiade를 만들어보자. 광주의 대학문화와 교육문화, 생활체육문화와 스포츠문화 발전의 계기로 삼자. 아울러 스포츠 마케팅의 테스트베드로 삼고 전략산업(광산업, 디자인산업)과 연계해 광 U대회, 디자인 U대회 문화산업을 창출해보자.

### 2) 삶을 밝혀주는 빛으로 U대회 도시브랜딩을 시작하자

U대회 유치 1주년이다. 지금부터 광주는 무엇을 준비해야 할까.

먼저 확인부터 해보자. 왜 U대회를 유치하였는지. 3대 메가 스포츠 이벤트 유치의 국제행사 경험, 도시홍보, 도시이미지 전환, 도시역량 강화 등 여러 가지가 있을 것이다. 그러나 가장 중요한 목적은 시민들의 삶을 행복하고 즐겁고 가치 있게 만드는 것이다.

그렇다면 어떻게 해야 할까. 시민들이 신뢰하는 도시철학과 비전, 도시가치의 재창출이 우선이다. 그리고 그 가치가 삶의 구석구석에서 실현될 수 있도록 U대회를 일상과 결합해야 한다. 대회 개최 이전pre-U, 개최 시기main-U, 개최 이후post-U를 종합적으로 준비하는 거시적, 체계적, 능동적인 U대회 도시브랜딩 전략을 수립해야 하는 이유다.

도시브랜딩은 고객들이 신뢰할 수 있는 차별화된 도시가치를 만들어 도시의 전반적 삶의 질을 높이는 전략이다. 그렇다면 U대회를 계기로 광주는 어떤 도시가치를 만들어내야 할까.

빛으로 환경을 만들고 그 환경이 사람들을 소통케 하는 창조적 빛의 도시 광주를 제안하고 싶다. 여기서 빛은 삶에 대한 애정, 열정, 정성의 혼으로 고통과 희생을 감내하며 감동스런 도시문화를 꽃 피우는 빛이다. 그 빛으로 도시가치를 높이고 부가가치를 창출하며 살고 싶은 광주를 만들어가는 라잇노믹스 철학을 담은 빛이다.

그런 의미에서 U대회의 4대 가치peace, eco, culture, tech를 빛으로 엮어 통합하는 U 라잇버시아드light versiade 4계절 브랜딩 전략을 제안한다.

먼저 봄에는 평화버시아드peace versiade 가치를 담은 인권의 빛을 브랜딩하자. 민주, 인권, 평화의 오월브랜딩을 준비하자. 오월길을 활용한 다양한 브랜드 개발이 출발점이 될 수 있을 것이다.

여름에는 환경버시아드eco versiade 가치를 담은 자연의 빛을 브랜딩하자. 무등산, 광주천, 푸른길, 도시숲 브랜딩을 준비하자.

가을에는 문화버시아드culture versiade 가치를 담은 예술의 빛을 브랜딩하자. 아시아문화전당, 문예회관, 시립미술관, 빛고을 시민문화관, 유스퀘어 문화관 등의 문화공간과 비엔날레, 김치축제, 국제영화제, 평화연극제, 정율성 음악제 등 축제이벤트들을 하나로 엮는 축제브랜딩을 준비하자.

겨울에는 테크버시아드tech versiade의 가치를 담은 산업의 빛을 브랜딩하자. 광산업, 디자인 산업, 자동차 산업 등 광주의 전략산업을 브랜딩하자.

일 년 내내 빛의 도시 광주의 가치를 드러내고 시민들이 삶 속에서 그 가치를 향유토록 하는 다양한 U브랜드를 만들어내는 것. 그것이 광주광역시와 조직위, 전문가와 시민들이 도시브랜딩 차원에서 함께 해야 할 일이다.

"수많은 밤 동안 내게 노래를 불러줄 그 누군가를 기다렸어요. 그 많고 많은 꿈들을 홀로 어둠 속에서 간직하고 있었어요. 그런데 당신이 온 거예요. 당신이 내 삶을 밝혀주었어요. 내게 계속 살아갈 희망을 주었고 내 일상을 밝혀주었어요" 라는 데비 분Debby Boone의 노래 〈당신이 내 삶을 밝혀주었어요U light up my life〉처럼, 삶을 밝혀주는 빛의 U대회를 기대해본다.

# 4. 월드뮤직 페스티벌을 통한 도시브랜딩 전략

## 1) 도시브랜딩을 위한 축제브랜딩

광주 월드뮤직 페스티벌(이하 월페)이 개최된다.[69] 축제를 개최하는 목적은 여러 가지가 있겠지만 궁극적으로 시민들의 삶을 행복하고 즐겁게 하여 도시를 사랑하게 만드는 것이다. 우선 고민해야 할 것은 시민들이 신뢰할 수 있는 도시가치의 재창출이다. 차별화된 광주의 가치를 만들어 광주의 삶의 질 전반을 향상하는 도시브랜딩 전략의 차원에서 월페를 준비해야 한다.

그런 의미에서 월페는 단순한 또 하나의 음악축제가 아니라 광주의 철학과 비전, 가치를 체험하고 공유하며 생활화하는 광주의 대표적인 축제브랜드가 되어야 한다. 이를 위해서는 월페 개최 이전pre-festival, 개최 기간main-festival, 개최 이후post-festival를 종합적으로 준비하는 장기적, 체계적, 융합적, 능동적인 축제브랜딩 전략을 마련해야한다.

이하에서는 축제브랜딩을 위한 전략적 요소들을 짚어보고 축제브랜딩의 전략 수립 체계를 제시하고자 한다.

### 2) 축제브랜딩의 전략적 요소

축제브랜딩을 위해서 전략적으로 고려해야 하는 요소는 크게 5가지다. 정체성, 프로그램, 공간, 주체, 네트워킹이 그것이다. 가장 먼저 정체성을 정립하고 그를 바탕으로 프로그램과 공간, 주체를 네트워킹 하는 전략이다. 이에 대해 구체적으로 살펴보자.

#### ① 정체성 전략

정체성 전략은 광주의 정체성과 축제의 정체성을 결합하는 것이다. 한마디로 광주다움과 축제다움을 창조적으로 결합해 월페다움을 만들어내는 것이다.

먼저, 광주다움과 월페의 관계를 생각해보자.

월페를 통해 광주는 어떤 도시가치를 만들어내야 할까. 광주는 중장기 도시마케팅 마스터플랜을 통해 창조적 빛의 도시를 비전으로 제시하고 있다. 여기서 빛은 앞 장에서 살펴본 것처럼, 삶에 대한 애정과 열정과 정성으로 고통과 희생을 감내하며 감동스런 도시문화를 꽃피우는 혼이 담긴 빛이다. 그 빛으로 도시가치를 높이고 경제적 부가가치를 창출하여 살고 싶은 광주를 만들어가는 라잇노믹스 철학을 담은 빛이다.

이러한 빛의 철학을 담은 광주다움의 키워드로 의향, 예향, 미향을 들 수 있다. 월페는 빛의 철학을 담은 광주정체성을 드러내고 재창조하는 계기가 되길 바란다.

예를 들어, 의향의 빛과 관련해서는 월드뮤직들 중에서 민주 음악, 인권 음악, 평화 음악들을 함께 체험하는 기회가 되면 좋겠다. 아울러 광주의 다양한 오월 음악들과 오월 문화콘텐츠들을 연계한 오월브랜딩의 계기로 삼을 필요가 있다(월드뮤직 주먹밥 콘서트도 한 프로그램이 될 수 있을 것이다).

예향의 빛과 관련해서는 문학, 미술, 무용, 사진, 영상 등 다양한 예술 장르들을 융합하는 월페를 만들면 좋겠다. 광주비엔날레, 국제공연예술제, 평화연극제, 국제영화제, 정율성 국제음악제, 임방울 국악제 등 광주에서 개최되는 다양한 예술축제들의 콘텐츠 및 예술인들과 창조적으로 융합하는 계기를 만들었으면 한다.

미향의 빛과 관련해서는 광주의 5미 음식(김치, 떡갈비, 한정식, 오리탕, 보리밥)이나 최근 대표 음식으로 선정한 주먹밥, 상추튀김 등을 브랜딩하는 계기로 삼을 수 있다. 식사와 음악을 결합한 5미 월드뮤직이 가능하지 않을까.

두 번째, 축제다움과 월페의 관계를 생각해보자.

축제다움은 크게 5가지 특성, 즉 의례성, 유희성, 일탈성, 현장성, 집단성을 지닐 때 형성된다. 광주발전을 간절히 기원하는 월페(의례성), 재미있고 흥미로운 킬러콘텐츠를 지닌 월페(유희성), 생애 처음 경험하는 새롭고 짜릿한 월페(일탈성), 광주의 일상공간을 구석구석 활용하는 월페(현장성), 모든 시민이 함께 즐기는 월페(집단성)가 되도록 프로그램을 준비해야 할 것이다.

마지막으로 월페다움을 생각해보자.

이것은 월페의 브랜드 정체성을 만드는 전략이다. 월페의 미션을 설정하고 비전과 목표를 수립하며 브랜드 모델을 정립하는 일들을 포함한다. 광주 하면 월페가 떠오르고 월페 하면 광주의 정서가 느껴지는 브랜드 정체성을 만들었으면 좋겠다.

일례로, 광주사람들이 가장 자주 쓰는 감탄사 중 하나인 오메(혹은 워메)를 활용하면 어떨까. 영어 명칭인 world music festival 속에 워메가 담겨 있다. 월페의 애칭을 '광주 워메'로 삼아도 좋을 것 같다. 앞에서 언급한 의향, 예향, 미향 월드뮤직 프로그램도 워메 휴먼, 워메 아트, 워메 푸드로 명명할 수 있지 않을까.

② 프로그램 전략

프로그램 전략은 3T(theme, time, target)의 차원에서 축제 프로그램을 구성하는 전략이다.

우선, 테마 전략은 매년 월페를 개최하면서 축제의 테마를 설정하는 것이다.

그 해 광주에서 삶의 이슈로 제기되는 것들을 키워드로 설정해 활용하는 방법이 있을 것이다. 정체성 전략에서 제시한 다양한 영역들 중에서 특정 파트를 매 해 바꿔가면서 특화 혹은 집중화하는 방법도 좋을 것 같다.

두 번째, 시간 전략은 연도별, 계절별, 월별, 하루 24시간 등 다양한 시간 차원별 전략을 수립하는 것이다.

축제 이전, 축제 시기, 축제 이후 차원에서 거시적인 로드맵을 짜야 하고, 사계절 광주의 축제들에서 월페의 콘텐츠들을 지속적으로 확보해 가야 한다. 월드뮤직의 문화와 관련된 데이 마케팅(예를 들어, 월드뮤직의 날)도 계기적으로 시도해볼 수 있을 것이다. 축제 기간 중에는 하루 24

시간을 적절히 활용한 아침, 낮, 저녁, 심야 프로그램을 다양한 공간들을 활용해 짜볼 수 있을 것이다.

세 번째, 타깃 전략은 월페의 고객을 어떻게 설정하는가의 문제다. 시민, 관광객, 기업을 타깃으로 한 맞춤형 전략이 필요하다. 광주정체성의 유형에 따른 타깃의 차별화도 고민해야 한다. 전 세계 월드뮤직 애호가들을 대상으로 한 마니아 타깃 전략, 교육적 측면을 중시하는 고객들을 대상으로 한 에듀 타깃edu-target 전략, 음악산업에 종사하는 계층을 대상으로 한 산업 타깃 전략도 고려해야 할 것이다.

③ 공간 전략

공간 전략은 축제 행사공간과 장소들을 구성하는 전략이다. 21세기 도시축제들의 공간 활용 트렌드들을 잘 반영할 필요가 있다.

도시브랜딩을 고려할 때 광주의 일상공간과 도심 전체를 적극적으로 활용하는 전략이 중요하다. 일상의 가치를 재발견하고, 시민들의 삶의 자취가 담겨있는 의미 있는 장소들을 드러내며, 시민참여의 다양한 접점을 만들어가는 전략이기 때문이다.

예를 들어, 의향의 광주정체성을 반영하여 오월길 도보투어 코스들을 축제공간으로 활용했으면 한다. 여기에는 구 도청(현 아시아문화전당), 5·18 묘역, 충장로, 금남로, 예술의 거리, 대인시장, 양동시장, 광주천, 푸른길, 무등산, 양림동 유적지, 지하철역, 버스정류장 등 광주문화가 담긴 주요 공간들이 총망라되어 있다.

또는 예향의 광주정체성을 반영하여 문화예술회관, 빛고을 시민문화관, 비엔날레 전시관, 시립미술관, 국립박물관, 영화관과 소극장, 사직공원 통기타 거리의 라이브카페 등 다양한 유형의 문화공간들을 축제공간으로 활용할 필요가 있다.

미향의 광주정체성을 반영하는 5미 관련 거리들(유동 오리탕 거리, 송정동 떡갈비 거리, 지산동 보리밥 거리 등)과 충장로 세계 음식문화 거리, 황금동 카페거리도 적극 활용해볼 수 있을 것이다.

이 외에 광주 도심의 유휴, 폐공간을 축제공간으로 활용하는 창조공간 전략도 적극 도입할 필요가 있다. 광주의 역사와 시민의 추억이 담긴 공간들인데 점점 그 기능을 상실해 사라질 위기에 처해 있는 공간들을 현대적으로 재생하는 전략이기 때문이다. 충장로 우체국, 광주교도소, 일신전남방직, 무등경기장, 동부소방소 등 광주정체성이 담긴 곳이라면 어디든지 월페의 행사공간이 될 수 있을 것이다.

④ 주체 전략

주체 전략은 월페에 참여할 축제 전문인력을 양성하고 축제 추진조직 체계와 파트너들을 구성하는 전략이다.

예를 들어 WASF 전략workshop, academy, seminar, forum을 초기 단계부터 적극적으로 구상할 필요가 있다. 아카데미를 통해 중장기적인 인력 수급 체계를 만들고, 포럼을 통해 월페의 의제들을 발굴하는 것이다. 이어서 워크숍을 통해 월페의 현안과 세부 전략을 도출하고, 세미나를 통해 전문가와 시민들의 다양한 파트너십을 구축해야 한다.

또한 민관 파트너십의 전문 상설조직인 월페 조직위원회를 구성하여 축제 추진 체계를 안정화하고 다양한 주체들이 참여할 수 있는 축제거버넌스 조직문화를 만들어가야 한다.

⑤ 네트워킹 전략

네트워킹 전략은 정체성, 프로그램, 공간, 주체 간의 융복합적 연계 고리를 만들어 효율적이면서 창조적인 축제를 만들어가는 것이다.

3가지 네트워크, 즉 전략산업 네트워크, U대회 및 기존 축제 네트워크, 지역 네트워크를 강조하고 싶다.

전략산업 네트워크는 광주의 전략산업과 월페를 연결하여 월드뮤직 창조산업 모델을 개발하는 것이다. 또한 아시아문화중심도시의 5대 문화산업 콘텐츠인 공예디자인, 게임, 첨단 영상, 에듀테인먼트와 월페를 연계하여 융복합 문화콘텐츠를 창출하는 것이다.

축제 네트워크는 광주비엔날레, 충장축제, 김치축제 등 광주에서 개최되는 기존 축제들과 네트워킹을 시도하는 것이다.

마지막으로, 지역 네트워크는 광주 이외의 여러 지역들과 네트워킹하는 전략이다. 전 세계의 월드뮤직 페스티벌과 파트너십을 맺고, 자라섬 째즈페스티벌, 통영 국제음악제, 송도 펜타포트 록페스티벌, 전주 세계소리축제, 서울 홍대앞 클럽데이 등 다양한 음악 페스티벌들과 연계하여 할 수 있는 일들이 많을 것이다.

### 3) 축제브랜딩의 전략 수립 체계와 4I 원칙

축제브랜딩 전략의 수립 과정은 3단계, 즉 축제브랜드 정체성 전략, 브랜드 마케팅 전략, 브랜드 평가 모니터링 전략으로 이루어진다.

1단계는 축제브랜드의 정체성을 정립하는 단계로, 월페의 미션 설정, 월페 현황 진단, 월페의 핵심 아이디어 도출, 월페 비전 정립, 월페 브랜드 모델 정립의 순으로 진행된다.

2단계는 축제브랜드의 마케팅 전략을 수립하는 단계로, 월페 타깃 설정, 월페 브랜드 믹스 수립의 순으로 진행된다.

3단계는 축제브랜딩 전략을 실행하고 피드백하는 단계로 월페 모니터링, 평가, 피드백의 순으로 이루어진다.

마지막으로 아시아문화중심도시의 대표축제로 추진하고 있는 월페를 성공적으로 개최하길 바라는 마음에서 4I(identity, integration, incubation, industrialization) 원칙을 강조하고 싶다.

첫째는 정체성이다. 광주의 정체성과 조응하면서 미래지향적 창조성을 지닌 월페가 되길 바란다.

둘째는 통합성이다. 광주의 여러 가지 정체성들을 하나로 아우르는 통합이미지를 지닌 월페가 되길 바란다.

셋째는 배양성이다. 광주에서 축제 전문인력과 주체들을 양성하고 새로운 문화콘텐츠들을 창조하는 문화발전소 역할을 월페가 해주기 바란다.

넷째는 산업성이다. 다양한 창조산업을 창출하여 지역경제에 도움을 주는 월페가 되길 바란다.

## 5. 예술시장을 마켓 3.0 시대의 장소브랜드로 만들자

### 1) 마음과 영혼을 치유하는 장소브랜드를 만들자

대인시장이 예술시장으로 변모하고 있다.[70] 대인 예술시장(이하 예술시장) 프로젝트는 예술과 시장의 만남을 통해 새로운 장소가치를 창출하는 장소마케팅 프로젝트다. 마케팅에서 중요한 것은 고객이 신뢰하는 가치를 제공하여 삶을 행복하게 만들어주는 것이다.

그렇다면 예술시장의 고객은 누구고 어떠한 가치를 어떻게 제공할 것인가. 고객은 예술시장에 살고 싶고 일하고 싶고 투자하고 싶고 쇼핑하고 싶고 방문하고 싶은 사람들일 것이다. 결국 주민, 예술가, 상인, 기업, 관광객 모두가 예술시장의 고객이다.

이들 고객에게 예술시장은 어떠한 가치를 제공할 것인가. 마케팅의 아버지라 불리는 켈로그경영대학원 석좌교수 필립 코틀러Philip Kotler는 마켓 3.0 시대에 맞는 브랜드를 준비해야 한다고 주장한다.[71] 마켓 1.0 시대에는 생각mind에, 마켓 2.0 시대에는 감성heart에, 마켓 3.0 시대에는 영혼spirit에 호소하는 상품이 가장 중요한 브랜드가 된다는 것이다.

이를 적용해보면 예술시장의 장소마케팅과 브랜딩 전략은 예술시장의 실용성과 효용성은 무엇인가(1.0 브랜드), 예술시장에서는 어떠한 감성과 정서를 체험할 수 있는가(2.0 브랜드), 예술시장은 어떻게 사람들의 아프고 지친 마음과 영혼을 치유해주고 있는가(3.0 브랜드)에 대한 해답을 찾는 것이다.

예술시장에서 예술가는 무엇을 꿈꾸는가. 상인들은 무엇을 욕망하는가. 방문객들은 무엇을 체험하고자 하는가. 그들을 힘들게 하는 것은 무엇이고 즐겁게 하는 것은 무엇인가. 그들은 어떻게 삶의 고통과 난관을 헤쳐 나가고 있는가.

이에 대한 진지한 고민과 성찰이 무엇보다 중요할 것 같다. 그러고 나서 공방, 카페, 축제, 거리, 사람, 미소, 예술품, 시장상품, 기념품 중에 무엇이 되었든 혹은 그 어떤 것들을 합친 것이든, 고객의 마음과 영혼을 치유하는 장소브랜드를 만들자.

### 2) 만남의 문화정치를 디자인하자

예술시장이 힘든가 보다. 상인들끼리 충돌하고 상인과 작가가 부딪히고 방문객들은 썰렁하다 한다. 기획자들도 힘들다 하고 공무원들은 골치 아프다고 하는 것 같다. 나름대로 그럴만한 충분한 이유가 있을 것이다.

그러나 다시 생각해보자. 예술시장 프로젝트의 목적과 취지와 미션을. 애초부터 이 프로젝트는 이질적인 사람들, 서로 다른 경험들, 낯선 활동들, 부조화스런 공간들, 차별적인 힘들 간의 만남을 창조적으로 기획하는 것이었다. 따라서 갈등과 상처와 부딪힘 그로 인한 아픔은 자연스런 것일 수 있다.

그런 의미에서 예술시장은 공간, 주체, 권력의 매트릭스로 이루어진 문화정치의 장으로 바라봐야 한다. 중요한 것은 갈등과 경합 그 자체가 아니다. 그것을 자연스런 과정으로 생각하고 큰 맥락과 긴 안목 속에서 새로운 문화창조의 에너지로 전환하는 능력이다. 그 능력을 키워 혹은 키우기 위해 소통과 융합, 창조의 만남을 디자인하자. 그래서 예술시장을 재미있는 삶의 쉼터이자 놀이터로 만들고 즐기자.

### 3) 소통의 네트워커를 키우자

무엇보다 예술시장은 새로운 주체가 필요하다. 예술은 작품을 통한 작가와 관객의 소통이다. 마케팅은 브랜드를 통한 고객과 판매자의 소통이다. 결국 마케팅은 소통이고 예술이다.

지금 필요한 주체는 서로 다른 사람, 공간, 프로그램, 그리고 힘(능력)들을 연결, 매개, 소통케 하는 네트워커다. 이들이 예술시장 고객들의 마음과 영혼을 치유하는 마음 치유자, 영혼 코디네이터, 브랜드 치유사brand healer가 되도록 교육 브랜드, 주체 양성 브랜드를 고민할 때다.

# 6. 빛엑스포 도시마케팅 전략 수립을 위하여

### 1) 광엑스포를 빛엑스포로 만드는 도시마케팅 전략

광엑스포photonics expo 성공의 열쇠는 엑스포를 바라보는 관점과 방식의 문제 이른바 엑스폴로지expology 정립의 문제다.[72] 광주의 도시철학과 비전, 가치의 재창출이라는 장기적, 시스템적, 도전적 관점에서 엑스포를 바라볼 필요가 있다.

광엑스포는 산업엑스포 차원을 넘어 문화수도 광주의 비전을 제시하는 문화엑스포culture expo, 엑스포 자체가 목적이 아니라 중장기적 도시 비전 제시의 계기로 활용하는 포스트 엑스포post expo가 되었으면 한다. 궁극적으로 빛의 도시 광주를 마케팅 하는 빛엑스포light expo, 일명 렉스포lexpo가 될 수 있도록 준비하면 어떨까.

문화엑스포와 포스트 엑스포를 실현하는 빛엑스폴로지light expology를 담고 있는 전략이 바로 도시마케팅 전략이다. 도시마케팅 전략의 관점에서 빛엑스포를 바라봐야 하는 이유다.

빛엑스포 도시마케팅 전략은 광엑스포를 계기로 한 도시마케팅 전략이다. 즉 관련 주체들의 밀접한 파트너십을 바탕으로 빛의 도시의 비전과 정체성을 수립하고, 엑스포 브랜드를 개발하여 도시문화와 경제, 사회발전을 추구하는 광주발전 전략이다.

### 2) 한국 도시마케팅의 메카, 광주의 잠재력을 들여다보자

광주는 도시마케팅 행정의 메카다. 앞에서도 언급했지만 국내 최초 최대의 도시마케팅본부를 2007년 설치하여 전국 지자체 도시마케팅 대상을 수상하였다. 광주는 도시마케팅 연구의 메카이키도 하다. 국내 최초 유일 문화전문대학원이 설립되면서 최초로 도시마케팅 교육 시스템을 갖춘 전공이 지역 대학에 설치되었다.

광주는 문화도시 마케팅의 메카이기도 하다. 국내 최초로 문화중심도시, 문화수도 조성을 추진하고 있다. 한편으로 광주는 인권도시 마케팅의 메카다. 국내 유일의 인권도시 이미지와 정체성을 지닌 도시다.

마지막으로 광주는 빛관광 도시마케팅의 메카다. 광주의 지명 자체가 이와 밀접한 관련을 맺고 있다. 광주는 빛의 도시이고 관광은 빛을 본다는 뜻임으로 광주는 창조관광의 빛을 밝히는 문화수도로 자리매김할 수 있다.

광주는 한국의 도시마케팅 역사(1990년대 개념 소개, 2000년대 현장 도입)에서 볼 때, 주체와 조직, 교육, 이미지와 정체성 역량의 기반을 갖추고 있다. 이러한 역량을 잘 활용하면 한국 도시마케팅의 메카가 될 수 있다.

그러나 지금은 기반 구축의 초기 단계이고 그동안 도시마케팅 전략을 접목할 수 있는 계기와 촉매가 부족해 역량을 강화하지 못해 왔다.

도시마케팅은 정책의 한 부분이 아니라 도시정책 전반을 묶어주는 연결 고리이자 도시를 종합적으로 시스템화하는 전략이다.

따라서 도시 시스템을 재구축하는 계기로 도시마케팅 전략을 활용할 수 있다. 광엑스포를 계기로 도시주체들의 파트너십과 신뢰 및 소통을 통해 광주다운 도시마케팅 전략 모델을 만든다면, 엑스포는 세계적인 빛의 문화도시로 발전하는 도약의 계기이자 견인차가 될 것이다.

광주의 문화적 역량을 발휘한 문화수도의 시민으로서 세계 최초로 광엑스포 대회를 유치한 첫 경험을 살려 꿈과 열정과 희망과 자부심을 갖는 계기로 삼자. 시민들이 광주의 가치에 대한 새로운 발견을 통해 장소애착과 장소정체성을 형성하는 계기로 만들자.

시민과 방문객들에 감동을 주는 다양한 스토리와 브랜드, 문화관광 상품을 개발하자. 광주의 일상생활과 엑스포를 결합하여 빛을 일상화하고 일상을 빛으로 만들자. 이를 통해 진정으로 삶에서 체감할 수 있는 창조적 빛의 도시 광주를 만들자.

### 3) 빛엑스포 장소 전략

빛엑스포 장소 전략은 엑스포의 개최 목적과 목표, 비전과 전략, 프로젝트 등을 수립하는 것이다. 광주의 정체성, 광주의 현실과 잠재력에 대한 고찰을 통해 광주답고 광주에 적합하며 미래를 제시하는 빛엑스폴로지를 정립하는 전략이다. 문화엑스포의 큰 비전과 함께 몇 가지 전략을 제시하고자 한다.

① 문화엑스포의 관점에서 준비하자

전시와 콘텐츠, 건축과 설계, 철학과 학술, 관광과 마케팅, 빛의 축제 등 5대 분야를 융합한 문화엑스포로 기획하자.

현재 계획되어 있는 광엑스포는 그 목적을 광산업 육성 정책의 성과를 알리고 광산업 도시로서 비전을 실현하는 광산업 엑스포로 설정하고 있다. 그러나 광주의 대표 정체성은 광산업의 도시라기보다는 광산업을 활용한 문화수도이자 빛의 도시라 할 수 있다. 광엑스포의 목적을 단순한 광산업 마케팅 차원이 아니라 문화수도와 빛의 도시 마케팅 차원의 큰 틀로 접근하는 것이 필요하다.

**문화엑스포(빛엑스포) 5대 분야**

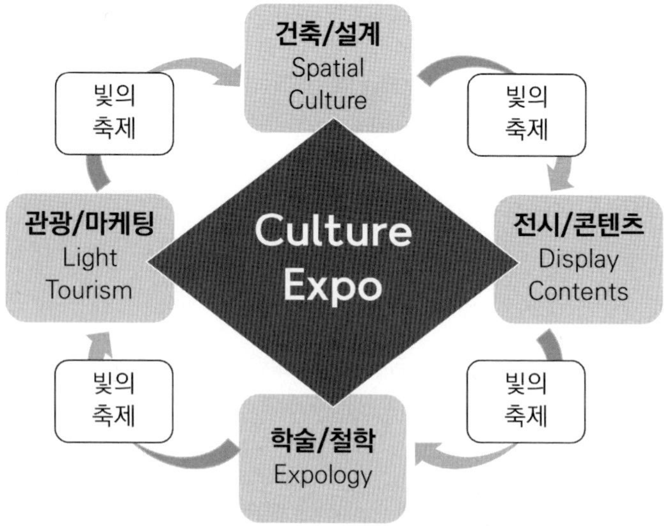

여기에서 빛의 축제는 엑스포의 부수적인 프로그램이 아니라 엑스포 프로그램 전반을 관통하고 엮고 재현하는 핵심 프로그램으로 설정할 필요가 있다. 또한 도시마케팅 차원에서 엑스포의 철학과 기조를 설정하자. 이것은 광엑스포의 주제(미래를 켜는 빛)와 밀접한 관련을 맺는 것으로 엑스포 프로그램 전반을 일관되게 관통하는 정신이자 마인드라 할 수 있다.

엑스포 공간과 건축물 역시 빛엑스포의 철학과 주제를 구현하고 전시 콘텐츠들을 즐겁게 체험할 수 있는 명품 건축물로 설계하자. 빛 기술과 유비쿼터스 기술을 최대한 건축설계에 반영하면 좋겠다. 아울러 광주의 관광 및 장소마케팅과 밀접한 연관을 맺어 빛도시 관광의 새로운 모델을 제시하는 엑스포를 만들자.

② 빛엑스포의 철학과 기조 체계를 정립하자

엑스포의 주제와 부 주제, 하위 주제, 주제 키워드 등 빛엑스포 주제의 스토리 체계를 정립하자. 그리고 이를 전시관 설계 및 광주의정서(광주 빛 선언) 발표, 빛의 축제 프로그램과 연계하자.

광엑스포의 주제는 '미래를 켜는 빛', 빛의 축제의 주제는 '빛의 즐거움에 눈뜨다', 광주 의정서의 주제는 '더 좋은 빛, 건강의 빛'으로 설정되어 있다. 이를 빛엑스포라는 큰 주제 틀 속에서 체계화하자.

세계에 광주를 알리는 월드렉스포world lexpo, 빛을 통해 도시재생 모델을 제시하는 도시렉스포urban lexpo, 빛경제를 선도하는 혁신렉스포innovative lexpo, 빛과 문화를 융합하는 창조렉스포creative lexpo, 빛의 즐거움에 눈뜨는 체험렉스포experiential lexpo, 지속가능한 환경과 삶을 제시하는 건강렉스포health lexpo, 인류의 미래에 기여하는 희망렉스포hope lexpo, 편리, 안전, 협력, 소통의 테크놀로지를 활용하는 소통렉스포ubiquitous lexpo가 되도록 빛엑스포의 철학과 기조를 정립하자.

③ 빛의 축제를 빛엑스포의 핵심 브랜드로 설정하자

빛의 축제를 브랜딩 하는 전략을 수립할 필요가 있다. 빛의 축제 구상 5대 요소(정체성, 프로그램, 공간, 주체, 네트워킹)를 활용하면 된다.

**빛의 축제 구상 5대 요소**

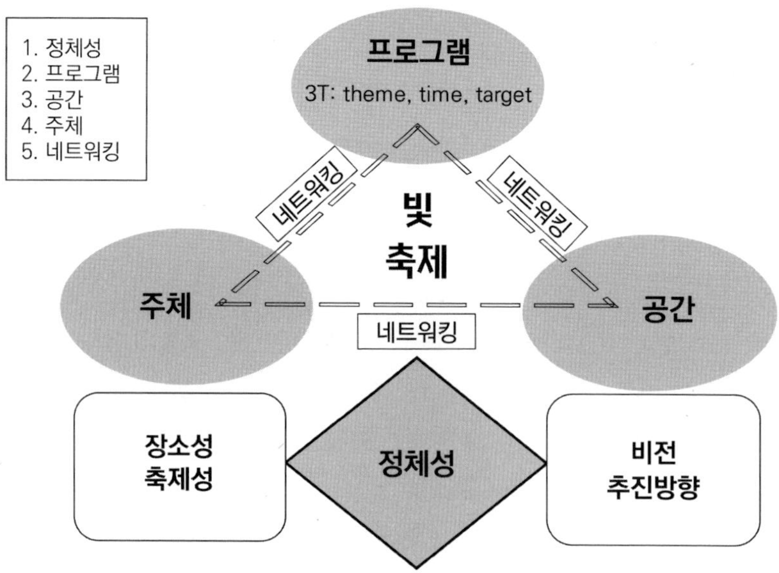

먼저 정체성과 관련하여, 엑스포 개최지인 광주의 장소성과 엑스포 자체가 지닌 축제성을 결합하여, 빛엑스포의 주제를 창조적으로 구현하는 엑스포 브랜드로서 빛의 축제를 기획하자. 이를 위해 축제 비전과 추진 방향을 엑스포 전체 기획과 도시마케팅 차원에서 정립할 필요가 있다.

프로그램은 3T 요소를 활용하여 주제, 테마, 유형, 시간대별 전략과 타깃 전략을 수립하자. 공간은 광주 시내 전체, 행사 내부공간, 행사장 주변지역을 대상으로 축제공간과 시설에 대한 다각도의 전략을 수립하자.

주체와 관련해서는 빛의 축제 추진주체와 체계를 기획하자. 마지막으로 네트워킹과 관련해서는 축제 프로그램과 주체, 공간을 상호 연계하고 주변지역 및 세계 도시와 연계하여 관광 프로그램을 기획하자.

④ 포스트 엑스포에 초점을 두자

엑스포 기간은 28일 간이지만 엑스포가 끝나고 난 직후부터 5년, 10년 후의 광주를 생각하며 준비해야 한다.

빛엑스포를 통해 광주에 무엇을 남길 것인가에 초점을 두자. 어떤 공간과 프로그램, 사람과 제도, 시스템과 경험을 남길 것인가. 공간과 시설의 사후 활용, 빛의 축제의 지속화를 위한 모델, 엑스포를 통한 전문인력의 양성 및 네트워킹, 지속가능한 엑스포를 위한 행정적 제도와 시스템, 엑스포를 계기로 겪는 최초, 최고의 경험 요소 등을 기획하고 준비하자.

### 4) 빛엑스포 마케팅 믹스 전략

빛엑스포 마케팅 전략은 엑스포의 목표시장을 설정하고, 조직, 이미지, 포인트, 타깃, 커뮤니케이션 채널, 지역 연계 전략 등 6가지 마케팅 믹스 요소를 수립하는 실행 전략이다.

① 조직 전략: 긴밀한 파트너십 체계로 한 목소리를 내자

엑스포 추진 조직에 학술과 철학, 전시와 콘텐츠, 건축과 설계, 문화행사, 관광과 마케팅을 각각 담당하는 전문인력을 배치하자.

광주광역시의 도시마케팅, 문화수도, 첨단산업 파트를 담당하는 부서와 긴밀한 연계 체계를 구축하자. 특히 도시마케팅본부와 긴밀한 파트너십이 요구된다. 아울러 지역 내외의 전문가들과 내부 파트너십, 공급자 파트너십, 수요자 파트너십, 측면 파트너십을 체계적으로 구축하자.

② 이미지 전략: 산업엑스포가 아닌 빛엑스포 이미지를 만들자

엑스포가 단순한 광산업 전시 행사로 인식되지 않도록 빛엑스포의 컨셉, 슬로건, 캐릭터, 로고를 설정하고, 빛의 축제를 부대 행사로 인식하지 않도록 위상을 강화하자.

③ 포인트 전략: 다양한 빛 브랜드를 개발하자

세계 빛의 도시 네트워크 LUCIlighting urban community international를 활용한 LUCI 브랜드(리옹과 연계한 LUCI festa 등), 빛 관광브랜드(광산업체 현장을 중심으로 한 빛산업 투어 코스, 야경투어 LED 버스 등), 빛의 축제 대표 브랜드(예를 들어 네덜란드 로테르담에서 개발한 지속가능한 댄스클럽

SDC, 일렉트로닉 댄스음악 페스티벌 등)를 개발하자. 그리고 광산업 공동 브랜드LUXKO를 적극 활용하자.

④ 타깃 전략: 엑스포지언을 발굴하자

누가 빛엑스포에 관심을 갖고 있고 좋아할 것인지, 누가 빛엑스포를 통해 이익을 얻을 것인지를 고려하여 타깃을 설정하자. 이들을 라잇엑스포지언Light Exposian, 한글로 광인(光人 혹은 狂人)이라 명명해도 좋을 것이다.

⑤ 채널 전략: LED 빛의 거리를 조성하자

LEDlight emitting diode의 글자를 응용한 다양한 빛의 지구 혹은 거리를 조성해 보자. 예를 들어 사랑의 빛 지구love emitting district, 산업의 빛 지구light economic district, 빛의 터널 지구light emitting district 등을 조성해볼 수 있다.

⑥ 지역 믹스 전략: 다른 지역과 전략적으로 네트워킹하자

세계적인 빛의 도시 리옹과 전략적 제휴를 맺자. 광주 리옹 라잇비엔날레Light Biennale 개최도 가능할 것이다. 상해엑스포와도 연계하자. 상해는 빛엑스포를 홍보의 계기로 삼고 광주는 중국 방문객 유치의 계기로 삼을 수 있을 것이다.

여수엑스포와도 연계하자. 광주와 여수는 이미 교류 협정을 맺은 상황이다. 여수는 빛엑스포를 홍보의 계기로 삼고, 광주는 여수엑스포 조직위의 지원과 전남권의 방문객 유치 계기로 삼을 수 있을 것이다.

지역 내부에서는 비슷한 시기에 개최되는 디자인비엔날레, 김치축제, 정율성 국제음악제, 충장로축제 등과 긴밀한 연계 전략을 수립하자. 궁극적으로는 광주 전체의 축제를 빛의 축제로 설정하여 연계하는 방안을 모색할 필요가 있다.

## 7. 장소마케팅 전략의 지역 믹스 유형

### 1) 왜 지역 믹스인가

장소마케팅 전략은 앞에서 여러 번 강조한 것처럼 새로운 패러다임의 지역발전 전략이다.[73] 주민들의 정주가능성을 높이는 주민통합 전략, 커뮤니티 비즈니스 모델의 경제 전략, 주민참여형 내발적 지역개발 전략, 소프트웨어 중심의 지역 전략으로서 가능성을 지니고 있기 때문이다.

그러한 의미에서 장소마케팅 전략은 현 시대에 적합한 지역 균형발전 전략으로도 자리매김할 수 있다. 지역의 문화관광자원을 활용한 독창적인 지역발전 전략을 수립함으로써 물리적 부존자원과 산업자원의 존재 여부에 얽매이지 않고 지역 불균형을 해소할 수 있다는 뜻이다.

중요한 것은 지역이 처한 문화적 현실, 즉 지역 고유의 역사문화자원 현황, 주체의 역량과 잠재력, 인프라의 존재 여부, 지역 리더들의 열정과 리더십 정도에 따라 각 지역의 장소마케팅 조건이 차별적이라는 점이다. 특히 대도시와 중소도시, 농촌 등 지리적 여건에 따라서도 장소성과 경쟁력이 상이하다.

따라서 장소마케팅 전략을 효율적으로 추진하기 위해서는 서로 인접한 혹은 서로 비슷한 기능을 하는 혹은 서로 보완 역할을 할 수 있는 지역들 간의 연계와 네트워킹, 파트너십의 구축이 절대적으로 필요하다.

지역 믹스regional mix는 지역 내 혹은 지역 간 서로 연계하여 공동으로 장소마케팅 프로그램을 기획하고 추진하는 지역 네트워크형 장소마케팅 전략의 핵심 요소다.

아직까지 학문적으로나 현실적으로 지역 믹스에 대한 관심은 부족한 실정이다. 지역 믹스의 개념에 대한 논의도 전무할 뿐만 아니라 장소마케팅 전략을 수행하는데 있어서 지역 믹스를 가능케 하는 조건과 그 유형 및 모델에 대한 이론 및 경험 연구도 부재하다.

그동안 행정학계와 지리학계를 중심으로 지역혁신의 관점에서 지역 클러스터, 산학연 연계, 거버넌스 구축 등에 대한 논의가 진행되어왔다. 그러나 대부분 개념적, 추상적, 경제적인 관점이 주를 이루었다. 구체적인 지역 현실에서 그것이 어떻게 이루어지고 진행되는지에 대한 학문적 논의는 부족한 상황이다.

장소마케팅 전략에 대한 논의에서도 경쟁력을 확보한다는 차원에서 지역 간 경쟁이 주로 강조되었다. 상대적으로 장소마케팅 추진주체와 조직, 파트너십과 네트워킹, 지역 간 연계방법 등에 대한 논의는 부족한 실정이다.

이러한 배경에서 이 글에서는 미디어 텍스트와 현장 조사를 통해 광주전남 지역의 장소마케팅 관련 사례를 분석하여 지역 믹스의 유형을 제시해 보고자 한다.

### 2) 지역 믹스 유형① 공간별 지역 믹스

공간별 지역 믹스는 도시 믹스urban mix, 권역 믹스zoning mix, 공간 패키지 믹스space package mix 등 3가지로 나누어 볼 수 있다.

도시 믹스는 도시와 도시가 서로 연계하여 공동으로 장소마케팅을 추진하는 지역 믹스를 말한다. 권역 믹스는 도시 내의 일정한 권역을 설정하여 장소마케팅을 추진하는 지역 믹스를 일컫는다. 공간 패키지 믹스는 도시 내의 특정한 공간들을 패키지로 연계하여 장소마케팅을 추진하는 지역 믹스라 할 수 있다.

광주전남의 사례 분석에서 공간별 지역 믹스 유형은 도시 믹스, 권역 도시 믹스(도시 믹스 + 권역 믹스), 패키지 도시 믹스(도시 믹스 + 공간 패키지 믹스), 권역 믹스, 공간 패키지 믹스 등 모두 다섯 가지 유형으로 나타났다.

#### ① 도시 믹스

도시 믹스는 도시 간에 포괄적으로 혹은 특정 주제를 중심으로 연계하여 공동으로 장소마케팅을 추진하는 지역 믹스다. 공간별 지역 믹스 중 가장 큰 비중을 차지하고 있다.

예를 들어, 정율성 국제음악제의 경우, 광주광역시와 대구광역시, 중국의 남창시 등 세 도시가 예술을 매개로 도시 믹스를 이룬 사례다. 상반기와 하반기로 나누어 대구 국제현대음악제, 남창 가을무역박람회와

### 도시 믹스 모식도

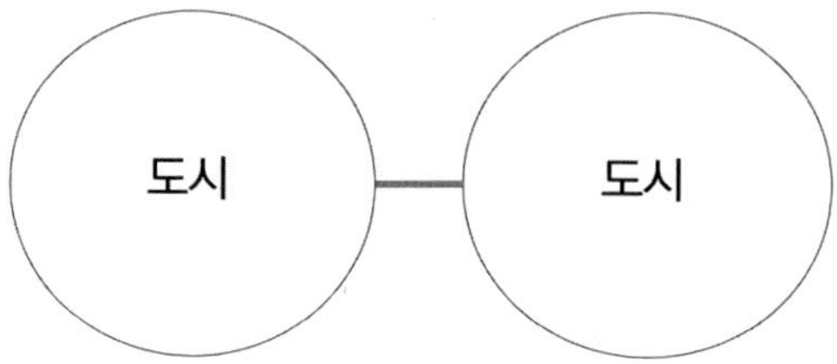


연계하여 개최하였다.

청자 생산도시 자매결연의 경우는 전남 강진군과 중국의 저장성 룽취안(용천)시가 지역특산품을 매개로 도시 믹스를 이룬 사례다. 두 도시는 대표적인 청자 생산지라는 인연으로 2001년 자매결연을 맺었다. 매년 강진 청자문화축제와 룽취안 청자보검축제에 상호 대표단을 파견하고 방학 기간 중에는 상호 학생을 교류하는 교육 교류 협정을 체결하였다.

제주와 강진 조랑말 기증의 경우는 제주시와 강진군이 역사적 사건을 매개로 도시 믹스를 이룬 사례다. 옛 선조들이 제주(화북동)와 강진(마량)을 통나무 떼배로 오가며 제주 말을 실어 날았던 인연이 계기가 되었다. 2006년부터 제주시가 강진군에 돌하르방 2기 및 조랑말 2마리를 기증하고, 마량과 제주 간 고대 뱃길 재현 뗏목 탐험 행사를 개최함으로써 탐진(강진의 옛 지명)과 탐라(제주의 옛 지명)가 하나 되는 사업을 해오고 있다.

장수벨트 행정협의회 조직은 전남의 3개 도시(담양군, 곡성군, 구례군)와 전북의 순창군 총 4개의 도시가 장수도시라는 인연을 계기로 도시 믹스를 이룬 사례다. 장수벨트 행정협의회를 조직하여 건강 장수 100세 잔치 협약식을 갖고, 자치단체별로 7천만원씩 출연하여 공동기금을 조성, 매년 대한민국 100살 잔치를 개최하기로 하였다.

② 권역 도시 믹스

권역 도시 믹스는 인접한 도시 간에 공통의 권역을 설정하여 공동으로 장소마케팅을 추진하는 지역 믹스다. 공간별 지역 믹스 중 두 번째로 큰 비중을 차지하고 있다.

예를 들어, 서남해안 관광레저 기업도시(일명 J프로젝트)의 경우 전남 해남군(산이면, 황산면 일대)과 영암군(삼호읍 일대)이 인접한 권역에 기업도시를 조성하여 권역 도시 믹스를 이룬 사례다. 6개의 특수목적 법인이 참여하여 호텔, 골프장, 마리나 등 대규모 관광시설을 조성하는 사업이다.

**권역 도시 믹스 모식도**

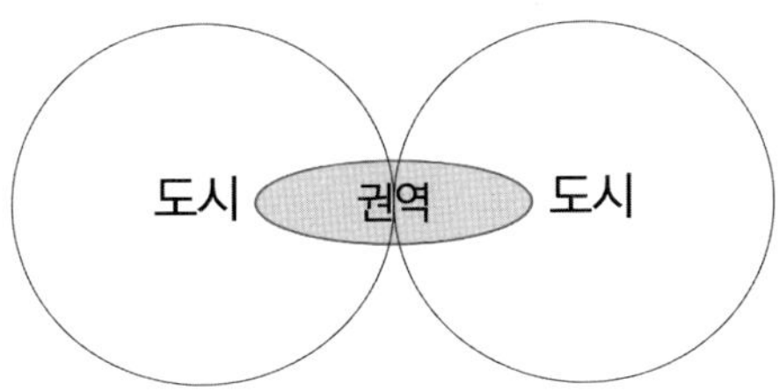

지리산권 관광개발의 경우는 지리산을 둘러싼 영호남의 7개 시군(곡성, 구례, 남원, 장수, 하동, 산청, 함양)이 지리산권을 대상으로 관광개발 사업을 추진함으로써 권역 도시 믹스를 이룬 사례다. 지리산권 관광개발조합 설립, 연계 관광상품 개발, 통합축제 개최, 방문의 해 추진, 7품 7미 육성, 관광 순환로 조성 등 다양한 사업을 추진하고 있다.

고려시대 청자 운송 뱃길 재현 사업의 경우는 전남 강진군과 황해북도 개성시가 역사적으로 존재하였던 뱃길을 재현하여 선적인 권역 도시 믹스를 이룬 사례다. 고려시대 청자를 싣고 강진에서 개성까지 가던 1천년 전의 뱃길을 재현하는 청자 보물선 어기어차 온누비호를 제작하여 역사문화 교류 및 남북 교류 협력을 증진하는 사업이다.

영산강 유역권 협의회 조직의 경우는 영산강 유역에 위치한 전남의 8개 시군(목포, 나주, 담양, 화순, 영암, 무안, 함평, 장성)이 영산강 보존과 개발에 관한 공동사무 처리를 위해 1999년 협의회를 발족하여 권역 도시 믹스를 이룬 사례다. 친환경적 영산강 살리기 심포지엄 공동 개최, 영산강 도개문화권 개발 사업 중앙 지원 공동 촉구 등 실질적 협력 사업을 추진하고 있다.

③ 패키지 도시 믹스

패키지 도시 믹스는 서로 떨어진 도시 간에 특정 공간을 연계하면서 장소마케팅을 추진하는 지역 믹스다. 공간별 지역 믹스 유형 중 세 번째로 큰 비중을 차지하고 있다.

예를 들어, 광주비엔날레 아트투어는 비엔날레 개최도시인 광주광역시와 상하이, 싱가포르, 요코하마 등 4개 도시가 같은 기간에 개최하는

### 패키지 도시 믹스 모식도

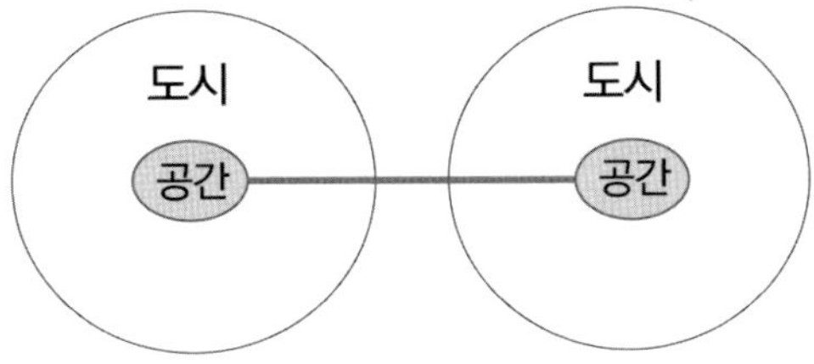


아시아권 비엔날레의 공동마케팅 차원에서 패키지 상품을 개발하여 패키지 도시 믹스를 이룬 사례다. 호텔과 항공권 예약 등 각 도시의 비엔날레 재단들이 공동으로 지원하는 4개의 투어 패키지 상품(투어1과 2는 광주전남권, 투어3은 상하이 비엔날레, 투어4는 요코하마 트리엔날레)을 개발하였다.

광주전남 방문의 해 남도 투어 랠리 사업은 광주광역시와 전남의 22개 지자체가 연계하여 광주전남의 관광지 170곳을 선정, 투어 랠리 홈페이지에 포토 포인트에서 찍은 사진을 올리면 경품을 증정하는 패키지 이벤트를 함으로써 패키지 도시 믹스를 이룬 사례다.

④ 권역 믹스

권역 믹스는 한 도시 안에서 일정한 권역을 설정하여 장소마케팅을 추진하는 도시 내 지역 믹스다.

예를 들어, 해남 국토대장정 메카 조성 감동마케팅 프로젝트의 경우, 해남군이 국토종단 순례자들을 위해 도시 내 순례 코스 권역에 5㎞ 구간마다 응원 표지판을 20개 설치하고 각종 지원을 하여 권역 믹스를 이

**권역 믹스 모식도**

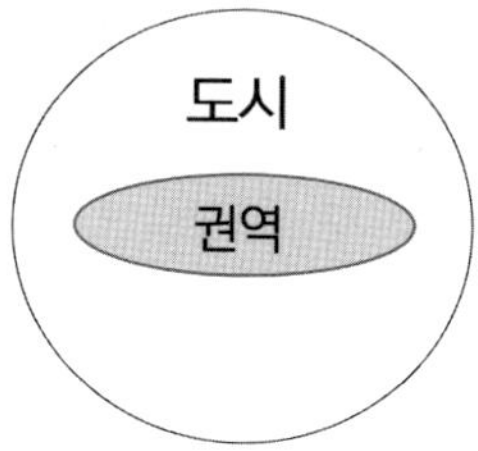


룬 사례다. 땅끝 방문기념 메달, 땅끝 로고 배낭, 생수와 쌀, 라면 등 생필품 제공, 경찰 순찰차 에스코트, 마을회관과 학교, 교회와 연계한 무료 숙소 제공 등 다양한 서비스를 제공하고 있다.

아시아문화중심도시 문화권 조성의 경우는 광주광역시 일대에 7대 테마의 문화권을 조성하여 권역 믹스를 이루는 사례다. 문화전당권, 문화교류권, 시각미디어 문화권 등 7개 문화권(현재 5대 문화권으로 통합)을 조성하고, 아시아문화전당, 문화방, 문화터와 연계한 문화시설 네트워크를 조성한다.

⑤ 공간 패키지 믹스

공간 패키지 믹스는 한 도시 안에서 특정 공간들을 패키지로 연계하여 장소마케팅을 추진하는 도시 내 지역 믹스다.

예를 들어, 광주 8경 5미 관광상품화의 경우, 8개의 경치(무등산 사계, 충장로 야경, 사직공원 해돋이, 월드컵경기장 달맞이, 빙월당 황룡강 물안개, 포충사 대촌들녘, 잣고개 야경, 중외공원 문화산책로)와 5개의 음식(한정식, 무

**공간 패키지 믹스 모식도**

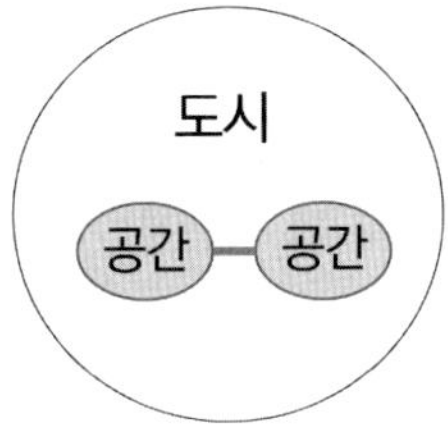


등산보리밥, 송정떡갈비, 오리탕, 김치) 특화거리를 상품화함으로써 공간 패키지 믹스를 이룬 사례다.

남도미향 공동브랜드 개발의 경우는, 전라남도 각 지역 57개 업체의 137개 제품(굴비, 유자차, 녹차, 김치, 양념류, 김, 미역류, 건강보조식품 등)을 대상으로 한다. 전남 우수 농수산물 가공 식품에 전라남도가 부여하는 상표로 남도미향 브랜드를 개발하고 유통 회사를 설립함으로써 공간 패키지 믹스를 이룬 사례다.

### 3) 지역 믹스 유형② 주제별 지역 믹스

지역 믹스 사례를 주제별로 살펴보면, 문화, 역사, 관광, 산업, 행정, 생태, 교통, 홍보 등 8가지 주제로 나타났다. 이중 문화가 가장 큰 비중을 차지하고 있고 관광과 산업이 두 번째로 높은 비중을 차지하고 있다. 다음으로 행정, 생태, 역사, 교통, 홍보 순으로 나타났다.

① 문화 믹스

문화 믹스의 주 내용은 예술 교류, 이벤트 협력, 민간 교류, 기관 조성, 커뮤니티 구축, 복지사업, 조직 구성, 길을 통한 선적 권역 구축, 면적 권역 구축 등으로 세분화되고 있다.

예를 들어 영호남 문학인 교류 한마당은 국제펜 광주위원회와 부산위원회 공동 주최로 1997년부터 시작한 영호남 문학인 교류 프로그램으로 문화예술 교류를 통한 문화 믹스 사례라 할 수 있다.

광주 문화지하철 사업의 경우는, 지하철 예술무대 운영(상무역, 농성역, 양동시장역, 금남로4가역, 남광주역, 운천역) 및 테마역 조성(김대중컨벤션센터역 인권 테마관, 남광주역 메트로 열린 도서관, 문화전당역 5·18 기념 홍보관, 송정역 임방울 기념관, 송정공원역 박용철 시인 기념관 등) 등 지하철의 주요 역들을 문화공간으로 활용함으로써 선적 문화 권역 조성을 통한 문화 믹스 사례라 할 수 있다.

② 관광 믹스

관광 믹스의 주 내용은 자연 연계, 음식 연계, 이벤트 연계, 관광정보 교류, 면적 관광 권역 조성, 길을 통한 선적 권역 구축 등으로 세분화되고 있다.

예를 들어, 전라남도가 추진하는 갤럭시 아일랜드 사업의 경우, 전남의 40여개 섬을 4개의 클러스터(신안 영광 다이아몬드 클러스터, 완도 보길도 클러스터, 해남 진도 조도 클러스터, 여수 고흥 사도 낭도 클러스터)와 15개의 테마(동물, 자연, 휴양, 국제 해변, 파라다이스, 전망, 음악, 명상, 가족, 생태, 꽃, 무인도 체험, 바다낚시, 건강, 어촌체험)로 구분해 지역 특성에 맞는 브랜드로 개발하는 자연 연계 관광 믹스 사례라 할 수 있다.

전남 길 관광 자원화 사업의 경우는 해안도로, 친환경 경관도로, 마을 주변 보행자 도로 등을 아름답게 조성해 관광자원화 하는 선적 권역 구축을 통한 관광 믹스 사례라 할 수 있다.

③ 산업 믹스

산업 믹스의 주 내용은 조직 구성, 특산품 연계, 면적 산업 권역 조성, 길을 통한 선적 권역 구축, 브랜드 개발 등으로 세분화되고 있다.

예를 들어, 명품 굴비 생산을 위한 천일염 구매 약정 체결의 경우, 참굴비를 생산하는 제주시 추자면과 천일염을 생산하는 전남 신안군 팔금면이 지역특산품을 연계하여 상생을 추구하는 산업 믹스 사례라 할 수 있다.

전남 신재생 에너지벨트 조성 사업의 경우는 전남의 9개 시군(영광, 신안, 진도, 완도, 여수, 해남, 강진, 보성, 고흥)이 참여하여 서남해안 일대를 3개의 특화단지(해상풍력 특화단지, 조류발전 특화단지, 태양광 특화단지)로 조성, 대규모 에너지 생산 단지로 탈바꿈하는 사업으로 면적 산업 권역을 조성하는 산업 믹스 사례라 할 수 있다.

④ 행정 믹스

행정 믹스의 주 내용은 국제기구 가입, 상징거리 조성, 협의회 조직, 환경도시 협약, 면적 행정권역 통합 등으로 세분화되고 있다.

예를 들어, 광주광역시의 유네스코 창의도시 네트워크 가입 추진 사업은 광주의 문화산업 진흥 및 문화자산의 세계 문화클러스터와의 공유, 국제도시 이미지 구축을 위해 국제기구인 창의도시 네트워크(문학,

음악, 영화, 민속예술, 디자인, 요리, 미디어아트 등 7대 분야로 구성됨)에 가입하는 행정 믹스 사례라 할 수 있다.

광주시 메단로 지정의 경우는, 광주광역시와 인도네시아의 메단시가 자매결연 10주년을 기념해 광주에 1.12km의 메단로 거리를 지정함으로써, 상징거리를 통해 두 도시 간 교류를 진행(메단시도 광주로를 지정함)하는 행정 믹스 사례라 할 수 있다.

⑤ 생태 믹스

생태 믹스의 주 내용은 상징거리 조성, 조직 구축, 국제기구 가입, 선적 길 조성 등으로 세분화되고 있다.

예를 들어, 구례군이 추진한 청계천 향토 수목거리 조성의 경우, 서울 청계천에 구례의 군목인 산수유와 원추리 1만여 본을 식수하고, 지리산 산수유길이라는 향토 수목거리를 조성함으로써, 상징거리 조성을 통해 도시 교류를 추진한 생태 믹스 사례라 할 수 있다.

람사르 협약 가입 및 람사 습지 등록의 경우는 경남 창녕, 강원 인제, 전남 순천과 신안, 무안 등 천혜의 습지를 지닌 도시들이 공동으로 국제기구에 가입함으로써 생태 믹스를 이룬 사례다.

⑥ 역사 믹스

역사 믹스의 주 내용은 역사적 사건을 계기로 한 교류, 선적 길 조성 등으로 세분화되고 있다.

예를 들어, 호국 성지 영호남 자매결연의 경우는 조선시대 대표적 군사 요충지로서 전라 병영성과 울산 병영성이 있던 강진군 병영면과 울산광역시 중구 병영2동이 2005년부터 자매결연을 맺어, 축제 참가, 체육대회 개최 등 인적, 물적 교류를 행하고 있다. 역사적 사건을 계기로 두 도시 간 교류를 모색하는 역사 믹스 사례라 할 수 있다.

5·18 항쟁, 4·3 항쟁, 여순 사건 피해자 가족 행사의 경우는 한국 현대사의 비극을 겪은 가족들이 광주의 오월어머니회 초청으로 교류를 추진하였다. 광주, 제주, 여수, 순천 등 네 도시의 주민이 주도하는 역사 믹스 사례라 할 수 있다.

⑦ 교통 믹스

교통 믹스의 경우는 도로를 중심으로 한 지역 연계를 중심으로 이루어지고 있다.

대표적으로 여수, 순천, 광양 광역 버스정보 시스템 구축을 들 수 있다. 3개 지자체가 광역 버스정보 시스템을 구축하여 각종 버스정보를 안내전광판과 인터넷, ARS 매체를 통해 전달함으로써, 버스노선 도로와 사이버 공간을 활용한 교통 믹스를 보여주고 있다.

⑧ 홍보 믹스

홍보 믹스의 경우는 홍보마케팅 협약을 주 내용으로 하고 있다.

대표적으로 함평 나비곤충 엑스포와 광주 신세계백화점 홍보마케팅 협약을 들 수 있다. 나비곤충 엑스포 조직위원회와 신세계백화점의 공동 업무제휴 협약을 통해, 엑스포 홍보관 설치, 엑스포 로고 무료 사용, 엑스포 입장권 구매, 함평 농특산물전 개최 등 홍보마케팅 협력사업을 추진함으로써, 지자체와 기업이 주도하는 홍보 믹스 사례를 보여주고 있다.

### 4) 지역 믹스 유형③ 주체별 지역 믹스

지역 믹스 유형을 주체별로 살펴보면 공공 믹스, 민간 믹스, 민관 파트너십 믹스로 나누어볼 수 있다. 이 중에서 공공 믹스가 가장 큰 비중을 차지하고 있고, 다음으로 민간 믹스, 민관 파트너십 믹스 순이다.

공공 믹스는 중앙정부 주도형과 지방정부 주도형으로 나눌 수 있고, 민간 믹스는 기업 주도형과 시민사회 주도형으로 나눌 수 있다. 전체적으로 지방정부 주도형이 가장 큰 비중을 차지하고 있고, 다음으로 시민사회 주도형, 민관 파트너십 믹스, 중앙정부 주도형, 기업 주도형 순으로 나타나고 있다.

시민사회 주도형의 사례로는 광주광역시와 부산광역시의 민간단체(광주무용협회, 부산시립무용단, 광주시립무용단)가 주도하여 13년간 지속해온 영호남 춤페스티벌을 들 수 있다.

중앙정부 주도형의 예로는 여수엑스포 조직위원회와 상해엑스포 사무국이 양국의 성공적인 엑스포 개최를 위해 체결한 여수-상해 엑스포 업무협조 양해 각서를 들 수 있다.

기업 주도형의 예로는 광주, 호남, 제주 지역 9개 상공회의소가 지역 발전 공동 추진 및 지역 현안 해결을 위해 추진한 광주, 전남북, 제주 상공회의소 협의체 결성을 들 수 있다.

### 5) 지역 믹스 유형④ 대상별, 요소별 지역 믹스

지역 믹스를 대상별로 살펴보면 주민 믹스, 관광객 믹스, 기업 믹스, 공동 믹스 등으로 나눌 수 있다. 이 중에서 공동 믹스가 가장 큰 비중을 차지하고 있고, 다음으로 관광객 믹스, 주민 믹스, 기업 믹스 순으로 나타나고 있다.

지역 믹스를 요소별로 살펴보면, 조직 믹스, 이미지 믹스, 포인트 믹스, 타깃 믹스, 채널 믹스 등으로 나눌 수 있다. 이 중에서 채널 믹스가 가장 큰 비중으로 차지하고 있다. 다음으로 포인트 믹스, 조직 믹스, 이미지 믹스, 타깃 믹스 순으로 나타나고 있다.

지금까지 살펴 본 지역 믹스의 유형들을 종합해 보면 공간별 유형 5개, 주제별 유형 8개, 주체별 유형 5개, 대상별 유형 4개, 요소별 유형 5개 등 총 27개의 유형이 존재한다.

**지역믹스 유형 종합**

| 공간별 유형 (5개) | | | | | 주제별 유형 (8개) | | | | | | | | 주체별 유형 (5개) | | | | | 대상별 유형 (4개) | | | | 요소별 유형 (5개) | | | | |
|---|---|---|---|---|---|---|---|---|---|---|---|---|---|---|---|---|---|---|---|---|---|---|---|---|---|---|
| 도시 간 믹스 | | | 도시 내 믹스 | | | | | | | | | | 공공 믹스 | | 민간 믹스 | | | | | | | | | | | |
| 도시 믹스 | 권역 도시 믹스 | 패키지 도시 믹스 | 권역 믹스 | 공간 패키지 믹스 | 문화 믹스 | 관광 믹스 | 산업 믹스 | 행정 믹스 | 생태 믹스 | 역사 믹스 | 교통 믹스 | 홍보 믹스 | 중앙정부 주도형 | 지방정부 주도형 | 기업 주도형 | 시민사회 주도형 | 민관 파트너십 믹스 | 주민 믹스 | 관광객 믹스 | 기업 믹스 | 공동 믹스 | 조직 믹스 | 이미지 믹스 | 포인트 믹스 | 타깃 믹스 | 채널 믹스 |

Moscow
China
EVERYWHERE
BER

# 3장

# 창조 공간문화와 창조관광

# 1. 대보름에 생각해보는 컬처 브리지와 장소 만들기

정월 대보름이다.[74]

정월은 천지인이 합일하고 사람을 받들어 일을 이루며 모든 부족이 하늘의 뜻에 따라 화합하는 달. 대보름은 만월을 통한 지모신의 생산력과 풍요를 기원하는 개방적, 집단적, 수평적 마을 공동체의 명절이다. 한마디로 정월 대보름은 공동체의 목표를 위해 한 해를 기원하고 화합하는 희망의 날이다.

그렇다면 지금 우리는 무엇을 기원하고 있는가. 누구와 무엇을 위해 화합하고 있는가. 어떤 희망을 가지고 있는가. 걱정과 근심으로 전국이 어수선하다. 국보 1호 숭례문의 소실로, 새 정부의 호남 인사 배제로, 국책 문화프로젝트들의 축소 분위기로 일부 문화주체들이 허탈감과 무기력에 빠져있는 듯하다.

액운을 물리치고 복을 비는 대보름이니 올 정월대보름은 남다르게 느껴진다. 새 정부의 출범, 국회의원 선거, 호남 국책 프로젝트들의 본격화 등으로 공간, 주체, 권력의 새 판 짜기가 본격적으로 시작되는 해이기에 더욱 그렇다. 미래를 내다보는 장기적 전망과 기복이 요구되는 시점이다.

어떻게 만월을 바라보며 걱정과 허탈감을 풀고 털어버릴까. 어떤 희망과 화합의 문화 프로젝트들을 구상해야 할까.

대보름의 대표적인 놀이이자 축제였던 다리 밟기에서 실마리를 찾아보면 어떨까. 다리 밟기 혹은 답교踏橋 놀이는 정월 대보름 밤에 어른 아이 할 것 없이 많은 사람들이 동네의 개천 또는 강에 놓인 다리 위를 오가며 노는 전국적인 민속놀이다.

고려시대에 시작되어 조선왕조 태종 이후 크게 성행하였고, 일제시대 초에 사라져 지금은 거의 잊혀진 놀이가 되었다. 해마다 곳곳에서 펼쳐지는 대보름 한마당 축제에서 윷놀이, 제기차기, 줄다리기와 같은 민속놀이와 달집태우기는 있어도 다리 밟기가 보이지 않는 것은 그 때문이다.

사람의 다리脚와 발음이 같은 지역의 다리橋를 밟음으로써 다리 병을 예방하는 것, 그 밖의 여러 질병이나 재난을 일소하여 개인과 지역이 탈 없이 한 해를 보내고자 하는 것이 이 놀이의 의미다.

그저 다리를 왔다 갔다 하는 것만 아니라, 농악을 앞세우고 무동舞童을 서기도 하고 다리 위나 근처에 술자리를 베풀어 즐겁게 지내기도 하는 종합예술축제이기도 하다.

다리를 밟는 방법도 가지가지. 날짜별 밟기(양반은 14일, 평민은 15일, 부녀자는 16일), 열두 다리 밟기(12개월을 상징하는 열두 다리를 건너 액을 막는 방법), 특정 다리 밟기(자기 나이 수만큼 걷는 방법), 세 개 다리 밟기,

제일 큰 다리 혹은 제일 오래된 다리 밟기 등 자신의 스타일과 욕망에 따라 다양한 밟기가 가능한 창조적 놀이문화이기도 하다.

현대적인 의미에서 다리 밟기의 키워드는 문화와 장소다.

다리는 문화를, 밟기는 장소를 각각 상징한다. 다리는 교류와 소통을 상징하고 밟기는 커뮤니티와 장소를 상징한다. 다리 밟기는 몸이라는 개인공간과 다리라는 공공공간이 만나는 접합의 상징이자 융합을 통한 문화다양성과 창조의 상징이다. 그래서 다리 밟기는 집단적 염원이자 장소적 염원이다.

문제는 어떤 다리를 어떻게 밟을 것인가, 어떤 교류를 어떤 장소에서 어떻게 소통하고 창조할 것인가 하는 점이다. 우리의 발은 지금 어디를 딛고 있는가. 무엇을 다리로 연결할 것인가. 그에 따라 다리 밟기의 문화적 의미 즉 컬처 브리지는 다양해질 수 있다.

새해의 광주전남 문화 프로젝트에는 다양한 다리들이 놓여 있다.

광주전남 방문의 해, 아시아문화중심도시 연차별 실시, 서남해안 관광레저 기업도시, 광주전남 공동 혁신도시, 함평 세계 나비곤충 엑스포, 전남 슬로시티 조성, 여수 세계엑스포 준비, 국제 문화교류 사업, 광주비엔날레, 세계김치대축제, 정율성 국제음악제, 대한민국 청소년 박람회, 하계 U대회 유치 등.

그러나 여론과 담론은 단순하다. 한편으로는 광주전남 배제론, 호남 국책프로젝트 차질론, 새 정부 문화프로젝트 우려론이, 다른 한편으로는 하드웨어적, 일회성 이벤트적, 외부 중심적, 근시안적 지역프로젝트에 대한 비판론이 지배적인 듯하다.

이제 문화담론의 핵심을 옮겨보면 어떨까.

우려론과 비판론이 아닌 컬처 브리지culture bridge와 장소 만들기의 대안론으로. 전문적인 내공과 실력으로 단련된 튼튼한 다리와 지역에 대한 애정과 열정으로 밟아 이어가는 문화 다리를 위해.

문화전략의 대안 수립을 위한 내공과 실력은 지역의 일상에 대한 자기 성찰과 장소성의 재발견에서 시작한다. 그것을 위한 열정과 애정에서 출발하는 것이 기본이다.

광주다움과 전남다움은 무엇인가. 광주전남의 문화예술인과 문화환경 실태는 어떠한가. 시민들은 어떻게 살아가고 있고 어떤 욕망을 가지고 있는가. 광주전남은 어떤 문화지도를 지니고 있는가. 질문하고 답을 찾을 필요가 있다.

도시정체성과 장소성에 대한 탐구, 도시문화지도 작성, 문화예술인 및 문화환경 실태조사, 시민의 일상문화와 문화적 욕망에 대한 조사에서 출발하자.

대보름 희망의 다리 밟기를 컬처 브리지와 장소 만들기의 출발점으로 삼아보자. 지역의 일상과 문화현장 곳곳을 밟아보고, 끊긴 지점들을 찾아 연결하고, 서로 다른 영역, 주체, 공간을 접목하는 컬처 브리지.

"그대의 눈을 안으로 돌려보라. 그러면 그대의 마음 속에 여태껏 발견 못하던 천 개의 장소를 찾아내리라. 그곳을 답사하라"고 문명비평가 헨리 데이빗 소로Henry David Thoreau는 말한다.[75]

문화지리학자 에드워드 렐프Edward Relph는 인간답다는 것은 의미 있는 장소로 가득한 세상에서 사는 것이라고 말한다.[76] 자신이 잘 알고 사랑하는 장소를 가지고 있는 것을 말한다.

대보름날 광주천의 다리에서 인간다운 삶을 꿈꾸는 문화 다리를 함께 밟아보지 않으시렵니까.

## 2. 일상 관찰을 통한 창조공간 마스터플랜이 절실하다

파리의 오르세 미술관, 북경의 다산쯔 798예술특구, 런던과 리버풀의 테이트모던 미술관, 에센의 레드도트 뮤지엄, 요코하마의 아카랭카(빨간 벽돌), 빌바오의 구겐하임 미술관.[77]

이들의 공통점은 무엇일까. 지역의 역사와 기억, 삶의 자취가 남아있는 유휴, 폐공간들을 현대적인 문화공간으로 재생하여 만든 창조공간들이다.

철도 역사, 소방서, 소 도축장, 공장, 창고, 발전소, 탄광시설 등 시민들의 소중한 추억이 녹아있고 도시정체성을 담고 있다면 어떤 공간이라도 근현대 문화자산으로 가치를 인정받아 랜드마크가 되고 있다.

한국의 도시들도 예외는 아니다. 서울은 화력발전소를 문화발전소로, 인천은 해안 창고를 예술공간으로, 대구는 연초장을 문화창작 발전소로, 포천은 폐 채석장을 창작 스튜디오로, 신안은 소금창고를 미술관으로 만들었다.

많은 도시들이 창조도시를 표방하면서 창조공간 프로젝트를 적극 추진하고 있다. 유네스코에서는 2004년부터 창의도시 네트워크 제도를 실시해 가나자와(민속예술), 베를린(디자인), 브래드포드(영화), 에딘버러(문학), 볼로냐(음악) 등 2021년 기준 90개국 295개 도시를 창조도시로 선정하였다.

한국에서는 서울(디자인)과 이천(공예와 민속예술)이 2010년 처음으로 가입한 이래 2021년 까지 전주(음식), 광주(미디어아트), 부산(영화), 통영(음악), 대구(음악), 부천(문학), 원주(문학), 진주(공예와 민속예술), 김해(공예와 민속예술) 등 총 11개 도시가 창의도시 네트워크에 가입하였다.

광주는 행복 창조도시를 도시비전으로 선포한 바 있다. 지금은 미디어아트 창의도시로 지정되어 다양한 사업을 추진하고 있다. 문제는 창조공간에 대한 비전과 마스터플랜이 부재하다는 것이다. 그로 인해 역사성과 정체성, 추억과 기억, 의미와 가치를 담고 있는 공간들이 급속도로 사라지거나 방치되고 있다.

필자가 광주에 온 2006년 이후 사라진 공간 중 가장 아쉬운 곳이 일제시대에 조성된 학동 8거리다. 세계적으로 유례없는 골목디자인을 간직한 곳이었다. 세계의 도시 전문가들에게 한번만 보여줬어도 가치를 인정받아 보존될 수 있었던 곳인데 현재 사라지고 아파트가 들어서 있다.

100년의 역사를 지닌 5·18 민주광장 앞 일본식 목조주택도 갑자기 사라지고 빌딩이 생겼다. 80년 역사를 지닌 수피아 여중 별관도 사라졌다. 50년 역사를 지닌 태평극장도 음식박물관을 만들어보려 했지만 무너지고 주차장이 들어섰다. 40년 역사의 구동 체육관도 사라졌다. 시민회관도 무등경기장도 철거 얘기가 나오고 있다.

그나마 아직 보존되고 있는 근현대 문화자산인 중앙초교, 충장로 중앙우체국, 동부소방서, 일신전남방직, 광주극장, 광주기계 등도 미래가 불투명하다.

아시아문화중심도시를 위해 많은 문화시설들이 들어설 예정이지만 이러한 공간을 활용하겠다는 얘기는 잘 들리지 않는다. 영상복합문화관, 빛고을 시민문화관 등 새 건물들만이 속속 생겨나고 있다. 사라진 광주읍성, 유림숲, 경양방죽, 태봉산을 복원하자는 얘기도 조심스레 나오곤 있지만 황당한 소리로 치부되고 있다. 도시 최고의 공간문화 자산인 골목의 파괴도 가속화되고 있다.

줄리어드 음대 예술교육학 교수인 에릭 부스Eric Booth는 일상창조의 핵심조건을 관찰로 두고 있다.[78] 마음을 열고 순수하게 일상을 관찰하라는 것이다. 생리학자와 역사학자인 루트번스타인Root Bernstein 부부 역시 창조성을 발휘하는 13가지 생각도구 중 첫 번째로 관찰을 제시하고 있다.[79] 수동적인 보기가 아니라 적극적인 관찰이 중요하다는 것이다.

창조도시가 되려면 일상의 공간들을 심도 깊게 관찰하여 어디에 무엇이 어떻게 왜 존재하고 있는지 정확히 파악해야 한다. 그리고 그것을 자료화하고 토론하여 가치를 판단하고 의미를 공유하는 프로세스 기획을 우선해야 한다.

광주의 창조적 잠재력과 창조공간 활용가능 자원에 대한 심층적인 조사연구, 창조성과 창조도시에 대한 광주 고유의 철학 정립, 시민소통과 합의를 통한 창조도시 비전의 공유, 창조공간과 창조산업, 창조인력의 유기적 연계 체계 구축, 광주의 창조공간 유형화(예를 들어 보호 복원형, 정비 치유형, 연계 네트워크형, 혁신 재창조형, 교육 확산형), 모두 중요하다.

이들을 포함한 창조공간 마스터플랜 수립이 절실한 시점이다.

## 3. 창조적 도시재생, 인문학적 상상력이 핵심이다

광주비엔날레, 국제공연예술제, 추억의 7080 충장축제, 세계김치문화축제, 정율성 국제음악제, 궁동 거리예술제, 프린지페스티벌 등 10월 광주는 축제도시다.[80]

풍성한 문화 만찬 앞에서 뭘 어떻게 먹을지 행복한 고민이 앞선다. 그런데 뭔가 궁금한 것이 생긴다. 도시축제의 마스터플랜, 축제거버넌스 조직 모델, 축제브랜딩 전략, 대표축제와 축제체계 정립 등 축제정책이 마련되어 있는 것일까.

이런 의문을 던지던 중 광주에 도시재생 추진단이 발족되었다는 소식을 접했다. 광주광역시와 자치구, 광주도시공사가 주축을 이루고 자문위원단이 보조 역할을 하는 것 같다.

또 하나의 궁금증이 생긴다. 도시재생에서 시민들의 역할은 무엇일까. 도시재생이 혹시 하드웨어 개발 중심으로 논의되는 것은 아닐까.

사회도시학자 떼오도르 폴 김Theodore Paul Kim이 언급한, 파괴된 도시를 살리는 인문학적 상상력이라는 말이 떠오른다.[81] 그의 도시재생 철학과 비전을 분명하게 보여준다. 그는 축제를 도시재생의 네 가지 핵심 요소 중 하나로 제시한다. 창조도시를 추구하는 광주의 도시재생과 축제전략 수립에 시사하는 바가 있다.

핵심은 인문학적 상상력이다. 그의 논의를 빌어 창조적 도시재생을 위한 4가지 핵심 과제를 요약하면 다음과 같다.

첫째, 축제와 파티 만들기다.

축제의 본질은 시민을 즐겁고 행복하게 만드는 것이다. 단순히 예술을 향유하고 먹고 마시고 노는 차원이 아니라 시민들이 서로에게 축복을 빌어주는 것이다. 문화를 통해 기쁨과 만족을 선사하여 도시를 사랑하게 만드는 것, 꿈과 희망과 이상의 미래를 보여주는 것이다.

이렇게 되려면 도시 전체가 축제의 무대가 되어야 한다. 도시란 하나의 연극 무대라는 스페인 건축가 리카르도 보필Ricardo Bofill의 말처럼,[82] 도시의 문화적 맥락과 장소의 역사적 환경을 존중하는 축제가 되어야 한다. 그러한 축제를 통해 시민들의 생활이 의미 있고 존중 받으며 행복하도록 해야 한다.

둘째, 공공의 사회적 장소 만들기다.

시민들의 만남과 사교, 상호 존중과 신뢰, 친절함이 묻어나는 광장, 거리, 공원 등 소통의 공공공간이 풍부해야 한다. 시청, 의회, 대학 등 공공기관들이 시민들의 일상공간으로 활짝 열려야 한다.

느림의 철학자 피에르 쌍소Poerre Sansot의 말처럼, 도시는 앉고 서고 걷고 말하고 쳐다보고 느끼고 생각하고 사랑하는 곳이다.[83] 그래서 도시는 인간을 위한 곳, 서로를 위한 장소, 인격이 존중되는 장소여야 한다. 그래야 품격의 도시다.

셋째, 역사 보존의 증거 장소 만들기다.

도시의 옛터는 선조들의 이야기들이 차곡차곡 쌓여있는 영혼의 장소다. 도시는 시대의 유산으로서 과거와 현재의 사회문화적 가치를 후손들에게 상속해야 하는 의무가 있다. 도시 역사의 흔적들은 시간이 흐를수록 예술적 가치가 더해져 독특한 보물이 되고 관광자원이 되기 때문에 보존해야 한다. 물론 단순 보존이 아니라 현재의 삶에 꼭 필요한 장소로 만들어야 진정한 복원이다.

이를 위해서 유휴, 폐공간을 역사가 숨 쉬는 장소로 드러내는 창조공간 만들기, 광주의 기원이자 뿌리인 신창동 선사 유적지와 광주읍성의 문화가치 복원, 도시 역사의 핵심자원인 오월 장소의 복원, 민속박물관과 국립박물관의 유물을 일상에서 살아 숨 쉬게 하는 도시박물관의 패러다임 변화가 필요하다.

마지막으로, 도시의 본질과 기원을 의미하는 상징 만들기다.

도시의 철학과 비전, 가치를 체험하고 공유하며 생활화하는 브랜드로서 다양한 상징물을 조성해야 한다. 각 지역의 장소들과 건물들이 공동체의 삶을 추구할 수 있도록 전체적으로 조화로워야 한다. 조화와 일체성을 이루기 위해서 상징 장소들이 필요한 것이다.

시민들에게 정체감을 주는 랜드마크, 꿈을 펼치게 해주는 퓨처마크future mark와 삶을 사랑하게 만드는 러브마크love mark를 만들자. 매력적이고 입체적인 도시 관문, 시민들의 최고의 편의시설이자 놀이터 역할을 하는 시청과 의회도 좋은 상징물이 될 수 있다.

# 4. 소통, 융합, 창조의 공간문화 만들기

### 1) 망원경: 비주류非主流의 시선에서 바라본 대인 예술시장

대인 예술시장 프로젝트는 시장과 예술의 창조적 만남을 기획한다.[84] 잘나가는 시장과 예술의 만남이 아니다. 쇠퇴하여 비어가는 전통시장과 창작공간을 꿈꾸는 허기진 예술가들의 만남이다. 시장의 빈 공간을 예술로 채우고 예술의 상상력을 시장으로 채운다. 일상의 라이프 스타일에서 만나기 어려웠던 상인과 예술가가 서로의 욕망을 접속한다.

그래서 예술시장 프로젝트는 태생적으로 비주류적이다. 비주류 공간과 주체들의 소외를 극복하려는 욕망과 그것을 예술로 표현하여 소통하려는 문화실험이다.

장애인 작가그룹 터울과 독립문화 기획자 남유진, 미디어 활동가 정광식과 강명현(이하 MKJ)은 예술시장 작가들 중에서도 가장 비주류적이다.

이들의 출발점은 소외, 독립, 매체다.

터울의 작업은 사회적 약자의 소외에서 잉태된 욕망에서 출발한다. 남유진의 작업은 음반제작 스튜디오를 통해 독립문화의 꿈을 표현한다.

MKJ의 작업은 라디오와 영상매체를 통해 다양한 주체들의 욕망과 표현들을 소통시킨다.

예술시장의 작가들이 대부분 미술을 소통의 수단으로 하고 있다면, 이들은 공간(터울), 음악(남유진), 방송(MKJ)을 소통의 주요 수단으로 삼고 있다. 그래서 이들은 비주류 안의 비주류로서 예술시장의 가치를 가늠하는 꽃이 될 수 있다. 이들의 작업은 예술시장의 문화지형도 차원에서 볼 때, 비주류적 위치에서 비주류적 방식으로 비주류를 해체하고 있기 때문이다.

이들의 해체 방식을 크게 세 가지 측면에서 살펴볼 수 있다.

첫 번째는 '소통 → 융합 → 창조'의 실험이다.

터울은 장애와 비장애, 소외와 문화소외, 장애와 예술의 경계를 해체하고 소통과 융합을 시도한다. 사회적 약자로서 느끼는 소외와는 다른 차원의 문화소외의 문제를 극복하는 모델을 창조할 수 있을 것인지 기대된다.

남유진은 소리와 비소리, 음악과 미술의 경계를 해체하고자 한다. 자주출판으로 제작된 인디음반이 미술작가와 상인들의 삶과 어떻게 조우할지 지켜보고 싶다.

MKJ는 소리와 영상, 기록과 비기록의 경계를 해체하며 미술과 삶의 기록을 축적하고 발신하고자 한다. 라디오와 독립영화 매체를 통해 어떻게 공간문화의 소통망을 창조할지 기대된다.

두 번째는 공간문화 읽기, 쓰기의 실험이다.

소외와 독립과 매체의 욕망이 시장과 만나 새로운 장소성을 만들어가는 기획이다. 이들이 전통시장에 개입하여 공간과 조우하고 공간문화를 창출하는 방식에 주목할 필요가 있다.

터울은 무인의 커뮤니티 카페를 통해 시장의 열린 공간문화를 추구한다. 남유진은 스튜디오와 거리공연의 연계를 통해 새로운 청관soundsacpe을 만들어낸다. MKJ는 눈에 보이지 않는 라디오 방송을 통해 단절된 시장의 내부 소통공간을 창출한다.

세 번째는 문화비즈니스와 장소브랜딩의 실험이다.

이들의 작업은 예술시장 프로젝트의 비주류성과 독립성을 자리매김하고 스토리텔링을 통해 드러내는 장소브랜딩 모델이 될 수 있다. 또한 이들의 경계 해체 작업은 예술시장의 틀을 벗어나 타 지역, 타 주체, 타 장르, 타 공간과의 네트워킹을 시도한다.

터울은 장애생활 작가의 문화비즈니스를 고민한다. 남유진은 인디밴드들의 음반 제작을 통한 지역 독립문화 비즈니스 모델을 기획한다. MKJ는 시장의 미디어 소통망과 지역 방송국의 연계를 통한 미디어 비즈니스 모델을 꿈꾼다.

### 2) 돋보기(1): 터울의 소통, 융합, 창조를 통한 문화소외 극복

터울은 장애와 예술의 소통 방식을 통해 소외계층이 제시하는 문화소외 극복 모델을 제시한다.

예술에는 장애라는 단어가 존재하지 않는다는 이들의 주장처럼, 사회적 장애와 소외는 예술의 영역에서는 문화적 장애와 소외의 문제로 변환된다. 욕망과 표현과 소통에 장애를 느끼는 주체와 공간은 모두 문화적 소외계층이자 공간이다.

터울이 추구하는 문화소외 극복 모델은 장애인 주체 예술의 정체성 문제와 맞닿아 있다. 장애인 작가를 지원하는 장애인 커뮤니티인가, 장애인의 문화 욕구를 드러내는 장애담론 허물기인가, 장애인 문화비즈니스 모델 만들기인가의 문제다.

터울은 이 세 가지를 모두 추구한다. 문화 표현의 기회로서 장애인 커뮤니티 만들기, 문화 교류와 소통을 통한 소외 극복, 장애인 아트마켓이자 장애생활 작가들의 브랜드로서 비즈니스 모델 발굴, 재생, 창조가 그것이다. 그래서 그들은 상인과 지역예술가들을 포함한 장애 작가의 작품을 제작하고 할인 판매 비즈니스를 기획한다.

이들의 실험이 지니는 정체성은 이야기 공간과 쉼터 기능을 하는 무인 카페에 담겨있다. 이 카페에는 주인과 손님이 따로 없다. 메뉴도 그때그때 다르다. 그저 누군가와의 만남과 창조적인 대화만 있으면 그만이다. 이들의 바람은 소박하다. 대인시장만이 아니라, 광주의 각 구마다 주요 거점마다 이러한 무인 카페가 만들어지는 것이다. 공간적 장애를 극복하고 싶다는 것이다.

그런 의미에서 예술시장 프로젝트는 장애인, 비장애인 구분 없이 한데 어울려 문화로 친구가 되는 문화쉼터 프로젝트로 확대될 필요를 느낀다.

### 3) 돋보기(2): 남유진의 걱정말라 프로젝트, 네버 마인드

남유진은 예술시장에 음반제작소 N.Studio를 조성해 인디밴드들의 음반을 제작한다. 광주에 네버 마인드라는 인디클럽을 만들고, 인디뮤직 페스티벌을 기획해온 그가 이제는 음반 제작소를 꿈꾼다. 공간에서 축제로 다시 산업으로 그의 지역 독립문화 재생 프로젝트를 확대하고 있는 것이다.

독립문화는 비주류 문화이고, 비주류 문화는 다양성의 문화이자 대안 문화다. 따라서 남유진의 음반 제작소는 독립문화에 대한 편견 깨기와 그를 통한 기회 만들기에 주력한다. 단순한 시설과 설비의 제약으로 갇혀 살아야 했던 뮤지션들에게 음반을 제작해주고, 시장 골목에서 공연을 하고, 스튜디오를 오픈하고, 음악 앨범을 건네주며 대중과의 소통을 시도한다.

이러한 소통 프로젝트는 지역을 넘나든다. 그는 이제 광주를 고집하지 않는다. 광주를 위해서면 어디든 교류한다. 서울의 홍대지역 레이블과 연계하는 이유도 그 때문이다.

대인시장에 입주한지 3개월이 지나고 있지만 아직 스튜디오 공사도 완료하지 못했다고 한다. 이제부터 시작인 것이다. 시작과 끝의 경계조차도 그에겐 무의미해 보인다. 그게 인디 정신인가 보다. 그의 미소는 걱정 말라 한다. 네버 마인드never mind.

### 4) 돋보기(3): 정광식, 강명현의 리스체리쉬

MKJ는 미디어를 통해 예술시장의 내부 소통망을 창조하고자 한다. 그들의 미디어는 어쩌면 파편화되어 있을지 모를 상인과 예술가, 그림과 소리와 영상, 골목과 작업실과 상점을 연결하는 소통의 윤활유다.

그들은 그 작업을 리스체리쉬rischerish라 부른다. red, irrationality, sloth, cherish의 약자다. 혁명을 바탕으로 부조리와 나태를 품겠다는 뜻이다. 세상의 부조리와 나태함을 미디어를 통해 혁명적으로 말하겠다는 것이다.

이들이 택한 혁명의 무기는 방송 장비와 라디오, 독립영화다. 이들은 시장을 생기 있는 곳으로 만들고 싶어 한다. 생기가 도는 곳은 소통이 이루어지는 곳이란다. 그래서 TV가 생기기 이전부터 소식을 전해주던 라디오 매체와 폐쇄공간인 시장의 결합을 구상한다.

상인들과 작가들의 살아있는 이야기들을 라디오 드라마로 전달하고 독립영화의 이미지로 발송한다. 이들이 바라본 대인시장은 〈매미 울다〉라는 독립 영상작품에 잘 재현되고 있다. 허름함, 어슬픔, 긴장감, 답답함, 지루함, 어색함, 비움과 남겨둠의 정서가 가득하다. 대인시장의 현주소이자 정체성이다.

### 5) 현미경: 섬세하게 들여다보고 꿈꿔야 할 것들

이제 남겨진 것은 소통, 융합, 창조를 통한 대인시장의 새로운 공간문화와 장소가치 창출이다.

예술시장의 가치 창조를 통해 새롭게 의미부여한 시장주체와 고객을 형성하고, 그들 간의 신뢰와 관계를 재창조하는 과정에 주목해야 한다. 이를 통해 궁극적으로 예술시장의 문화비즈니스 및 장소브랜딩 모델을 창조할 필요가 있다. 이는 물리적 실체로서 대인시장을 넘어서는 공간, 주체, 문화의 해체와 잇기, 접속과 확장의 프로젝트가 될 때 가능하다.

터울, 남유진, MKJ를 비롯한 예술시장 사람들의 문화실험이 예술시장 프로젝트의 큰 화두이자 틀거리인 아시아문화전당, 예술의 거리, 대인시장의 공간문화 네트워킹을 통한 문화중심도시 광주 만들기의 씨앗이 되길 기대한다.

# 5. 창조관광의 빛을 밝히는 문화수도 광주의 장소 만들기

### 1) 관광, 빛을 보다, 빛고을을 보다

광주는 관광의 도시다.85 왜냐하면 관광觀光은 빛을 보는 것이고 광주光州는 빛의 고을이기 때문이다.

그러나 사람들은 광주에는 관광자원이 별로 없다고 한다. 그래서 관광을 하려면 광주보다는 전남을 둘러보라고 한다. 광주는 마케팅할 만한 매력적인 것도 없다고 한다. 특급 관광호텔이 없어서일까. 가이드의 깃발을 따라 떼 지어 다니는 단체관광객들이 안보여서일까. 스펙터클한 테마파크나 놀이공원이 없어서일까. 눈에 띄는 관광안내소나 관광홍보물, 눈길을 끄는 시티투어 버스가 없어서일까. 그럴 수 있을 것이다.

그렇다면 광주하면 떠오르는 오월공간과 자원들, 비엔날레와 디자인 비엔날레, 김치축제와 국제영화제, 무등산과 보리밥, 송정 떡갈비와 한정식, 예술의 거리는 관광 자원이 아니던가. 세계에서 유일한 커뮤니티 공간구조를 지닌 학동의 다섯 개 8거리, 한국 기독교 역사와 근대 정신을 간직한 양림동, 중국인들의 정신적 영웅인 광주 출신 음악가 정율성, 청계천보다 자연 내음이 물씬 나는 광주천, 전국에서 가장 째즈 음반이 많은 카페 포플레이four play, 다른 대도시에선 이미 사라진지 오래된 단일 영화관 광주극장과 40년 역사의 클래식 음악감상실 베토벤, 폐선을 산책길로 바꾼 푸른길, 광주의 멋쟁이 젊은이들이 모여드는 충장로는 광주의 삶의 매력을 간직한 관광자원이 아니란 말인가.

답은 셋 중 하나일 것이다. 홍보가 안 되어 시민이나 관광객들이 잘 모르거나, 관광에 관심이 없어 관광자원으로 활용하지 못했거나, 관광에 대한 그릇된 인식 혹은 오해로 일상문화와 관광을 별개로 생각했거나.

이방인 출신 광주시민인 필자에게 광주는 골목, 거리, 장소, 건축물, 그곳에 담긴 사람들의 체취와 이야기, 기억, 사연 하나 하나가 도시의 흔적과 삶을 아로새긴 의미의 빛으로 곧 문화관광의 매력물로 다가온다.

그러나 어떤 이들에게 그것은 그저 흔하고 보잘 것 없는 일상이고, 힘들고 아픈 기억의 상처일 뿐이며, 지워지고 사라져야할 개발의 대상일 뿐일지 모른다. 어쩌면 우리는 광주의 의미와 가치를 발견하지 못하거나 광주의 장소성을 점점 상실 혹은 파괴해가고 있는 것일지도 모른다.

일례로 광주는 걷는 도시가 아니라 타는 도시 즉 자동차 중심의 도시다. 걷고 싶은 거리와 보행자 전용 거리가 부재하고 자전거도로도 유명무실하다. 많은 문화인과 지식인들이 광주는 대중교통이 불편하다고 한다. 자가용 중심의 자동차 문화가 일상화된 이유다. 걸으며 느끼는 광주, 자전거를 타고 바라보는 광주, 버스나 지하철에서 시민들과 함께 호흡하며 바라보는 광주는 분명 승용차를 타고 스쳐 지나가며 바라보는 광주와는 다를 것이다.

관광은 삶과 문화를 보고 느끼고 즐기고 체험하며 소통하는 것이다. 장소마케팅은 그러한 장소를 만들고 가치를 부여하여 공유하는 것이다. 그래서 도시의 일상, 광주의 삶을 재발견하는 것에서 관광과 마케팅은 시작하는 것이다. 추진 중인 아시아문화중심도시 혹은 문화수도 조성사업이 새로운 도시발전 모델을 제시하는 사업이라면, 관광 전략 역시 새로운 도시관광의 패러다임을 제시해야 할 것이다.

누구나 관광, 즉 삶과 문화의 빛을 즐길 수 있는 신인본도시로서 시민의 관광 권리를 제시할 수 있는 대안적인 문화관광 도시 전략과 프로그램을 마련할 필요가 있다. 문화수도에 맞는 문화관광 전략을 제시함으로써 도시문화 발전에 많은 제약을 가져온 기존의 대중관광과 차별화된 광주다운 대안관광 혹은 신관광 전략을 창조적으로 제시해야 하는 것이다.

그런 의미에서 이 글에서는 문화수도 광주의 장소 만들기 전략을 문화관광과 장소마케팅의 관점에서 제시하고자 한다.

우선, 광주의 일상 재발견을 위한 도시문화지도 그리기와 그것을 바탕으로 한 문화수도 광주의 전략 패러다임을 제시할 것이다. 두 번째로, 문화수도 광주의 관광 비전으로서 창조관광을 제시하고, 창조관광 7대 유형과 4대 전략, 5대 프로젝트를 제시할 것이다.[86] 마지막으로 창조관광의 주체 만들기 방안을 제시하며 글을 맺고자 한다.

### 2) 문화수도 광주를 위한 도시문화지도 그리기: 광주 생활의 발견

문화수도 광주는 궁극적으로 시민들의 삶을 행복하게 만들어 살기 좋고 살고 싶은 도시로 만들어가는 전략이다. 그래서 문화수도가 꿈꾸고 가꾸는 문화는 특정 계층만이 향유하는 세련되고 고매한 고급문화가 아니라 일반시민들의 마음에 다가오고 피부에 와 닿는 생활문화여야 한다. 시민들의 행복한 삶은 꿈과 욕망이 있고, 그것을 표현할 수 있는 능력과 수단을 지니고 있으며, 다른 사람들과 그것을 나누고 소통할 수 있는 삶을 일컫는다.

꿈이 있는 삶, 감동을 느낄 수 있는 삶, 정서와 감수성이 풍부한 삶, 나아가 그러한 꿈, 정서, 욕망, 감동을 예술로, 놀이로, 여가활동으로 표출할 수 있는 삶, 더 나아가 사교와 교육을 통해 혹은 생활정치 활동을 통해 그것을 공유하고 소유하는 삶, 그것이 진정 문화를 그리고, 가꾸고, 나누는 문화수도의 내용이자 도시공간의 문화지도 그리기를 통해 창출하고자 하는 문화수도의 모습이 아닐까.

문화수도의 관광 전략 역시 관광을 통해 문화적 욕망과 표현과 소통이 원활하게 이루어지도록 문화관광 그림, 가꿈, 나눔의 전략을 수립해야 한다.

문화수도 광주의 도시문화지도는 시민들의 다양한 라이프 스타일에 맞게 만들 수 있다. 광주의 주체와 그들의 일상, 그 일상의 문화적 수준, 그러한 문화가 펼쳐지는 공간을 연계하여 광주의 문화지형을 파악하고 그에 맞는 문화관광 전략을 수립해야 한다.

우선 광주시민은 세대, 계층, 젠더, 종족에 따라 서로 다른 욕망과 라이프 스타일을 지닌 다중적 주체들이다. 시민들의 일상을 구성하는 요소는 거주, 노동, 소비, 교육, 여가, 커뮤니티, 교통통신 등 인간의 존재 기본기능이다. 각 기능별로 시민들의 욕망, 표현, 소통의 문화적 삶이 어떠한 상황에 처해 있는지 파악하고, 주체에 따라 서로 다른 일상과 문화의 내용들이 표출되는 방식을 조사하여 삶을 즐겁게 하는 혹은 힘들게 하는 공간을 규명해야 한다. 이를 통해 광주의 주체, 일상, 문화, 공간이 서로 밀접하게 연결되어 있는 시민주체들의 라이프 스타일을 반영하고 삶의 질을 향상하는 방향으로 관광 전략을 수립해야 한다.

그런 의미에서 광주의 문화수도 전략은 시민들의 다층적인 삶을 종합적으로 고려하는 새로운 패러다임을 필요로 한다. 문화수도 정책은 문화예술, 문화교육, 문화산업, 문화관광, 공간문화, 문화복지, 문화행정 등 도시정책 각 분야에 걸쳐 있다. 각각의 영역은 서로 다른 성격을 지니고 있기 때문에 영역별 문화정책의 목표 역시 그에 맞게 강조점을 달리할 수 있다.

문화전략이 추구하는 키워드는 크게 7가지 군群, 즉 창조성·예술성·심미성, 정체성·역사성·고유성, 다양성·개성·접근성, 쾌적성·생태성·편리성, 장소성·일상성·공동체성, 통합성·형평성·복지성, 참여성·자율성·자발성으로 정리해 볼 수 있다.

문화수도는 창의적인 실험들이 끊임없이 일어나고 개성과 다양성을 존중하는 도시다. 또한 편리하고 쾌적한 환경을 갖추고 그 속에서 시민들이 더불어 살아가며 자율적으로 생활환경을 만들어가는 도시다. 그러므로 문화수도 광주의 전략 패러다임은 욕망, 표현, 소통의 문화적 삶을 각각의 정책 영역에 적용하여 이러한 7가지의 문화전략 키워드가 각 정책 속에서 실현될 수 있도록 연결, 접속, 횡단하는 문화관광 전략을 수립해야 한다.

### 3) 문화수도 광주의 관광 비전으로서 창조관광 투어 파트너

문화수도 광주의 관광은 다양하고 개성 있는 문화산업 창조의 장을 만들어 끊임없이 새로운 관광 양식을 창출해가는 창조관광을 전략으로 삼아야 한다.

이를 위해서는 기존 관광에 대한 비판과 성찰을 통해 관광의 비문화적, 비창조적 요소들을 제거해야 한다. 관광을 문화적으로 바꾸고(관광의 문화화), 문화를 관광 자원화하며(문화의 관광화), 문화관광을 광주의 장소성에 맞게 추진(문화관광의 장소화)해야 한다. 즉 문화, 관광, 장소를 결합한 대안관광 프로세스의 정립이 필요하다. 관광의 양보다는 질을 중시하고, 지역과의 단절이 아니라 소통을 중시하며, 지역경제 개발에 초점을 둔 상품화보다는 지역문화 발전에 초점을 둔 차별화된 문화생태 관광과 연성 관광의 콘텐츠를 기획하는데 보다 관심을 두어야 한다.

본래 문화는 삶 자체이며 삶은 장소를 통해 전개되고 장소는 관광의 대상이다. '문화 = 삶·일상 = 장소 = 관광'인 것이다. 현대사회의 관광 패러다임은 이미 대량관광에서 대안관광, 나아가 창조적 문화관광으로 전환하는 추세다.

따라서 문화수도 광주의 관광 비전은 끊임없이 관광의 새로운 빛을 만들어가는 도시, 즉 창조관광의 빛을 밝히는 문화수도로 설정할 필요가 있다. 창조관광의 슬로건은 현재 광주의 마케팅 슬로건이 유어 파트너 광주your partner gwangju임으로, 그에 맞게 창조관광 투어 파트너 광주creative tour partner gwangju로 설정하는 것이 효과적일 것이다.

### 4) 투어 파트너 광주의 창조관광 7대 유형

문화수도 광주의 창조관광 전략은 문화예술형, 역사전통형, 장소특화형, 자연생태형, 생활문화형, 사회복지형, 지속교육형 등 7가지 유형을 핵심으로 삼을 필요가 있다.

문화예술형은 예술관광에 초점을 두는 것이다. 전통적으로 내려오는 남종화 등 남도 예술문화와 비엔날레와 같은 현대 예술자원을 활용하여 아름답고 품격 있는 광주를 만들어가는 전략이다.

역사전통형은 유산관광에 초점을 두는 것이다. 양림동의 기독교 유산과 5·18 유산, 정율성 생가 등 근현대 문화유산을 활용하여 고유의 얼굴과 정취를 지닌 광주를 만들어가는 전략이다.

장소특화형은 도시관광에 초점을 두는 것이다. 예술의 거리, 금남로, 근대 영화관 등 광주 도심의 명소들을 활용하여 다양한 삶이 공존하는 광주를 만들어가는 전략이다.

자연생태형은 생태관광이나 녹색관광에 초점을 두는 것이다. 무등산과 어등산, 광주천 등 자연자원을 활용하여 쾌적하고 여유로운 광주를 만들어가는 전략이다.

생활문화형은 라이프 스타일 관광 혹은 생활체험 관광에 초점을 두는 것으로, 광주의 예술가나 명인, 일반 시민들의 생활양식을 자원화하여 삶의 숨결과 혼이 담긴 광주를 만들어가는 전략이다.

사회복지형은 복지관광에 초점을 두는 것이다. 광주의 청소년이나 장애인, 이주 외국인, 노인 등 소외계층을 대상으로 누구나 쉽게 즐길 수 있는 관광 인프라를 조성하여 함께 더불어 즐기는 광주를 만들어가는 전략이다.

마지막으로 지속교육형은 지속가능한 관광이나 교육관광 혹은 정보통신 관광에 초점을 두는 것으로, 자연적, 주체적, 기술적으로 지속할 수 있는 관광 프로그램을 통해 학습하며 만들어가는 광주를 기획하는 것이다.

### 5) 투어 파트너 광주의 창조관광 4대 전략

문화수도 광주의 창조관광을 실현하는 핵심 전략으로서 4CT 전략, 즉 문화전환cultural turn, 문화횡단cultural tran, 문화양식cultural type, 문화빛깔cultural tint 전략을 적용해 볼 수 있다.

첫 번째, 문화전환 프로젝트는 광주전남 지역에서 추진하고 있는 국책 도시프로젝트를 대상으로 지역의 문화적 맥락과 장소성에 적합한 창조관광 모델을 기획하고 지자체들 간 협력 네트워크를 구축하는 것이다.

서남해안 관광레저벨트 및 관광레저형 기업도시(영암, 해남)와 문화수도 광주의 창조관광 전략 결합 모델, 혁신도시(나주)와 광주의 창조관광 전략 결합 모델, 국책 프로젝트가 이루어지는 도시들을 연계한 '광주-나주-영암-해남-무안' 창조관광 지역 믹스 모델penta-CT strategy을 포함할 수 있다.

두 번째, 문화횡단 전략은 관광, 예술, 산업, 공간, 교육 등 5대 일상 영역을 가로지르는 문화횡단 사업 모델을 개발함으로써 통융합의 창조관광 프로그램을 창출하는 것이다.

예술 프로그램을 중심으로 한 네트워킹 모델(광주비엔날레 + $\alpha$ 모델), 산업 프로그램을 중심으로 한 네트워킹 모델(자동차 산업 + $\alpha$ 모델), 공간 프로그램을 중심으로 한 네트워킹 모델(아시아문화전당 + $\alpha$ 모델), 교육 프로그램을 중심으로 한 네트워킹 모델(아카데미 + $\alpha$ 모델), 관광 프로그램을 중심으로 한 네트워킹 모델(무등산 생태관광 + $\alpha$ 모델)을 비롯하여, 문화횡단 행동그룹의 조직화 등을 포함할 수 있다.

세 번째, 문화양식 전략은 광주의 일상을 공간문화의 관점에서 들여다봄으로써 일상생활의 문화적 양식을 재발견하여 창조관광 콘텐츠로 활용하는 것이다.

광주의 주거, 세대, 거리, 소비, 여가, 야간, 젠더, 언어경관, 미디어, 소수 문화, 교육, 사이버공간 등과 관련한 다양한 공간문화에 대한 분석과 창조관광 콘텐츠 개발을 포함할 수 있다.

마지막으로, 문화빛깔 전략은 광주를 빛의 도시의 관점에서 재구축하여 창조관광 콘텐츠로 활용하는 것이다.

빛을 소재로 한 다양한 테마들이 관광콘텐츠로 활용될 수 있다. 빛관광light tourism, 광산업 관광, 거리의 빛, 자연의 빛, 광주를 빛낸 사람들,

혁신도시의 문화 에너지 빛, 광주의 색채 미학, 빛의 숲 아시아문화전당 등을 소재로 활용할 수 있다.

### 6) 투어 파트너 광주의 창조관광 5대 프로젝트

문화수도 광주의 창조관광 전략을 실현하기 위해서는 창조적인 관광 환경과 시스템을 만들어가는 것이 선행되어야 한다. 이를 위해서는 다음과 같이 5가지 창조관광 프로젝트를 실시할 필요가 있다.

첫 번째는 창조관광 시민 프로젝트다.

문화예술로 창조적인 관광을 실천하는 주체, 이른바 관광 아티즌touristic artizen을 발굴, 지원, 양성하는 것이다. 문화수도의 시민으로서 관광 권리를 향유하며 살아갈 수 있는 대안적인 관광 콘셉트와 전략, 프로그램을 선도적으로 만들어가는 주체들을 발굴하여 지원하고 교육하는 프로그램을 개발해야 한다. 일례로, 공식적인 가이드는 아니지만 실제 삶 속에서 주민들이나 방문객들을 대상으로 문화가이드 역할을 하는 주체들을 발굴하여 지원할 필요가 있다.

두 번째는 창조관광 공간 프로젝트다.

창조관광의 모델과 정보를 기획, 개발, 추진, 교류하는 창조관광 센터를 개발하는 것이다. 창조관광을 실제로 추진하고 있는 공간이나 시설을 발굴하여 지원하거나, 유휴 폐공간이 된 근현대 문화공간을 재생하여 창조관광 센터로 활용하는 전략이 필요하다. 일례로, 유휴공간이 되고 있거나 될 가능성이 있는 광주극장, 태평극장 등 근대영화관 건물이나 이전 예정인 광주교도소 등을 창조관광 센터로 활용할 수 있을 것이다.

세 번째는 창조관광 지구 프로젝트다.

문화횡단 프로젝트를 실험할 수 있는 장소를 특화지구로 지정하는 것이다. 기존의 관광과 예술, 교육, 복지, 환경, 산업 등을 결합하여 새로운 관광모델을 만드는 것이다. 특정 지역을 중심으로 전개되는 일상생활의 모든 요소를 활용해 창조관광 콘텐츠와 프로그램을 개발하는 전략이라 할 수 있다. 일례로 아시아문화중심도시 광주의 문화권 중 하나 혹은 일부를 창조관광 지구로 선정해 문화지구의 사업들을 관광과 연계하는 전략을 추진해볼 수 있을 것이다.

네 번째는 창조관광 산업 프로젝트다.

광주형 창조관광 산업을 개발하는 것이다. 광주의 전략산업인 광산업이나 디자인 산업을 관광과 접목하는 전략, 광주비엔날레와 김치대축제 등 지역 대표축제들을 관광과 연계하는 전략, 아시아문화중심도시 조성사업과 관광을 연계하는 전략 등을 들 수 있다.

다섯 번째는 창조관광 행정 프로젝트다.

창조관광 거버넌스 시스템과 지역관광 혁신 체계를 만들어가는 것이다. 창조관광 포럼, 창조관광 아카데미, 창조관광 전문직 공무원 제도 도입 등의 프로그램을 들 수 있다.

### 7) 창조관광의 주체 만들기: 지역관광 혁신 체계와 네트워커 찾기, 되기, 만들기

문화수도 광주의 창조관광 전략 수립과 관련 주체 양성을 위해서는 지역관광 혁신 체계를 구축해야 한다. 지역관광 혁신 체계는 관광 관련 혁신 주체들이 상호 신뢰와 호혜성을 바탕으로 지역관광의 발전을 위해서 새로운 노하우를 창출하고, 그 활용도를 높이는 학습과 상호 협력 체계라 할 수 있다.

지역관광의 혁신 주체는 기술력과 마케팅 능력을 갖춘 지역주민과 각종 시민조직들, 비전 제시자로서 새로운 관광발전 노하우를 소개 또는 창출하는 지역 리더, 시스템 통합자로서 지자체, 관광사업자, 관광 관련 연구소, 지역 대학, 관광 사업체 단체, 선도 관광기업 등이 될 수 있다.

창조관광을 실현하기 위해서는 광주의 관광 관련 다양한 주체들이 네트워킹과 파트너십을 이루는 추진 및 운영 체계를 구축해야 한다. 이를 통해 지역관광 혁신 역량을 증대하고, 혁신 주체 간 네트워킹 강화와 지역혁신 육성 기반 확충, 문화관광산업 혁신클러스터의 육성 등 관광 혁신 체계 구축 전략을 다각도로 수립해야 한다.

초기 단계에서는 창조관광 전략그룹을 조직하여 운영할 필요가 있다. 민관학산 네트워킹과 파트너십을 통한 창조관광 콘텐츠 기획을 위해 문화거버넌스 관점에서 관광 전략그룹을 운영하는 것이다. 여기에는 창조관광 행정을 담당하는 지자체, 대학 및 연구소, 창조관광 포럼, 창조관광 관련 기관이 각각 정책, 연구, 소통, 실행 등으로 역할 분담하여 참여할 수 있다.

창조관광 전략의 수립 및 실행에 있어서 가장 중요한 것은 관련 주체들 간의 네트워크와 파트너십이다. 그러나 현실적으로 네트워킹이 잘 이루어지지 않고 있다. 그 이유는 네트워킹을 실제 만들어가고 진행하는 네트워커가 부재하기 때문이다. 네트워커는 다양한 주체들과 공간, 콘텐츠, 프로그램을 엮어주고 갈등을 조정하는 역할을 한다. 문화수도를 만들어가고 창조관광 전략을 수행하는데 네트워커가 어떤 역할과 기능을 하고 있는지에 대한 이론 및 경험 연구가 요구된다.

이를 위해서는 지역 현장에서 네트워커 역할을 하고 있는 사람이나 조직을 발굴해야 하고, 창조관광 기획자나 장소마케터 스스로가 네트워커 역할을 수행해야 한다. 전문가로서 네트워커를 양성하는 창조관광 네트워커 양성 시스템도 개발해야 한다.

### 8) 백 투 더 퓨처 광주를 위하여

광주천변을 거닐다 보면 광주의 옛 모습과 현재 모습을 담은 게시판 사진을 만날 수 있다. 빛바랜 광주의 옛 모습이 아파트와 콘크리트 문화로 뒤덮힌 현재 광주의 모습보다 더욱 정겹게 느껴지는 것은 왜일까.

광주광역시 홈페이지에서 남아있는 사라진 명소들의 사진들을 본다. 유림숲(1917), 광주읍성(1897), 경양방죽(1946), 미니골프장(1947, 현 계림동 소재), 동방극장(1948, 현 무등극장 자리), 조선금융조합 창립기념비(1950), 사직공원 전망대(1950), 태봉산(1967), 시민관(1970, 현 대인시장입구 한미쇼핑 자리), 사직공원 풀장(1975).

사라진 것의 아름다움과 존재 가치가 더욱 가슴에 다가온다. 잊혀진 과거의 모습이 마치 광주의 미래 도시의 청사진처럼 보이는 것은 나만의 착시 현상일까.

우리는 허름함의 미학을 부정하며 도시의 기억을 급속도로 지워가는 빨리빨리 도시에 살고 있다. 진정한 관광은 부동산 자본이 만들어낸 삭막하고 무미건조한 공간 체험이 아니라 지역의 삶의 숨결과 흔적을 찬찬히 더듬어보는 장소체험이다. 도시의 역사가 담긴 장소와 일상의 삶을 들여다보고, 귀 기울여보고, 맡아보고, 맛보고, 만져보는 3S의 도시, 느림의 도시slow city, 영혼의 도시spiritual city, 맵시 있는 도시smart city 광주를 기대해본다.

과거를 통해 미래를 내다보는back to the future 심미안을 가져보면 어떨까.

## 6. 미래를 내다보는 슬로 투어리즘을 위하여

한국은 대량 속도관광의 나라다.[87] 어느 지역이나 더 빨리 더 많은 관광객 유치를 지상 목표로 한다. 질보다는 양, 문화보다는 경제, 보존보다는 개발, 주민보다는 관광객을 더 우선시하는 관광정책이 지배적이다. 그래서 근시안적이고 호흡이 가쁘며 비문화적이고 비장소적인 관광패턴이 난무한다.

광주전남도 예외는 아니다. 관광전략이 결여된 아시아문화중심도시. 20년을 내다보는 종합계획에 단순한 관광 프로그램만 몇 개 나열되었다. 연차별 실시계획에서는 관광 활성화 관련 사업이 하나도 채택되지 않았다. 관광전문가가 제안한 14건의 사업이 광주광역시에서 5건으로 줄더니 중앙정부에선 전면 삭제되었다. 관광은 아직 논할 때가 아니라는 것이다.

하드웨어에 갇혀 있는 서남해안 관광레저 기업도시. 2년 전 발족한 민관 공동협의회는 이후 모임을 가진 적 없고 F1 자동차 경기장과 골프장 건설 얘기만 주로 나돌고 있다. 3조원의 투자 약속을 따냈다는 전남관광 10대 사업 역시 은퇴자 도시, 리조트, 컨벤션센터, 마린 솔라파크 등 하드웨어에 포커스를 두고 있다.

소프트웨어와 휴먼웨어는 무시한 채 보존과 개발의 이분법에 발목 잡혀 있는 케이블카 논쟁. 도로 개설과 공항 확장 등 접근성과 인프라에 집중하며 대량관광 준비에 올인하는 여수엑스포. 거주자를 대상에서 제외한 채 관광지 170곳을 대상으로 남도 투어랠리를 개최 중인 광주전남 방문의 해. 몇 만명 방문했다는 것을 축제 성공의 핵심 지표로 내세우는 지역축제들. 그래서일까. 한국관광공사에서 실시한 국민여행 실태조사에서 광주전남은 3년 연속 전국 숙박 여행객들이 찾지 않는 소외지역이라 한다. 그 이유가 단순히 인프라와 접근성의 문제뿐일까.

관광에 대한 근시안적, 하드웨어 중심적, 비문화적 인식에서 벗어나야 한다. 관광은 어느 순간 갑자기 주어지는 것이 아니라 천천히 지속적으로 만들어가는 것이다. 중장기적인 관점을 가지고 지금부터 철저히 준비하는 과정지향적 관광전략이 필요하다.

아울러 주민이 즐거워야 관광객이 즐겁다. 여가와 관광을 결합해야 하는 이유다. 관광은 글자 그대로 빛을 보는 것이다. 삶과 문화의 빛을 보고 느끼고 즐기고 체험하며 소통하는 것이다. 관광은 장소에 담긴 혼과 정신과 가치와 삶의 체취들을 공감함으로써 삶의 새로운 빛과 희망을 발견하는 것이다. 지역의 빛을 보고 자신의 빛을 창조하는 것, 문화를 체험하며 문화를 만들어가는 것. 그래서 관광은 곧 문화고 문화는 곧 관광이다.

그러나 우리의 현실은 여전히 대량관광의 패러다임에 갇혀 있다. 미래는 문화와 장소성을 바탕으로 창조적인 관광 양식을 창출하는 창조문화관광의 시대다. 점점 환경과 에너지, 웰빙과 문화복지 등 관광의 가치를 중시하는 소비자들이 늘어가고 있다.

그렇다면 광주전남이 추구하는 관광의 가치와 창조 문화관광은 어떤 것이어야 할까. 슬로 투어리즘slow tourism을 제안한다.

남도는 한국 창조 문화관광의 메카로서 잠재력이 풍부하다. 유홍준의 문화유산 답사기로 촉발된 한국 문화유산 관광의 태동지 강진. 국토순례의 출발지로서 도보관광의 메카 역할을 하는 해남 땅끝 마을. 아시아 최초의 슬로시티 선정 지역이 남도가 아니던가. 아껴두고 남겨둔 땅 전라남도라는 슬로건에서 보듯 남도는 대안관광의 꽃을 피울 수 있는 최적지다.

우선, 미래를 내다보고 찬찬히 준비하는 관광전략을 수립하자. 광주전남다운 새로운 패러다임의 관광을 위한 연구와 마스터플랜 수립, 지역관광 혁신 체계 구축을 통한 창조관광 전문가 네트워크 구축과 전문인력 양성을 시작하자.

둘째로, 도보관광 모델의 메카로 남도를 자리매김하자. 국토순례 코스를 걷기 편하게 정비해 도보관광을 자원화하자. 광주전남 23개 지자체의 도보관광 코스를 연결하는 워킹 투어 패키지 코스를 개발하여 방문의 해 대표브랜드로 만들자. 이를 계기로 한국의 대표 관광브랜드로서 워킹 코리아walking korea 사업을 중앙정부에 제시하자.

셋째로, 슬로시티로 선정된 신안, 완도, 장흥, 담양이 함께 하는 슬로 투어리즘 모델을 개발하자. 도보, 자전거, 대중교통이 관광 인프라의 중심이 되고, 슬로푸드가 핵심적인 음식관광 자원이 되는 관광, 여가와 문화와 관광이 결합되는 슬로라이프 관광에 주목하자.

넷째로, 아시아문화중심도시의 관광 패러다임을 제시하는 도시관광 모델을 개발하자. 대안관광의 대표 유형인 예술관광, 유산관광, 생태관광, 라이프 스타일 관광, 복지관광, 교육관광 프로그램을 개발하자.

마지막으로 생태문화도시에 적합한 해양관광 모델을 제시하는 여수 엑스포를 만들자.

# 4장

# 문화전문인력과 네트워커 양성

# 1. 문화로 욕망을 디자인하라

21세기는 창조문화의 시대다.[88] 롤프 옌센Rolf Jensen, 짐 데이토Jim Dator 같은 많은 미래학자들은 이를 꿈의 사회dream society로 표현한다. 감성, 즐거움, 재미, 영혼, 이야기, 여성성과 같은 소프트 파워를 통해 다양한 꿈을 창조, 실현, 소통케 하는 문화의 힘을 강조하는 것이다.

이러한 꿈의 사회를 만드는 사람이 미래 인재다. 《새로운 미래가 온다》의 저자 다니엘 핑크Daniel Pink는 미래 인재의 조건을 하이 콘셉트(high concept, 예술적, 감성적 아름다움을 창조하는 능력)와 하이 터치(high touch, 공감을 이끌어내는 능력)라는 말로 요약한다. 그 인재가 바로 예술가를 비롯한 문화전문가다. 원시시대엔 사냥꾼, 농업시대엔 농부, 산업시대에는 블루칼라 노동자, 지식시대에는 화이트칼라 경영자가 중요한 존재였다면, 미래는 문화전문인력이 새로운 시대를 창조하는 핵심 인재라는 것이다.

그렇다면 우리의 문화전문인력들은 핵심 인재로서 제대로 주목받고 있는 것일까.

얼마 전 광주에서 문화체육관광부 주최로 문화예술 분야 일자리 창출을 주제로 한 젊은 문화포럼이 열렸다. 문화 분야를 공부하는 지역의 대학생들과 교수, 지역문화기관 관계자, 정책 입안가, 문화벤처 전문가가 한데 모였다. 문화일자리를 비롯한 지역의 관심사를 주제로 서로의 고민과 의견을 나누는 의미 있는 자리였다. 꿈과 열정을 갖고 열심히 준비하는 대학생들의 모습이 감동적이었다. 광주전남 지역의 가능성과 잠재력을 발견하고 새로운 문화 창출을 위해 고군분투하는 정부와 지역문화기관 관계자들의 열정도 고무적이었다.

그러나 젊은이들이 느끼는 우리 지역의 문화 현실은 그리 녹록지 않다. 학생들을 대상으로 한 인식 조사를 보면 가장 큰 문제점이 전공과 연계된 문화일자리의 부족이다. 정규직과 같은 안정된 취업기회 부족, 채용정보 부족, 다양한 현장경험 부족도 문제로 지적되었다. 학생들이 지역에 가장 바라는 것은 전문 인재 양성 및 교육, 문화예술 정보와 소통의 장 제공, 창의적 생산적 여가 활동 지원, 새로운 일자리 창조였다.

이러한 우리의 현주소를 고려해볼 때 미래를 이끌어갈 핵심 인재로서 문화전문인력을 양성하기 위해 풀어가야 할 과제는 무엇일까.

첫째, 소통의 장 제공이다.

젊은이들과 전문가들이 만나는 정기적인 문화포럼을 개최해야 한다. 이를 통해 세계의 문화적 흐름을 학습하고 취업 관련 다양한 정보를 제공하며 문화주체들 간의 사교와 토론의 장이 되도록 해야 한다. 아시아문화전당, 광주문화재단, 정보문화산업진흥원, 컨벤션센터, 문화전문대학원 등 문화 관련 공공기관이 이러한 역할을 적극적으로 해주면 좋을 것 같다.

둘째, 문화정보의 체계적 구축이다.

우리 지역의 학생들과 문화전문인력들이 정부에서 제공하는 1인 창조기업 지원 프로그램이나 기획 창작 스튜디오 제공, 문화전문인력 양성 기관 등 다양한 공간, 예산, 컨설팅, 교육 지원 정보를 모르고 있는 경우가 많다.

정부의 문화일자리 관련 정책, 문화기업의 동향과 흐름, 우리 지역에 필요한 문화일자리 수요와 가능성, 다양한 문화예술 활동과 교육 프로그램에 대한 정보를 체계적으로 정리하여 제공하는 문화정보 센터 기능이 필요하다. 아시아문화전당과 한국문화예술위원회, 광주문화재단과 문화전문대학원, 광주전남연구원 등의 전문기관들이 문화네트워크를 구축하여 풀어가면 좋겠다.

셋째, 안정된 문화일자리 기회에 대한 적극적 공략이다.

아시아문화전당, 광주문화재단, 광주관광재단, 김대중컨벤션센터, 빛가람 혁신도시 내의 한국문화예술위원회와 콘텐츠진흥원, 세계적인 스포츠 메가이벤트와 축제 개최 등을 활용하여 문화일자리를 크게 늘릴 수 있다. 이러한 공공 문화일자리에 대한 꼼꼼한 체크와 적합한 자질을 갖추는 준비가 필요하다.

넷째, 창조적인 문화일자리 창출이다.

우리 지역은 문화, 관광, 환경, 도시브랜드 분야에서 차별화된 일자리를 창출할 수 있는 가치와 잠재력을 지니고 있다. 특히 아시아문화중심도시, 5·18과 인권브랜드, 근대문화의 태동지 양림동 역사문화마을, 예향과 미향의 남도문화, 아시아 최초 슬로시티, 해양관광, 무등산 세계지

질공원, 친환경 메가 관광이벤트 등 지역 특화자원을 적극 활용한 다양한 문화일자리를 창조했으면 한다.

마지막으로, 문화로 욕망을 디자인하는 창조적 문화전문인력 양성이다.

역사문화공간을 재생하는 창조공간 디벨로퍼, 창조관광 전략가, 일상문화 창조 컨설턴트, 도시문화 경영가, 장소마케터, 도시브랜딩 컨설턴트, 만남경영 기획가, 도보문화 경영자 등이 최근 새롭게 디자인되고 있는 문화전문인력 모델들이다. 특히 상상력으로 여러 영역을 통합하는 총체적 문화전문가, 서로 상관없어 보이는 이질적인 것을 연계하여 새로운 문화를 창조하는 네트워커 양성이 무엇보다 중요하다.

## 2. 소통의 핵심은 네트워커다

6월 10일이다.[89] 1987년 민주화운동 이후 21년째 맞는 날이지만 어느 해보다 답답하고 긴장되고 암울한 날이다. 절망하고 싶진 않다. 절망 속에서도 희망을 잉태하고자 하는 의례 즉 축제의 날이기 때문이다.

서울에서는 촛불문화제가 열리고 광주에서는 아시아문화전당 기공식이 개최되는 날이다. 기름유출 사고로 절망에 빠졌던 태안 앞바다는 모래사장이 다시 살아나고 있다는 메시지를 발신하며 여름 해변축제 준비에 한창이다. 지구환경의 위기 극복을 위해 살아있는 바다와 숨 쉬는 연안을 모토로 미래 해양도시 모델을 선언하는 여수세계박람회는 희망찬 마스터플랜 수립에 박차를 가하고 있다. 국토 불균형의 난제를 해결하기 위한 정부도 동서남해안 벨트, 도시재생, 유비쿼터스 도시, 광역경제권 등의 전략 구상을 통해 지역 균형발전의 시스템 전환을 시도하고 있다.

이러한 작금의 사건과 프로젝트들이 지닌 공통의 키워드는 무엇일까. 바로 소통이다. 소통의 부재가 사건을 야기하였다. 축제와 프로젝트가 던지는 메시지는 소통의 갈구며 그 성공의 열쇠도 소통을 통한 합의다.

촛불문화제는 작게는 청와대와 정치권, 국민 간의 소통의 부재에서, 크게는 육류 수입을 둘러싼 음식문화, 한반도 대운하를 둘러싼 환경문화, 공공기관 혁신을 둘러싼 조직문화, 영어교육을 둘러싼 교육문화 간의 합리적인 소통의 부재에서 촉발되었다. 국정 전반의 리더십과 시스템 개혁, 집단주의 소통문화의 혁신을 요구하는 목소리로 확산되는 이유다.

아시아문화전당은 작게는 전당의 기능과 역할을 둘러싼 소통의 부재 속에서, 크게는 중앙정부와 지자체의 문화도시 패러다임을 둘러싼 소통의 부재 속에서 도시 안의 섬처럼 고립된 채 추진되고 있다. 아시아문화중심도시와 아시아문화전당이 뭐하는 곳인지 아직도 모르는 국민들이 많은 것도, 문화중심도시 사업의 로드맵을 요구하는 시민사회 그룹의 불안의 목소리가 커지는 것도 그 때문이다. 그래서 아시아문화전당 기공식은 단순한 건물 기공식이 아니라 소통 로드맵의 기공식이어야 한다.

기본계획과 마스터플랜을 수립하고 있는 여수세계박람회의 경우도 성공의 관건은 엑스포 조직위원회와 정부지원 위원회, 여수시와 주변 남해안벨트 지역 상호간의 소통과 참여를 통한 해양관광형 도시재생 모델의 창출이다. 태안의 문제 해결도 해수욕장 개장과 관광객 유치의 차원을 넘어 환경재해와 재난을 극복하고 지역위기를 관리하는 범국가적, 범주체적 소통 시스템과 재난극복형 도시재생 모델 수립에 초점을 두어야 한다.

그렇다면 문제는 어떻게 소통을 해야 하는가 즉 소통의 방법론이다.

해답은 왜 소통이 안 되는 것인가, 누가 소통을 이끌어내야 하는 것인가에 달려 있다. 바로 네트워커의 문제다. 소통의 부재는 파트너십과 네트워킹의 부재고 그것은 네트워커의 부재에 기인한다.

서울, 광주, 여수, 태안에서 진행되는 작금의 사건들은 모두 여러 주체와 영역들이 협력과 통합을 통해 국가 혹은 도시를 만들어가야 하는 국책형 도시재생 및 장소 만들기 모델들이다. 소통이 제대로 이루어지려면 협력적 주체들이 있어야 하고, 그 주체들의 참여의 과정을 보장해야 하며, 중장기적인 로드맵을 바탕으로 한 전략적인 프로그램을 기획해야 한다.

이러한 국가, 도시, 장소 만들기는 물리적 공간과 자연환경 만들기, 콘텐츠와 프로그램 만들기, 주체와 커뮤니티 만들기를 포괄한다. 이를 위해서는 다양하고 이질적인 주체와 공간, 정책과 프로그램을 기획하고 엮고 조정하는 주체가 필요하다. 즉 네트워크 프로듀서, 코디네이터, 디자이너, 상상가 역할을 하는 네트워커의 존재가 절실하다.

청와대와 정부에는 네트워커형 정치가와 리더십이 필요하다. 아시아문화중심도시 사업은 문화중심도시 추진단과 광주광역시를 매개하는 네트워커가 절실하다. 문화중심도시 조성위원회나 문화도시 협의회가 그 역할을 하든, 각 영역에서 네트워커 자질을 지닌 인력들을 발굴해 문화도시 네트워커로 양성해야 한다. 여수세계박람회는 조직위원회와 여수시, 각 대학의 지원단을 연결하는 엑스포 네트워커가 필요하다. 조직위 산하에 만들어진 전략기획단이 그 역할을 할 수도 있다.

21세기는 문화의 시대다. 문화의 핵심은 창조성과 다양성이고 그것은 이질적인 것의 만남과 소통에서 기인한다. 소통은 안정적인 파트너십과 네트워크 형성의 기본 전제다. 누가 하느냐. 바로 네트워커다. 그 출발은 네트워커를 21세기 도시 및 장소 만들기의 전문가로 인식하는 것이다. 현장에서 네트워커 역할을 하는 주체들을 발굴하고, 각자가 네트워커형 공무원, 연구자, 기업가, 예술가가 되어야 한다. 이를 위해 네트워커 양성 시스템과 모델을 개발해야 한다.

# 3. 장소마케팅 전략의 네트워커 유형

### 1) 왜 네트워커인가

지역발전의 새로운 대안 전략으로서 장소마케팅에 대한 논의가 본격화되고 있다.[90] 문화적 관점에서 장소마케팅 전략과 지역발전을 바라보아야 한다는 논의들이 주를 이루고 있다. 문화적 관점은 장소 혹은 지역을 단순한 물리적 공간이 아니라 삶터로 이해한다. 총체적 삶의 양식으로서 지역문화 발전을 통해 경쟁력을 확보하려는 관점이다. 지역문화의 발전은 매력 있는 지역이미지와 정체성, 지역 고유의 자산을 바탕으로 한 문화산업의 활력, 다양한 주민들의 라이프 스타일 보장과 커뮤니티의 창출이 동시에 이루어질 때 가능하다.

그런 의미에서 장소마케팅 전략은 특정 장소가 지니는 문화적 고유성과 정체성을 살려 지역의 삶의 질과 결을 더 풍요롭게 함으로써 지역발전의 진정한 대안을 만드는 새로운 패러다임이라 할 수 있다. 장소성을 만들어가는 전략의 관점에서 장소마케팅을 바라보는 연구들이 점차 늘고 있는 것도 그 때문이다.

장소마케팅 전략을 장소성 기획, 혹은 장소 만들기의 관점에서 추진하려면 통융합의 총체적 전략이 요구된다. 왜냐하면 장소는 고유성, 역사성, 다중성을 띤 총체적 실체여서 장소성을 기획하려면 물리적 공간환경과 콘텐츠 및 프로그램, 사람과 커뮤니티의 기획을 포괄해야 하기 때문이다. 따라서 장소마케팅 전략은 여러 영역과 주체들, 지역들 간의 파트너십을 통한 소통과 창조의 총체적 네트워킹이 필수적으로 요구된다.

파트너십과 네트워킹의 중요성은 문화학, 미래학, 마케팅학, 도시학 등 장소마케팅 관련 분야에서 다양한 키워드로 제시되고 있다. 도시의 문화와 미래를 예견하는 많은 연구자들은 꿈과 감성, 재미와 이야기, 정신과 영혼 등의 소프트 파워와 융복합, 횡단, 유목, 다문화, 글로컬 등의 하이브리드 파워, 여가와 건강, 슬로 라이프와 실버시대의 새로운 정체성 파워를 창조적인 지역발전의 중요한 키워드로 제시하고 있다.[91]

도시브랜드의 가치를 평가하는 세계적인 기관들도 지역의 경제, 문화, 환경, 여가생활, 시민성, 관광인프라 등을 종합적으로 평가하여 브랜드 경쟁력을 측정하고 있다.[92] 마케팅학에서도 마케팅은 기업이나 지역의 한 파트에서 하는 것이 아니라 총체적, 통합적으로 전략을 수립하고 관리하는 것으로 개념을 확대하고 있고, 마케터의 사명을 문화를 바꾸고 가치를 창출하는 사람으로 설정하고 있다.[93]

도시학에서도 창조적인 도시를 만들기 위해서는 통융합적 사고와 소통 및 네트워킹의 능력이 중요하며, 여러 부문을 넘나들며 연계하고 융합하는 리더십의 중요성을 강조하고 있다.[94] 도시디자인계에서도 이와 비슷한 맥락에서 분야를 추월한 통합적 사고를 지향하면서 소통에 능한 사람을 좋은 디자이너로 간주한다.

이처럼 장소마케팅 전략은 네트워킹과 파트너십을 중심에 두는 새로운 패러다임을 요구하고 있다. 그 핵심주체로서 장소마케터의 역할이 중요하다. 특히 네트워킹의 주체 즉 네트워커로서 장소마케터의 역할이 강조될 필요가 있다. 장소마케팅 전략은 다양한 주체들과 분야, 공간을 긴밀하게 연결해야만 성공할 수 있기 때문이다.

네트워커는 특정 개인이나 단체가 될 수도 있고 그러한 역할을 하는 조직이나 기관, 공간이 될 수도 있다. 중요한 것은 장소의 이해관계자 및 오피니언 리더들과 공감대 및 협력을 이끌어내고, 장소에 대한 총체적 접근 속에서 브랜드를 만들어 장소의 가치를 높이는 것이다.[95]

장소마케터로서 네트워커의 역할과 기능, 유형과 모델, 자질과 조건 및 전문가 양성 프로그램 등 네트워커에 대한 다각적인 연구가 절실히 요구되는 시점이다.

이 글에서는 장소마케팅에서 네트워커의 개념과 역할 및 기능을 살펴보고, 네트워커의 유형을 광주의 아시아문화중심도시와 도시마케팅 사례 분석을 통해 정립해보고자 한다.

### 2) 장소마케팅 전략의 네트워커 관련 논의

① 장소마케팅 전략의 주체와 조직

장소마케팅 전략의 주체는 일반적으로 정부(공공당국), 기업, 주민으로 나누어 볼 수 있다. 각 지역에서 구체적으로 장소마케팅을 수행할 때는 조직 유형을 공공당국 주도, 대리주체 주도, 파트너십 주도 등으로 분류하기도 한다.[96] 파트너십의 영역은 내부, 구매자, 공급자, 측면 파트너십 등으로 유형화된다.[97] 파트너십은 협력의 강도에 따라 상호인지 단계에서 합작회사를 설립하는 단계에 이르기까지 여러 단계로 구분하기도 하고, 지역마다 다양한 이름의 민관 파트너십 조직을 장소마케팅의 핵심 주체로 결성하기도 한다.

장소마케팅 전략의 조직은 조직 믹스 전략의 일환으로 논의하기도 한다. 여기에서는 민간 분야(기업, 시민 파트너십), 지자체, 지역대학과 연구소의 네트워크로 이루어진 가칭 장소마케팅 뷰로를 장소마케팅의 핵심 조직으로 제안하고 있다.[98]

장소마케팅 전략의 주체와 조직은 그 역학 관계에 따라 권력관계를 형성하고, 헤게모니를 둘러싼 갈등 및 경합의 과정에 노출되어 있다. 따라서 장소마케팅 전략 수립의 과정에서 협력과 소통, 갈등과 경합을 둘러싼 문화정치가 어떻게 이루어지는지에 대한 연구의 필요성도 제기되고 있다.[99]

② 문화매개자와 네트워커의 역할과 기능

장소마케팅 전략의 주체 논의에서 비중을 차지하고 있는 주제는 문화매개자 혹은 문화매개집단cultural intermediaries의 유형과 역할에 대한 논의다.

문화매개집단은 핵심인프라critical infrastructure 혹은 새로운 문화생산자,[100] 새로운 문화매개자[101] 등으로 불린다. 경제자본은 부족하지만 문화자본을 소유한 문화 전문가들을 총칭한다. 이들은 장소마케팅 전략에

있어서 경제와 문화의 접목을 통해 문화산업을 활성화하는 중요한 매개자 역할을 수행한다.[102]

문화매개집단을 문화적 이슈에 관여하는 시민운동 단체 혹은 문화시민단체로 규정하기도 한다.[103] 여기에서는 문화매개집단의 역할을 문화적 이슈에 관한 비판 생산자, 문화서비스 제공자, 갈등 조정자로 구분하고 있다. 문화매개집단이 파트너십에서 어느 정도 역할을 하느냐에 따라 문화매개집단 주도형, 보조형, 배제형으로 구분하기도 한다.

갈등관리 전략의 차원에서 문화매개자의 역할을 강조하는 논의들도 진행되고 있다. 갈등관리 전략은 독자적 관리 전략, 협력적 문제해결 전략, 제3자 개입 전략 등으로 구분된다. 이 중 제3자 개입 전략은 그 결정의 효력 정도에 따라 지시적 개입(중재), 협력적 개입(조정), 수동적 개입(알선) 전략으로 세분된다.[104] 문화매개집단은 제3자 개입 전략에서 역할을 한다고 할 수 있다.

문화매개집단의 역할을 더욱 강조하여 전문 마케팅 조직의 주체로서 문화매개집단을 자리매김하는 논의도 진행되고 있다. 여기에서는 연구력과 기획력, 조직력, 경영력을 고루 갖춘 문화매개집단의 필요성을 강조한다. 이러한 집단을 효과적으로 조직하기 위해서는 조직 이미지 전략(참여주체들의 합의 구축을 위한 조직 이미지 설정), 조직 포인트 전략(파트너십 강화에 도움이 되는 상품 설정), 조직 타깃 전략(네트워크 대상 설정), 조직 채널 전략(구체적인 네트워킹 프로그램 설정)을 수립해야 한다.

③ 파트너십과 네트워크의 문화거버넌스론

문화거버넌스는 문화정책과 관련해 기존 지방정부가 독점적으로 주도해온 정책 의사결정이 벽에 부딪히면서 제기된 개념이다. 문화민주주의와 분권 원칙에 따라 문화가 생산되고 소비되는 곳에서 시민과 민간 전문가들이 참여하여 문화정책을 수립, 실행하는 형태가 필요해진 것이다.

한국에서 문화거버넌스의 용어 사용은 2002년부터 행정학계를 중심으로 본격적으로 시작되었다.[105] 문화거버넌스는 정부, 문화시장, 시민사회를 포괄하는 참여자 간의 동반자 관계에 의하여 공사 구분 없이 신뢰와 협동을 주요 가치로 하는 시민사회 네트워크 거버넌스를 말한다. 혹은 지역 차원에서 지방정부와 문화단체, 기업, 시민단체 등 문화 관련 주체들이 지역정체성 확립과 문화발전을 위해 협력적 네트워크를 구성하는 과정과 조절 기제를 말한다.[106]

문화거버넌스의 유형은 지역 단위, 대상과 이슈, 중심 주체, 내용과 형태, 이론적 배경 등에 따라 다양한 유형이 존재한다. 일반적으로 로컬 거버넌스, 시민사회 중심 거버넌스, 네트워크 거버넌스, 신거버넌스와 밀접한 관련을 맺고 있다.

문화거버넌스의 실제 과정은 참여주체들 간에 신뢰를 형성하는 연결고리와 관계 구축, 그것을 위한 구체적인 사업과 프로그램으로 이루어진다. 문화거버넌스 형성의 연결 고리는 주체 간 관계 형성의 정도와 단계에 따라 파트너십, 제휴, 네트워크 순으로 이루어진다.[107]

파트너십은 문화거버넌스 형성의 1단계로, 문화 관련 주체와 주체 간의 만남과 소통을 통한 상호이해와 신뢰구축을 통해 관계를 형성하는 과정을 말한다.

제휴는 문화거버넌스 형성의 2단계로, 파트너십을 통해 형성된 주체들 간의 신뢰를 바탕으로 서로에게 도움이 되는 사업이나 프로그램을 통해 지속적 관계를 형성하는 과정을 말한다.

네트워크는 문화거버넌스 형성의 마지막 단계로, 파트너십과 제휴를 통해 관계를 형성한 다양한 주체들이 다중적인 관계망을 안정적으로 형성하는 과정 및 그 결과를 말한다.

### 3) 아시아문화중심도시 조성 사업과 도시마케팅 전략

광주의 도시마케팅 전략은 아시아문화중심도시 조성 사업의 차원과 광주광역시 정책의 차원 두 축에서 추진되고 있다.

① 아시아문화중심도시 조성 사업의 도시마케팅 전략

아시아문화중심도시 조성 사업에서는 문화교류 도시로서 역량 및 위상 강화의 차원에서 도시마케팅을 통한 브랜드 가치 극대화의 방향으로 이루어지고 있다. 도시마케팅 전략은 문화도시, 문화전당, 광주의 브랜드화와 문화도시 홍보협력망 구축의 차원에서 종합계획에 반영되어 있다.

문화도시의 브랜드화는 아시아 문화자원을 집적하고 재창조하며 아시아 문화의 소통과 교류가 일상으로 펼쳐지는 아시아 문화교류의 중심으로 아시아문화중심도시를 브랜딩 하는 것을 일컫는다.

문화전당의 브랜드화는 아시아 문화예술이 역동적으로 교류, 창조, 향유, 유통하는 아시아의 문화발전소로 아시아문화전당을 브랜딩 하는 것을 말한다.

광주의 브랜드화는 오월 정신이 자율, 상생, 공존의 문화적 가치로 환원되어 나타나는 민주, 인권, 평화의 도시로서, 아시아문화 테마별 문화 체험 권역, 서남해안권 관광 연계 등 복합적이고 입체적인 문화관광 도시로 광주를 브랜딩하는 것을 말한다. 아시아 문화예술과 오월 정신 문화의 교류와 소통을 통해 아시아문화중심도시 광주를 브랜딩하는 전략으로 요약해볼 수 있다.

문화도시 홍보협력망 구축은 아시아문화중심도시 광주의 핵심적인 도시홍보 이미지를 개발하고, 해외 홍보협력 네트워크를 구축하며, 온라인과 시민주체 역량을 활용한 홍보와 시민참여, 소통 채널의 구축을 골자로 하고 있다.

② 광주광역시의 도시마케팅 정책

중앙정부가 주도하는 아시아문화중심도시 조성 사업의 도시마케팅 전략과 별도로, 광주광역시는 1등 광주 건설을 목표로 문화수도 사업을 배치하는 도시마케팅 전략을 추진하고 있다.

1등 광주건설 사업은 경제도시 건설, 미래지향 도시공간 조성, 복지공동체 구현, 환경 모범도시 창출, 문화의 힘으로 미래를 여는 문화수도 건설을 5대 목표로 하고 있다. 여기에서 문화수도 건설은 예향의 전통을 살려 한국의 문화수도를 만든다는 캐치 프레이즈 아래, 아시아문화중심도시 조성 사업 추진, 도심의 문화적 리모델링, 문화산업 육성 기반 구축, 각종 국제행사 개최를 통한 세계적인 문화도시 위상 제고, 문화행사의 전국화 세계화, 관광중심도시 육성, 의향으로서 민주, 인권, 평화 도시 육성 등을 내용으로 하고 있다.

이러한 맥락에서 광주광역시는 2007년 전국 지자체로는 최초로 최대 규모의 도시마케팅본부를 설치하여 본격적인 도시마케팅 전략을 추진하고 있다. 도시마케팅본부에서는 설립 초기 광주 도시마케팅의 이념으로서 창조, 신뢰, 평화, 미학, 활력, 로하스LOHAS 등 6개의 요소로 이루어진 빛을 설정하고 광주를 빛의 도시로 선언하였다.

이러한 빛의 이념을 실현하기 위한 도시마케팅 실천 계획으로 6가지, 즉 미래 광주발전을 선도할 전략적 도시마케팅 핵심 프로젝트 수립, 도시 브랜드 슬로건인 Your Partner Gwangju 도시이미지 제고, Clean & Art City Gwangju 21 플랜 수립, 창조적 컨벤션도시 형성, 광주 컬덕(culduct, 문화체화 상품)의 브랜드 상품화, 세계로 열린 도시 광주를 향한 도시 간 교류활동 강화 등을 제시하였다.

2008년에는 2025년을 목표로 한 광주 중장기 도시마케팅 마스터플랜을 수립하여 전략을 보다 체계화 하였다.[108] 마스터플랜에서는 창조적인 빛의 도시 광주를 핵심 비전으로 설정하고, 민주·인권·평화의 빛, 창조산업의 프리즘, 아시아 문화의 창을 하위 비전으로 하여 각각 라잇노믹스lightnomics, 그린 프리즘green prism, 휴먼 윈도human window를 비전 브랜드로서 제시하고 있다.

아울러 이를 실현하는 4개의 전략(행복도시, 창조도시, 문화허브 도시, 거버넌스 도시)과 9개의 마케팅 테마(환경, 공익, 스포츠, 산업, 디자인, 창조공간, 이미지, 문화, 관광), 100대 프로젝트와 238개 실행사업, 15대 핵심 브랜드 전략를 구축하였다.

2009년에는 아시아의 문화허브 문화수도 건설과 전략적 마케팅을 통한 관광거점도시 도약을 중점 시책으로 설정하였다.

아시아의 문화허브 문화수도 건설은 중앙정부의 문화중심도시 조성 사업과 연계하는 것으로, 아시아문화중심도시 조성 사업 본격 추진, 문화산업 인프라 구축, 문화예술 축제의 전국화와 세계화, 문화예술 진흥 및 역량 강화, 지역문화유산 전승 및 문화재 관리, 체육 진흥기반 구축 등을 추진 전략으로 제시하고 있다.

전략적 마케팅을 통한 관광거점도시 도약 추진 전략으로는 하계 유니버시아드 대회 유치, 전략적 도시홍보와 국제교류 증진, 서남권의 대표적인 관광거점도시 육성, 민주·인권·평화의 국제도시화 기반 마련 등을 제시하고 있다.

### 4) 아시아문화중심도시를 둘러싼 네트워크의 지형도

① 정부 주체의 네트워크 지형도

아시아문화중심도시 조성 사업은 교류, 창조, 연구, 교육을 통해 아시아 문화허브를 조성하려는 국가전략적 사업인 동시에 광주의 문화와 자원을 기반으로 지역을 활성화하는 것을 목적으로 하고 있다.

그러나 문화를 도시운영의 중심 원리로 하는 새로운 도시모델 형성이라는 선도적 성격과 지방정부의 문화시설, 인력, 재원 등 인프라가 상대적으로 미흡한 현실을 고려할 때, 중앙정부 차원에서 사업을 안정적으로 추진하면서 지역의 참여를 활성화 하는 추진 체계가 필요하였다.

이를 위해 아시아문화중심도시 조성위원회, 문화체육관광부(문화중심도시 추진단), 광주광역시 및 시민 단체 등으로 구성된 민관 협치의 문화행정 추진 체계를 구축하였다.

조성위원회는 아시아문화중심도시 조성 사업의 기본 방향과 종합계획 등에 대한 심의 및 자문 역할을 한다. 30명의 위원들이 임기 2년으로 활동하고 있으며 산하에 소위원회를 두고 있다.

추진단은 정책 수립과 집행, 인력, 재원 등 행정적 지원 역할을 담당한다. 주요 업무로는 문화중심도시 조성 사업의 추진 체계 구축, 종합계획 수립 시행 및 수정 보완, 아시아문화전당과 아시아문화원 설립 운영, 문화산업 진흥과 문화교류 활성화 사업 지원, 조성위원회 활동 지원을 들 수 있다.

광주광역시는 시책을 수립 및 구체화하고 시민사회 소통을 통해 현장성을 반영하는 역할을 한다. 추진 업무는 광주광역시 문화중심도시 조성에 관한 조례 제정, 연차별 실시계획 수립, 도심 공간 문화적 리모델링, 문화예술시설 확충, 국제 문화교류 네트워크 구축, 문화산업 육성으로 이루어져 있다.

이 외에 타 중앙부처와 지자체 및 관련 기관을 들 수 있다. 교육부, 외교부, 산업부, 환경부, 국토부, 지역발전위원회, 복지부, 법무부, 국방부, 행정안전부 등 12개 부처로부터 20개 단위 사업과 관련하여 협조관계를 유지하고 있다.

이처럼 조성위원회와 중앙정부, 광주광역시는 협력과 네트워킹의 거버넌스를 표방하고 있어 정부 주체들을 연결하는 네트워커의 역할이 중시되고 있다.

② 민간 주체의 네트워크 지형도

민간 주체는 아시아문화중심도시 종합계획, 연차별 실시계획 등 사업의 주요 계획 수립 및 시책 결정 과정에서 자발적인 참여와 건설적인 대안을 제시하는 역할을 한다. 민간 주체로는 공공기관, 대학, 연구소 등의 전문가 그룹, 시민사회 그룹, 기업 관련 그룹 등을 들 수 있다.

전문가 그룹에는 문화재단, 디자인진흥원, 정보문화산업진흥원, 비엔날레재단, 5·18 기념재단, 관광재단 등의 공공기관과 지역대학 및 광주전남연구원 등을 들 수 있다. 시민사회 그룹에는 시민문화회의, 예총, 민예총, 광주전남 행복발전소, 문화도시협의회 등을 들 수 있다. 문화도시협의회는 25개 단체가 가입되어 있다. 기업 관련 그룹에는 테크노파크, 광기술연구소, 혁신클러스터 추진단, 전략산업 기획단, 광산업진흥회 등을 들 수 있다.

민간 주체들은 아시아문화중심도시 사업과 도시마케팅 관련 사업들에 직간접적으로 참여하여 이해관계 및 파트너십을 형성하고 있다. 특히 문화중심도시 사업과 관련해 광주문화포럼의 백지포럼과 광주전남 지역 9개 시민단체로 이루어진 문화중심도시 성공을 위한 범시민단체 연석회의는 두 번의 회의와 9차례의 현안 논의를 거쳐 종합계획에 대한 조정안을 도출하는 계기를 만들었다.

이상에서 살펴보았듯이 아시아문화중심도시 조성 사업은 다양한 민관 주체들이 참여하고 있는 국책 프로젝트임으로 협력과 파트너십이 필수적으로 요구되는 네트워크형 도시프로젝트다. 따라서 문화거버넌스를 이끌어갈 정부와 지자체, 시민사회의 리더십과 네트워커의 역할이 매우 중요하다.

이하에서는 아시아문화중심도시 조성 사업과 도시마케팅 사업을 대상으로 어떠한 네트워커의 유형이 필요하고 실제 어떤 네트워커 사례들이 존재하는지 살펴보도록 하겠다.

### 5) 장소마케팅 전략의 네트워커 유형

장소마케팅 전략에 있어서 네트워커는 장소성 기획을 위해 필요한 다양한 주체, 분야, 공간, 프로그램을 연결, 매개, 조정함으로써 문화거버넌스를 실현하는 장소마케터를 의미한다. 이러한 네트워커의 유형은 기능별, 대상별, 분야별로 유형화해볼 수 있다.

#### ① 기능별 네트워커 유형

네트워커의 기능은 장소마케팅 전략의 필요성을 제기하거나 전략 수립을 도와주는 컨설팅에서 시작한다. 또한 전략을 추진하는 프로듀싱, 세부 프로그램을 기획하는 디자인, 추진 과정에서 발생하는 갈등이나 문제의 조정 등을 대표적인 기능으로 들 수 있다. 이러한 관점에서 네트워커의 기능별 유형은 컨설턴트형 네트워커, 프로듀서형 네트워커, 디자이너형 네트워커, 코디네이터형 네트워커 등 4가지 유형으로 요약해볼 수 있다.

먼저, 컨설턴트형 네트워커는 자문 및 컨설팅, 연구와 기술용역 등을 통해 전문적인 정보를 제공하고 지원하는 네트워커다.

지역대학 및 연구소 소속 교수와 연구원, 컨설팅회사 전문가 등을 들 수 있다. 아시아문화중심도시 연차별 실시계획 수립을 위해 다양한 컨설팅 전문가들을 네트워킹하여 추진한 광주전남연구원, 문화중심도시 추진단의 도시문화공간 조성 TF와 같은 자문 그룹을 예로 들 수 있다.

두 번째, 프로듀서형 네트워커는 사업을 추진하고 진행하는 네트워커다.

문화중심도시 추진단, 문화중심도시 조성위원회와 같은 정부 그룹과 전문인력 양성 그룹 등을 들 수 있다. 아시아 문화예술 전문인력 양성 아카데미(전남대 주관)와 국제교류 전문인력 양성 아카데미(국제교류센터 주관), 전당 전문인력 양성 아카데미(디자인하우스 주관) 등 프로그램 총괄 기획 그룹을 예로 들 수 있다.

세 번째, 디자이너형 네트워커는 세부 프로그램을 기획하고 아이디어를 제공해주는 네트워커다.

다양한 시민역량을 연계해 프로그램을 기획하는 시민사회 그룹과 프로그램을 실행하는 민간 기업 등을 들 수 있다. 문화도시 아이디어 제시 역할을 해온 광주전남 행복발전소, 주민참여 프로그램을 기획해온 북구 문화의집, 예술가와 청년 그룹을 연계해 활동해온 광주 예술인 네트워크, 청년문화 네트워크 등을 예로 들 수 있다.

네 번째, 코디네이터형 네트워커는 프로그램 추진 과정에서 갈등을 조정해주는 네트워커다.

정부, 시민사회, 민간 기업 간의 갈등 조율 역할을 하는 정치인 그룹이나 전문가 및 시민사회 단체 그룹을 들 수 있다. 중앙정부와 광주광역시 입장을 조율하며 문화전당 문제, 도시환경 조성 문제, 문화산업 문제, 문화예술 진흥 및 관광 활성화 문제, 재원조달 문제 등 종합계획의 쟁점들을 조정해나간 문화도시협의회 활동 사례를 들 수 있다. 이외에 아시아문화전당 공사 관련 도청 별관 보존 및 철거 논쟁의 갈등을 중재해 온 옛 전남도청 별관 문제 해결을 위한 10인 대책위(지역 국회의원과 단체장으로 구성)와 5·18사적지 원형 보존을 위한 광주전남 시도민 대책위원회도 여기에 해당한다.

② 대상별 네트워커 유형

네트워커는 일반적으로 사람과 프로그램, 공간을 대상으로 네트워킹을 추진한다. 그런 의미에서 네트워커의 대상별 유형은 이 세 가지의 조합에 의거해, 사람 네트워커, 프로그램 네트워커, 공간 네트워커, 사람-프로그램 네트워커, 사람-공간 네트워커, 공간-프로그램 네트워커 등 6가지 유형을 들 수 있다.

먼저, 사람 네트워커는 서로 다른 주체들을 연결하는 네트워커다.

공무원과 시민, 전문가와 공무원, 전문가와 시민, 기업가와 공무원, 기업가와 전문가 등을 연결하고 매개한다. 문화콘텐츠 산업의 기업과 공무원을 연결하는 정보문화산업진흥원, 문화전문가와 시민을 연결하는 문화전문인력 양성 아카데미, 시민들을 연결하는 시민문화 네트워크 사업 등을 들 수 있다.

두 번째, 프로그램 네트워커는 서로 다른 프로그램들을 연결하는 네트워커다.

광주의 대표산업인 광산업과 예술을 연결하는 광아트light art 프로젝트와 이를 추진하는 빛예술 연구회 등을 예로 들 수 있다.

세 번째, 공간 네트워커는 서로 다른 공간들을 연결하는 네트워커다.

아시아문화전당과 5·18공간 등 도심 공간을 연계하는 문화전당권 사업과 중외공원 일대 문화시설들을 연계하는 시각미디어 문화벨트 조성사업을 예로 들 수 있다. 폐선 부지를 활용하여 푸른길을 조성해온 푸른길 가꾸기 운동본부도 대표적인 사례다.

네 번째, 사람-프로그램 네트워커는 사람과 프로그램을 연결하는 네트워커다.

해외 예술가와 레지던스 프로그램을 연결해주는 전남대의 아시아 문화예술 레지던스 사업을 예로 들 수 있다.

다섯 번째, 사람-공간 네트워커는 사람과 공간을 연결하는 네트워커다.

시민과 광주의 주요 공간들을 연계하는 도시를 감싸는 무지개 사업을 들 수 있다.

여섯 번째, 공간-프로그램 네트워커는 공간과 프로그램을 연결하는 네트워커다.

광주의 7대 문화권 공간에 특성화된 프로그램을 배치하는 문화권 도시공간 조성사업을 들 수 있다.

③ 분야별 네트워커 유형

네트워커의 분야별 유형에는 축제이벤트 네트워커, 문화공간시설 네트워커, 문화정책 네트워커, 문화관광산업 네트워커 등 4가지 유형을 들 수 있다.

먼저, 축제이벤트 네트워커는 서로 다른 축제이벤트들을 연결하는 네트워커다.

광주비엔날레와 디자인비엔날레의 연계, 국제공연예술제와 정율성 국제음악제의 연계, 5·18 기념행사와 청소년 축제인 레드페스타의 연계, 충장축제와 디자인비엔날레의 연계 등을 예로 들 수 있다.

두 번째, 문화공간시설 네트워커는 서로 다른 문화공간과 시설들을 연결하는 네트워커다.

작가들의 작업실 공간을 연계하는 오픈 스튜디오 네트워크, 디자인센터와 북구문화의 집의 연계, 시립미술관과 민속박물관, 국립박물관의 연계, 전남대 문화전문대학원과 양동 통샘마을을 연계한 소망의 빛 프로젝트 등을 예로 들 수 있다.

세 번째, 문화정책 네트워커는 서로 다른 유형의 정책을 연결하는 네트워커다.

광산업 진흥 정책과 예술지원 정책이 결합된 광아트 정책을 예로 들 수 있다.

네 번째, 문화관광산업 네트워커는 서로 다른 문화 및 관광 산업을 연결하는 네트워커다.

문화콘텐츠 산업과 관광 산업을 연계하는 스토리텔링 사업을 예로 들 수 있다.

이상에서 살펴본 네트워커의 기능별, 대상별, 분야별 유형을 종합해 보면, 기능에 따른 4가지 네트워커 유형과 대상에 따른 6가지 네트워커 유형, 분야에 따른 4가지 네트워커 유형간 매트릭스에 의해 총 96가지의 네트워커 유형을 도출해볼 수 있다. 장소마케팅 전략과 관련된 모든 사업들은 네트워커 '기능-대상-분야' 매트릭스 표에 배치해 볼 수 있다.

**장소마케팅 전략의 네트워커 유형 종합(네트워커 유형 매트릭스)**

| 대상 / 기능 | 사람-사람 | 프로그램-프로그램 | 공간-공간 | 사람-프로그램 | 사람-공간 | 공간-프로그램 |
|---|---|---|---|---|---|---|
| **컨설턴트형** | 이벤트<br>시설<br>정책<br>산업 | 이벤트<br>시설<br>정책<br>산업 | 이벤트<br>시설<br>정책<br>산업 | 이벤트<br>시설<br>정책<br>산업 | 이벤트<br>시설<br>정책<br>산업 | 이벤트<br>시설<br>정책<br>산업 |
| **프로듀서형** | 이벤트<br>시설<br>정책<br>산업 | 이벤트<br>시설<br>정책<br>산업 | 이벤트<br>시설<br>정책<br>산업 | 이벤트<br>시설<br>정책<br>산업 | 이벤트<br>시설<br>정책<br>산업 | 이벤트<br>시설<br>정책<br>산업 |
| **디자이너형** | 이벤트<br>시설<br>정책<br>산업 | 이벤트<br>시설<br>정책<br>산업 | 이벤트<br>시설<br>정책<br>산업 | 이벤트<br>시설<br>정책<br>산업 | 이벤트<br>시설<br>정책<br>산업 | 이벤트<br>시설<br>정책<br>산업 |
| **코디네이터형** | 이벤트<br>시설<br>정책<br>산업 | 이벤트<br>시설<br>정책<br>산업 | 이벤트<br>시설<br>정책<br>산업 | 이벤트<br>시설<br>정책<br>산업 | 이벤트<br>시설<br>정책<br>산업 | 이벤트<br>시설<br>정책<br>산업 |

# 4. 문화 네트워커들이 일하는 창조적 광주문화재단을 기대하며

광주의 도시경쟁력을 보여주는 도시브랜드 파워에 적신호가 켜지고 있다.[109]

2007년 세계적인 도시브랜드 평가기관인 안홀트-GMI는 광주의 도시브랜드 가치를 5대 광역시 중 꼴찌인 4조 580억원(국가브랜드 가치의 0.7%)으로 발표했다. 중국 사회과학원은 세계 도시경쟁력 보고에서 광주의 경쟁력을 500위권 밖으로 진단했다. 광주시에서도 도시경쟁력 강화 위원회를 만들겠다며 돌파구를 찾고 있다.

그런데 역설적이게도 민선 5기가 출범하면서 도시마케팅본부가 폐지되었고, 그 대안으로 광주브랜드 마케팅을 담당하고자 제안된 광주 문화관광공사 설립 역시 재검토되고 있다. 시정 비전인 행복한 창조도시를 총괄적으로 마케팅하고 브랜딩하는 조직도 보이지 않는다. 홍보는 공보관실로 관광은 문화관광체육정책실로 디자인은 도시디자인국으로 정책은 기획조정실로 분산된 느낌이다. 한마디로 도시마케팅, 도시브랜딩을 총체적으로 기획, 조정, 관리하는 콘트롤 타워의 부재처럼 보인다.

세계적인 도시브랜드 경쟁력 평가기관이 제시하는 평가지표들을 보면 경제, 문화 자산, 환경, 여가생활, 시민, 인프라가 망라되어 있다. 도시마케팅과 브랜딩을 통한 도시경쟁력 확보는 지자체의 어느 한 부서가 담당할 일도 아니고 그렇게 할 수도 없다는 것을 보여준다. 지자체 혼자서 할 수 있는 일도 아니다. 지자체와 대학, 연구소의 싱크탱크 기관, 민간 기업과 시민사회 단체 등 민관산학연의 파트너십 조직을 마련해야 가능한 일이다. 브리스틀 문화발전 파트너십BCDP, 버밍엄 마케팅 파트너십BMP의 경우처럼 세계 주요 도시들이 민관 파트너십 조직을 도시마케팅 전담기구로 만들고 있는 이유다.

도시경쟁력은 차별화된 도시가치를 창출하여 시민, 관광객, 기업 등 고객들로부터 신뢰를 얻는 도시브랜드를 창조할 때 생긴다. 이를 위해서는 통합 조정, 이미지 홍보, 브랜드 개발, 타깃 맞춤, 커뮤니케이션, 지역 네트워킹 등 도시마케팅 전담기구의 6대 기능을 수행할 수 있는 민관 파트너십 조직이 필요하다.

그렇다면 광주는 누가 어떻게 이러한 역할을 수행해야 할까. 해결의 출발점은 광주의 도시가치 즉 도시철학과 비전의 설정에 있다. 광주는 민주, 인권, 평화의 도시로서 아시아문화중심도시이자 문화수도를 추구하고 있다. 이를 통해 시민이 행복하게 살아가는 창조적 빛의 도시를 비전으로 삼고 있다. 한마디로 인권문화 창조도시를 도시가치로 표방하고 있는 것이다.

과제는 인권문화 창조도시 브랜드를 통합적으로 기획, 경영하는 민관 파트너십 조직 모델이다. 우선 광주시청 내에 인권문화 창조도시 마케팅, 브랜딩의 비전과 정책을 수립하는 콘트롤 타워를 만들어야 한다. 다음으로 민과 관을 매개하고 네트워킹하는 브리지 조직이 필요하다.

광주문화재단이 그 역할을 수행하길 제안한다. 문화재단의 역할과 기능에 대한 논의는 규모와 분야보다는 광주문화에 대한 진단과 문화비전 설정, 그에 따른 재단의 위상과 역할 정립에서 출발해야 한다. 인권문화 창조도시를 브랜딩, 마케팅하는 광주다운 문화재단이 되어야 한다는 것이다. 이를 위해 몇 가지 제안하고자 한다.

첫째, 광주문화재단은 공룡 조직이 아닌 문화거버넌스를 실현하는 플랫폼형 조직이 되어야 한다. 특히 문화예술진흥위, 정보문화산업진흥원, 디자인센터, 컨벤션뷰로, 5·18 기념재단, 비엔날레재단, 광주발전연구원 등 7대 공공문화기관의 파트너십을 통해 인권문화 브랜드를 창조하는 네트워커 역할을 하길 바란다.

둘째, 이질적인 주체와 영역들이 만나는 창조적인 소통문화 프로그램을 기획하는 조직이 되어야 한다. 퍼뜨릴만한 가치가 있는 창조적 아이디어가 있으면 누구나 참여해 주어진 18분 동안 이야기하는 TED(기술, 예술·오락, 디자인의 약자) 콘퍼런스 브랜드가 좋은 예가 될 수 있다.

셋째, 도시문화지도를 작성하는 조직이 되어야 한다. 광주정체성, 문화주체 및 향유 실태, 시민 라이프 스타일과 일상공간, 문화트렌드와 잠재 문화자원을 체계적, 지속적으로 조사하여 도시문화 아카이브를 구축해야 한다.

넷째, 창조공간 조성을 통한 도시재생의 문화기구 역할을 수행해야 한다. 오월 정신 유산 등 광주의 역사성이 담긴 공간들이 급속히 사라지고 있다. 공공기관 파트너십을 통해 유휴, 폐공간을 문화공간으로 활용하고, 예술벨트 조성을 통해 지역재생을 도모하는 싱가포르 예술위원회의 예술주택 창조공간 프로젝트를 참조할 필요가 있다.

## 5. 아르코의 빛가람 혁신도시 이전을 활용하자

한국문화예술위원회(Art Council of Korea, 이하 아르코) 3기 위원회가 발족되었다.[110] 2005년 설립된 아르코는 문화예술진흥법이 전 해에 제정되면서 1973년 발족된 한국문화예술진흥원이 전신이다. 훌륭한 예술이 우리 모두의 삶을 변화시키는 힘을 가지고 있다는 믿음으로 만들어졌다. 문화예술 진흥을 위한 사업과 활동을 지원함으로써, 모든 사람이 창조의 기쁨을 공유하고 가치 있는 삶을 누리게 하는 것이 아르코의 임무다. 이를 위해 문화예술 창작과 보급, 전통문화 계승과 발전, 남북 및 국제 문화예술 교류, 문화예술인 후생복지 증진, 지방 문화예술 진흥기금 출연 등의 기능을 수행하고 있다. 한국 최고의 문화예술 지원정책기구라 할 수 있다.

이러한 아르코가 2012년 나주에 위치한 빛가람 혁신도시로 이전한다. 문화콘텐츠 분야의 핵심 공공기관인 콘텐츠진흥원도 함께 이곳으로 이전한다. 바야흐로 광주전남이 한국 문화예술 부흥의 전진 기지로 자리매김할 수 있는 절호의 기회다. 문제는 우리 지역이 이러한 기회를 살리기 위해 얼마나 적극적, 창조적으로 준비하고 있는가 하는 점이다.

아르코 위원으로 참여하게 된 필자가 첫 회의에서 받은 느낌은 지역 이전에 대해서 긍정적인 시각보다는 우려와 걱정의 목소리가 앞서고 있다는 것이다. 직원들이 지방에서 근무하는 것을 꺼려하는 점도 있고 협력 기관들이 분산되어 업무의 효율성이 떨어지는 점도 언급되고 있다. 하지만 가장 큰 이유는 아르코의 위상과 역할이 서울에 있을 때 보다 더 축소되는 것이 아닌가 하는 우려다.

이러한 걱정을 해소하기 위해 아르코는 지역 이전에 대비하여 그에 맞는 정책 방향 재설정 및 사업 체계 개편을 골자로 임무와 비전, 전략을 새롭게 짜고 있다.

더 중요한 것은 아시아문화중심도시와 문화수도를 표방하고 있는 광주와 혁신도시를 함께 만들어가고 있는 전남이 협력하여 한국 문화예술의 발전과 지역문화 진흥의 새로운 패러다임을 선도적으로 제시해야 한다는 점이다. 그래야 아르코의 이전이 타당성과 설득력을 얻고 준비작업도 탄력을 받게 될 것이다.

특히 중요한 것은 광주문화재단의 위상과 역할이다. 일반적인 광역자치단체 수준의 재단이 아니라는 점을 인식해야 한다. 아시아문화중심도시 광주를 이끌어가는 문화재단으로서, 향후 아르코의 파트너가 되어 새로운 문화예술 패러다임을 전국에 발신할 선도 재단으로서 위상을 재정립하고 그에 필요한 역량을 갖춰야 한다.

이를 위해 광주문화재단이 전략적으로 추구했으면 하는 사항을 몇 가지 제안한다.

첫째, 문화수도의 문화재단에 맞는 리더십과 파트너십 체계를 구축하기 바란다.

아르코에서 운영하고 있는 지역협력관 제도, 전국 지역문화협의체 운영 등의 지역 협력형 사업과 연계하여 아르코와 재단 간 파트너십 구축의 새로운 모델을 만들기 바란다. 아울러 정보문화산업진흥원, 전남문화예술재단, 전남문화콘텐츠진흥원 등 광주전남 지역의 문화 관련 기관 및 혁신도시 추진 그룹들의 네트워킹을 선도적으로 추구하기 바란다. 이를 위해 가칭 문화예술 혁신도시 네트워크를 구축했으면 한다.

둘째, 문화예술 혁신도시를 이끌어가는 문화재단이라는 확장된 비전과 전망 속에서 창조적인 문화전략과 사업을 구상하기 바란다.

예술창작 역량, 문화예술 네트워크, 예술을 통한 문화나눔, 지속가능 경영 시스템을 4대 전략 영역으로 설정하고 있는 아르코의 사업 방향에 조응하고 그 방향을 선도할 수 있는 핵심 사업들을 발굴하기 바란다. 세계적인 문화의 흐름과 지역의 특성을 결합한 글로컬의 관점에서 창조적인 사업 모델을 개발할 필요가 있다. 이를 위해 가칭 창조문화 포럼을 조직하는 것도 방법이 될 것이다.

마지막으로, 광주문화재단의 인력을 미래지향적이고 창조적인 인재로 구성하기 바란다.

대표이사와 사무처장, 이사진 구성을 완료하고 직원들을 공개채용하고 있다. 이사진의 경우 예술계의 원로 중심으로 구성하여 재단의 창조성보다는 안정성을 중시한 느낌이 든다. 이례적으로 문화관광실이 조직에 편재되어 있지만 관광과 축제 전문가가 이사진에 포함되진 않은 것 같다. 경영관리와 시설 운영을 위한 문화경영 전문가도 부족한 듯하다.

창조성, 윤리성, 통합적 사고력, 배려와 존중의 마음, 실력과 내공 등 미래 마인드를 갖춘 문화전문인력을 선발하기 바란다. 이를 위해 인력 채용 과정과 인사 시스템을 전문화, 투명화 하는 것은 기본이다.

## 참고문헌

강병기, 2009, 《걷고 싶은 도시라야 살고 싶은 도시다》, 보성각.

강우원 외, 2009, 《미래 지방 자치단체들을 위한 시장·군수학》, 비앤엠북스.

고토 카즈코 편, 임상오 역, 2004, 《문화정책학》, 시유시.

권용우 외, 2009, 《도시의 이해》, 박영사.

김영수, 2002, 시민단체의 공익적 역할에 관한 연구: 갈등 중재를 중심으로, 서울대학교 대학원 박사학위논문.

김유경 외, 2014, 《공공브랜드의 전략적 관리》, 한경사.

다니엘 핑크, 김명철 역, 2012, 《새로운 미래가 온다: 미래 인재의 6가지 조건》, 한국경제신문사.

다비드 르 브르통, 문신원 역, 2014, 《느리게 걷는 즐거움》, 북라이프.

떼오도르 폴 김, 2009, 《사고와 진리에서 태어나는 도시》, 시대의창.

라도삼, 조아라, 2007, 《서울의 도시경쟁력 제고를 위한 Culturenomics 전략 연구》, 서울시정개발연구원.

로라 마주르, 루엘라 마일즈 편, 김민주 외 역, 2007, 《마케팅 거장에게 오늘을 묻다》, 비즈니스맵.

로버트 루트번스타인, 미셸 루트번스타인, 박종성 역, 2007, 《생각의 탄생》, 에코의 서재.

롤프 옌센, 서정환 역, 2005, 《드림 소사이어티: 꿈과 감성을 파는 사회》, 리드리드출판.

류정아 편, 2008, 《문화정책의 새 길 트기》, 한국문화관광연구원.
리베카 솔닛, 김정아 역, 2017, 《걷기의 인문학》, 반비.
리처드 플로리다, 이길태 역, 2002, 《Creative Class: 창조적 변화를 주도하는 사람들》, 전자신문사.
마이클 샌델, 김명철 역, 2014, 《정의란 무엇인가》, 와이즈베리.
박상훈, 장동련, 2009, 《장소의 재탄생》, 디자인하우스.
박호재, 임낙평, 2007, 《윤상원 평전》, 풀빛.
사사키 마사유키, 종합연구개발기구, 이석현 역, 2010, 《창조도시를 디자인하라》, 미세움.
서울특별시, 2005, 《문화·환경 분야 행정서비스 품질 평가 방안》.
성남문화재단, 2006, 《문화예술 창조도시 성남 만들기 기본계획 연구》.
신지은 외, 2007, 《미래혁명》, 일송북.
심원섭, 2010, 관광트렌드 변화와 정책방향, 《한국관광정책》, 41호, pp.77-87.
양혜원, 김혜인, 2013, 《문화예술 트렌드 분석 및 전망》, 한국문화관광연구원.
에드워드 렐프, 김덕현 외 역, 2005, 《장소와 장소상실》, 논형.
에드워드 윌슨, 장대익 외 역, 2005, 《통섭: 지식의 대통합》, 사이언스북스.
에릭 부스, 강주헌 역, 2009, 《일상, 그 매혹적인 예술》, 에코의 서재.
원제무, 2011, 《창조도시 예감》, 한양대학교출판부.
윤상원기념사업회, 2016, 《2030 윤상원 열사 기념사업 기본계획 수립용역 보고서》, 광산구청.
이무용, 2005, 《공간의 문화정치학: 공간, 그곳에서 생각하고 놀고 싸우고 만들기》, 논형.
______, 2006, 《지역발전의 새로운 패러다임 장소마케팅 전략: 홍대지역 클럽문화 장소마케팅》, 논형.

______, 2006, 장소마케팅 전략의 문화적 개념과 방법론에 관한 고찰, 《대한지리학회지》, 41권 1호, pp.39-57.
______, 2007, 문화중심도시 광주를 위한 문화관광 전략, 《한국지역지리학회지》, 13권 1호, pp.18-31.
______, 2007, 창조관광 빛 밝히는 문화수도 광주의 장소 만들기, 《문화광주》, 여름호.
______, 2008, 장소를 통한 문화의 소통: 공간의 문화정치와 장소 만들기, 《인문학연구》, 14호, pp.289-308.
______, 2008, 지역발전의 문화적 패러다임 장소마케팅 전략, 《환경과 조경》, 6월호.
______, 2009, 장소마케팅 전략의 네트워커 유형 연구: 광주광역시 아시아문화중심도시를 사례로, 《국토지리학회지》, 43권 4호, pp.647-662.
______, 2009, 장소마케팅 전략의 지역믹스 유형 분석과 시론적 모델 연구: 광주·전남 지역을 사례로, 《한국지역지리학회지》, 15권 2호, pp.226-249.
______, 2010, 창조도시 광주의 오월브랜드로서 오월길의 의미와 과제, 《문화광주》, 여름호.
______, 2011, 창조도시 광주 1년을 맞이하며: 더 이상 미룰 수 없는 창조공간문화지도 만들기, 《건축문화사랑》, 7월호.
______, 2012, 창조관광의 이론 체계 개발에 관한 시론적 연구, 《동북아관광연구》, 8권 4호, pp.239-251.
______, 2013, 광주 예술문화의 미래 설계, 《소나무》, 봄호.
______, 2018, 광천시민아파트(1) 오월의 피와 혼이 담긴 탯줄, 광천시민아파트를 살려 내자, 《해파 윤상원》, 봄호.

______, 2018, 광천시민아파트(2) 광천시민아파트의 의미와 가치 그리고 장소성, 《해파 윤상원》, 여름호.

______, 2018, 광천시민아파트(3) 들불청년정신이 살아 숨 쉬는 오월문화콘텐츠 창작기지로, 《해파 윤상원》, 가을·겨울호.

이무용, 박종빈, 2005, 《서울문화재단 문화제휴 전략모델 및 프로그램 개발 연구》, 서울문화재단.

이소영, 2005, 지역문화관광 상품화 과정의 문화매개집단 역할에 관한 연구: 일본 가나자와시 히가시 야마 지역을 사례로, 서울대학교 환경대학원 박사학위논문.

이원종 외, 2015, 《지역발전 정책론》, 율곡출판사.

이흥재, 2006, 《문화정책》, 논형.

임금선, 2013, 《보행도시》, 한울아카데미.

장재윤, 박지영, 2007, 《창의성의 심리학》, 가산북스.

정수복, 2009, 《파리를 생각한다: 도시 걷기의 인문학》, 문학과지성사.

______, 2015, 《도시를 걷는 사회학자》, 문학동네.

제인 제이콥스, 유강은 역, 2010, 《미국 대도시의 죽음과 삶》, 그린비.

제프 스펙, 박혜인 역, 2015, 《걸어다닐 수 있는 도시》, 마티.

조지프 A. 아마토, 김승욱 역, 2006, 《걷기, 인간과 세상의 대화》, 작가정신.

지역발전위원회, 2010, 《창조지역 가이드북》.

찰스 랜드리, 임상오 역, 2005, 《창조도시》, 해남.

__________, 최지영 역, 2009, 《크리에이티브 시티 메이킹》, 역사넷.

최경은, 안희자, 2014, 《최근 관광 트렌드 분석 및 전망》, 한국문화관광연구원.

최규창, 1997, 전략적 지역마케팅에 관한 연구: 지방자치단체의 기업유치 전략을 중심으로, 서울대학교 경영학과 석사학위논문.

최석호 외 2008, 관광패러다임의 전환과 제3의 길로서 네오투어리즘,《관광학연구》, 32권 1호, pp.73-96.

크리스 바레즈 브라운, 황지영 역, 2008,《아이디어 놀면서 낚아올려라》, 아름다운날.

피에르 쌍소, 강주현 역, 2014,《느리게 사는 것의 의미》, 공명.

필립 코틀러, 안진환 역, 2010,《마켓 3.0》, 타임비즈.

한국공간환경학회, 2008,《도시홍보컨설팅 및 도시마케팅 중장기 마스터플랜 수립》, 광주광역시.

헤이만, 1999, 춘천시 축제에 나타난 장소마케팅의 성격: 참여주체 구조와 주체 간 갈등관계를 중심으로, 서울대학교 지리학과 석사학위논문.

현대경제연구원, 2009, 도시브랜드가 국가경쟁력이다: 한국 도시브랜드 가치 평가,《VIP Report》, 390호.

홍기원, 2006,《문화정책의 유형화를 통한 비교 연구》, 한국문화관광정책연구원.

홍성욱, 2003,《하이브리드 세상읽기》, 안그라픽스.

EBS 최고의 교수 제작팀, 2008,《최고의 교수》, 위즈덤하우스.

Ashworth, G.J. and Voogd, H., 1990, *Selling the City: Marketing Approaches in Public Sector Urban Planning*, Belhaven Press.

Bourdieu, P., 1984, *Distinction*, Routledge and Kegan Paul.

Florida, R., 2004, *The Rise of the Creative Class*, Basic Book.

Gauldie, S., 1969, *Architecture: The Appreciation of the Arts I*, Oxford Univ. Press.

Gestalten, Ricardo Bofill (eds.), 2019, *Ricardo Bofill: Visions of Architecture*, Die Gestalten Verlag.

Jacobs, J., 1984, *Cities and the Wealth of Nations: Principles of Economic Life*, Random House.

Landry, C., 2000, *The Creative City: A Toolkit for Urban Innovators*, Earthscan Publications.

Relph, E., 1976, *Place and Placelessness*, Pion.

Richard, G. and Raymond, C., 2000, Creative Tourism, *ATLAS News*, vol.23, pp.16–20.

Richard, G. and Wilson, J.(eds), 2008, *From Cultural Tourism to Creative Tourism*, ATLAS.

Walsh, T., 2011, *Creative Tourism*, Discovery Publishing.

Wurzburger, R. et al.(eds), 2009, *Creative Tourism, A Global Conversation: How to Provide Unique Experiences for Travelers Worldwide*, Sonstone Press.

Zukin, S., 1992, *Loft Living: Culture and Capital in Urban Change*, Radius.

## 주석

### I 부. 도시문화를 경영하는 10가지 창조적 시선

1 이 글은 2008년《인문학연구》제14호에 수록된 글을 재작성한 것임. 참고로 필자는 한국사회에서 문화담론이 등장한 시점을 1990년대 초반(예를 들어 문화평론가 직함이 등장한 1993~1994년)으로 봄.

2 삼간이라는 용어는 2007년 대한민국 공간문화대상 심포지엄에서 김용옥이 발표한 '도올, 건축을 말하다: 나의 기철학적 관점에서 본 21세기 공간문화'에서 차용함.

3 이무용, 2006, 장소마케팅 전략의 문화적 개념과 방법론에 관한 고찰,《대한지리학회지》, 41권 1호, p.43.

4 Relph, E., 1976, *Place and Placelessness,* London: Pion. 김덕현, 김현주, 심승희 역, 2005,《장소와 장소상실》, 논형.

5 Gauldie, S., 1969, *Architecture: The Appreciation of the Arts I* , Oxford Univ. Press.

6 이무용, 2006, 앞의 글, p.41.

7 이무용, 2005,《공간의 문화정치학》, 논형, pp.40-41.

8 이무용, 2005, 앞의 책, pp.73-75.

9 이무용, 2005, 앞의 책, pp.90-91.

10 Relph, E., 1976, 앞의 책, pp.116-127.

11 이무용, 2006, 앞의 글, p.44.

12 이 글은 2014년 공저인 김유경 외,《공공브랜드의 전략적 관리》, 한경사에 수록된 글을 재정리한 것임.

13 크리스 바레즈 브라운 저, 황지영 역, 2008,《아이디어 놀면서 낚아올려라》, 아름다운날.

14 EBS 최고의 교수 제작팀, 2008,《최고의 교수》, 위즈덤하우스.

15 다니엘 핑크, 김명철 역, 2012,《새로운 미래가 온다: 미래 인재의 6가지 조건》, 한국경제신문사.

16 박상훈, 장동련, 2009,《장소의 재탄생》, 디자인하우스.

17 이 글은 2015년 공저인 이원종 외,《지역발전 정책론》, 율곡출판사에 수록된 글과 한국문화관광연구원의 월간 웹진《문화관광》, 2013년 7월호의 이슈 '다시 지역문화를 생각한다.'에 발표한 내용, 2013년 한국도시설계학회 컨퍼런스 발표 자료를 종합하여 수정 보완한 것임.

18 2013년 한국문화관광연구원에서 발표한《문화예술 트렌드 분석 및 전망》보고서에서는 10대 문화트렌드로, 문화예술 치유, 공동체와 예술, 공정한 예술시장, 예술인 복지와 협동조합, k-culture 한류, 여가소비와 문화복지, 탈 경계 스타, 문화다양성, SNS, 시민 오블리주 등을 꼽음.

19 이 글은 2006년《대한지리학회지》41권 1호에 발표한 논문과 2008년《환경과 조경》6월호에 실린 글을 바탕으로 수정 보완한 것임.

20 이 글은 2016년 대구와 부산에서 개최한 '도시브랜드 전략 콘퍼런스'에서 발표했던 것을 수정 보완한 것임.

21 이 글은 2013년 한국산업기술진흥원이 주관한 'tech+ 포럼'에서 발표한 자료를 보완한 것임.

22 이 글은 2009년 공저인 강우원 외,《미래 지방 자치단체들을 위한 시장·군수학》, 비앤엠북스에 수록된 글을 재정리한 것임.

23 라도삼, 조아라, 2007,《서울의 도시경쟁력 제고를 위한 Culturenomics 전략 연구》, 서울시정개발연구원, p.228.

24 홍기원, 2006,《문화정책의 유형화를 통한 비교 연구》, 한국문화관광정책연구원, p.31.

25 고토 카즈코 편, 임상오 역, 2004,《문화정책학》, 시유시.

26 라도삼, 조아라, 앞의 책, p.4.

27 성남문화재단, 2006, 《문화예술 창조도시 성남 만들기 기본계획 연구》 참조.

28 류정아 편, 2008, 《문화정책의 새길 트기》, 한국문화관광연구원과 이흥재, 2006, 《문화정책》, 논형을 참조함.

29 이 글은 2015년 한국문화예술위원회가 '문화융성을 위한 문화예술지원의 역할과 방향'을 주제로 개최한 '아르코 문화예술 콘퍼런스'에서 발표한 토론문을 재작성한 것임.

30 이 글은 2012년 《동북아관광연구》, 8권 4호에 실린 논문을 재정리한 것임.

31 Richard, G. and Raymond, C., 2000, Creative Tourism, *ATLAS News*, vol.23, pp.16-20.

32 Richard, G. and Wilson, J.(eds), 2008, *From Cultural Tourism to Creative Tourism*, Arnhem: ATLAS.

33 Wurzburger, R. et al.(eds), 2009, *Creative Tourism, A Global Conversation: How to Provide Unique Experiences for Travelers Worldwide,* Sonstone Press.

34 예를 들어 Walsh, T., 2011, *Creative Tourism*, Discovery Publishing.

35 최석호, 김남조, 최승담, 김봉중, 2008, 관광패러다임의 전환과 제3의 길로서 네오투어리즘, 《관광학연구》, 32권 1호, pp.73-96.

36 이무용, 2007, 문화중심도시 광주를 위한 문화관광 전략. 《한국지역지리학회지》, 13권 1호, pp.18-31.

37 심원섭, 2010, 관광트렌드 변화와 정책방향, 《한국관광정책》, 41호, pp.77-87.

38 Jacobs, J.,1984, *Cities and the Wealth of Nations: Principles of Economic Life*, Random House.

39 Landry, C., 2000, *The Creative City: A Toolkit for Urban Innovators,* Earthscan Publications.

40 Florida, R. 2004, *The Rise of the Creative Class*, Basic Book.

41 사사키 마사유키, 종합연구개발기구, 이석현 역, 2010, 《창조도시를 디자인 하라》, 미세움.

42 원제무, 2011, 《창조도시 예감》, 한양대학교 출판부, 지역발전위원회, 2010, 《창조지역 가이드북》, 한국생산성본부.

43 장재윤, 박지영, 2007, 《창의성의 심리학》, 가산북스.

44 원제무, 2011, 위의 책.

45 로버트 루트번스타인, 미셸 루트번스타인, 박종성 역, 2007, 《생각의 탄생》, 에코의 서재.

46 에릭 부스, 강주헌 역, 2009, 《일상, 그 매혹적인 예술》, 에코의 서재.

47 정수복, 2015, 《도시를 걷는 사회학자》, 문학동네, 정수복, 2009, 《파리를 생각한다: 도시 걷기의 인문학》, 문학과지성사.

48 다비드 르 브르통, 문신원 역, 2014, 《느리게 걷는 즐거움》, 북라이프.

49 리베카 솔닛, 김정아 역, 2017, 《걷기의 인문학》, 반비.

50 제인 제이콥스, 유강은 역, 2010, 《미국 대도시의 죽음과 삶》, 그린비.

51 조지프 A. 아마토, 김승욱 역, 2006, 《걷기, 인간과 세상의 대화》, 작가정신.

52 강병기, 2009, 《걷고 싶은 도시라야 살고 싶은 도시다》, 보성각.

53 임금선, 2013, 《보행도시》, 한울아카데미.

54 제프 스펙, 박혜인 역, 2015, 《걸어다닐 수 있는 도시》, 마티.

## Ⅱ부. 창조문화도시 광주, 어떻게 만들 것인가

55 이 글은 광주일보에 기고한 글(2010년 12월 7일자)과 광주일보 '문화와 창조' 테마 칼럼에 기고한 글(2010년 7월 16일자)을 종합하여 재작성한 것임.

56 이 글은 광주원로예술인회 발간 저널 《소나무》의 2013년 봄호 특집 '광주의 미래'에 기고한 글을 재작성한 것임.

57 이 글은 광주문화예술진흥위원회 발간 저널 《문화광주》, 2010년 여름호를 비롯해 여러 매체에 소개했던 오월길 관련 기고문을 종합하여 재작성한 것임.

58 이 글은 광주광역시 건축사회 발간 저널 《건축문화사랑》, 2011년 7월호에 수록된 글을 재작성한 것임.

59 이 글은 2007년 11월 21일 전남대 민주인권평화센터와 광주전남 문화연대가 '518 민주항쟁공간의 보존과 문화적 전략'을 주제로 공동 주최한 포럼에서 발표한 자료를 재작성한 것임.

60 이 글은 윤상원 기념사업회의 소식지《해파 윤상원》의 2018년 봄, 여름, 가을호에 3회 연속 연재된 글을 수정 보완한 것임.

61 다행히도 2019년부터 서구청에서 관심을 가지고 여러 차례 민관 합동 토론을 거친 결과, 최근 시민아파트 1개 동을 보존하여 활용하는 것으로 결정됨.

62 여기에 수록된 내용 중 일부는 다음의 자료들을 참조하여 작성한 것임. 광산구청, 2016,《2030 윤상원 열사 기념사업 기본계획 수립용역 보고서》, 한겨레신문 기사(2017.5.20.일자), '들불 피어오른 임들의 자리로 철거가 임박했다', 무등일보 기사(2018.1.15.일자), '영화 1987이 불러낸 광주전남의 열사들1: 영원한 임 윤상원', 뉴스1 기사(2018.5.3.일자), '5·18 당시 총탄과 폭력 속에서 여성들 민주화에 앞장'.

63 이 글은 2015년 11월 18일 개최된 국립아시아문화전당 개관 D-7 브랜딩·관광 마케팅 전략 세미나의 토론문과 2016년 9월 6일 '국립아시아문화전당 운영 활성화, 어떻게 할 것인가'를 주제로 한 국회의원 송기석 주최 정책토론회의 주제발표 자료를 바탕으로 재정리한 것임.

64 2021년 특별법 개정으로 아시아문화전당은 국가기관의 성격을 유지하면서 통합 운영됨. 그에 따라 기존의 아시아문화원은 아시아문화전당 재단으로 재탄생함.

65 최근 통계를 보면 2021년 10월 말 기준, 개관 이후 6년간 아시아문화전당 총 방문객은 1,126만 명으로 집계되고 있음.

66 최경은, 안희자, 2014,《최근 관광 트렌드 분석 및 전망》, 한국문화관광연구원.

67 이 글은 광주일보 '문화와 창조' 테마 칼럼에 기고한 글(2010년 12월 31일자)을 재작성한 것임.

68 이 글은 광주 유니버시아드 유치(2009년) 전 후의 해에 무등일보 '아침시평' 코너에 기고한 글(2008년 7월 15일자, 2010년 5월 14일자)을 묶어서 재작성한 것임.

69 이 글은 2010년 6월 19일-20일 문화체육관광부가 주최한 '광주 국제 월드뮤직

포럼'에서 발표한 자료를 재작성한 것임.

70 이 글은 2009년 대인시장의 소식지의 '대인시장에 바란다' 코너에 기고한 글을 재작성한 것임.

71 필립 코틀러, 안진환 역, 2010, 《마켓 3.0》, 타임비즈.

72 이 글은 2008년 9월 23일 재단법인 광주세계광엑스포 주관으로 열린 '2009 광주세계 광엑스포 성공기원 시민참여 토론회'에서 발표한 자료를 재작성한 것임.

73 이 글은 2009년 《한국지역지리학회지》, 15권 2호에 발표한 논문 일부를 재정리한 것임.

74 이 글은 무등일보 '아침시평' 코너에 기고한 글(2008년 2월 19일자)을 재작성한 것임.

75 1854년에 쓴 책 《월든(Walden)》에서 한 말임.

76 1976년에 쓴 책 《장소와 장소상실(Place and Placelessness)》에서 한 말임.

77 이 글은 광주일보 '문화와 창조' 테마 칼럼에 기고한 글(2010년 9월 10일자)을 재작성한 것임.

78 에릭 부스, 강주헌 역, 2009, 앞의 책.

79 로버트 루트번스타인, 미셸 루트번스타인, 박종성 역, 2007, 앞의 책.

80 이 글은 광주일보 '문화와 창조' 테마 칼럼에 기고한 글(2010년 10월 8일자)을 재작성한 것임.

81 떼오도르 폴 김, 2009, 《사고와 진리에서 태어나는 도시》, 시대의창.

82 Gestalten, Ricardo Bofill (eds.), 2019, *Ricardo Bofill: Visions of Architecture*, Die Gestalten Verlag.

83 피에르 쌍소, 강주현 역, 2014, 《느리게 사는 것의 의미》, 공명.

84 이 글은 2009년 11월 21일-28일 진행된 대인 예술시장의 문화난장 행사 프로그램 중 하나인 입주 작가들의 비평 워크숍 '삼고초려'에서 발표한 글(비주류 작가팀의 경계 허물기에 대한 소고)을 재작성한 것임.

85 이 글은 광주문화예술진흥위원회(현 광주문화재단)에서 발간하는 저널 《문화광주》, 2007년 여름호에 발표한 글과 《한국지역지리학회지》, 2007, 13권 1호에 게

재된 논문을 종합하여 재작성한 것임.

86 창조관광 7대 유형, 4대 전략, 5대 프로젝트 내용을 구체적으로 적용한 사례는 앞 장(Ⅱ부 1장)에서 5·18 공간을 대상으로 적용해 본 내용을 참조 바람.

87 이 글은 무등일보 '아침시평' 코너에 기고한 글(2008년 4월 15일자)을 재작성한 것임.

88 이 글은 광주일보 '문화와 창조' 테마 칼럼에 기고한 글(2010년 11월 5일자)을 재작성한 것임.

89 이 글은 무등일보 '아침시평' 코너에 기고한 글(2008년 6월 10일자)을 재작성한 것임.

90 이 글은 2009년 《국토지리학회지》, 43권 4호에 발표한 논문 일부를 수정 보완한 것임.

91 신지은, 박정훈 외 3인, 2007, 《미래혁명》, 일송북, 홍성욱, 2003, 《하이브리드 세상읽기》, 안그라픽스.

92 현대경제연구원, 2009, '도시브랜드가 국가경쟁력이다: 한국 도시브랜드 가치 평가', 《VIP Report》, 390호.

93 Mazur L. and Miles, L. 편, 김민주, 송희령 역, 2007, 《마케팅 거장에게 오늘을 묻다》, 비즈니스맵.

94 Laundry, C., 임상오 역, 2005, 《창조도시》, 해남, Laundry, C., 최지영 역, 2009, 《크리에이티브 시티 메이킹》, 역사넷.

95 박상훈, 장동련, 2009, 앞의 책.

96 Ashworth, G.J. and Voogd, H., 1990, *Selling the City: Marketing Approaches in Public Sector Urban Planning,* Belhaven Press.

97 최규창, 1997, 전략적 지역마케팅에 관한 연구: 지방자치단체의 기업유치 전략을 중심으로, 서울대학교 경영학과 석사학위논문.

98 이무용, 2006, 《지역발전의 새로운 패러다임 장소마케팅 전략》, 논형.

99 이무용, 2005, 앞의 책.

100 Zukin, S., 1992, *Loft Living: Culture and Capital in Urban Change*, Radius.

101 Bourdieu, P., 1984, *Distinction*, Routledge and Kegan Paul.

102 헤이만, 1999, 춘천시 축제에 나타난 장소마케팅의 성격: 참여주체 구조와 주체 간 갈등관계를 중심으로, 서울대학교 지리학과 석사학위논문.

103 이소영, 2005, 지역문화관광 상품화 과정의 문화매개집단 역할에 관한 연구: 일본 가나자와시 히가시 야마 지역을 사례로, 서울대학교 환경대학원 박사학위논문.

104 김영수, 2002, 시민단체의 공익적 역할에 관한 연구: 갈등 중재를 중심으로, 서울대학교 대학원 박사학위논문.

105 대표적으로 2002년 한국행정학회 동계학술대회 논문집에 발표된 이종열(미국의 문화거버넌스 연구), 주동범(프랑스의 문화거버넌스 연구), 채원호(일본의 문화거버넌스 연구)의 논문을 들 수 있음.

106 서울시정개발연구원, 서울문화재단, 2005, 《서울문화재단 문화제휴 전략모델 및 프로그램 개발 연구》.

107 서울시정개발연구원, 서울문화재단, 2005, 앞의 글.

108 광주광역시, 2008, 《도시홍보컨설팅 및 도시마케팅 중장기 마스터플랜 수립》.

109 이 글은 광주일보 '문화와 창조' 테마 칼럼에 기고한 글(2010년 8월 13일자)을 재작성한 것임.

110 이 글은 광주일보 '문화와 창조' 테마 칼럼에 기고한 글(2010년 12월 3일자)을 재작성한 것임.